조희문 영화평론집

제 2 권

한국영화 – 문화와 운동, 정치의 경계

조희문 지음

東文選

한국영화—문화와 운동, 정치의 경계

차 례

판타지와 리얼리티 사이에서 영화를 보다

1. '영화 같다'라는 말은 뜻밖의 일, 예상하지 못했던 반전이 이루어질 때 자주 등장한다. 상상할 수 있는 극한의 상황을 가리키기도 하고, 생각하지 못했던 파격을 마주할 때도 그 말을 떠올린다. 뜻밖이어서 놀랍고 신기하다는 뜻이 있는가 하면, 너무나 뻔해서 답답하고 황당한 경우도 담는다.

미국 9·11테러 당시 여객기가 고층 건물을 향해 자폭하며 돌진하던 모습, 폭발과 함께 처참하게 무너지던 건물의 잔해와 먼지 속에 나타난 지옥. 수백 명의 승객을 태운 여객기를 무기로 사용하려는 생각을 누가 했으며, 연출하기도 어려운 타이밍과 정확성, 압도적인 스케일, 필요에 따라 부수고 다시 세우는 조작이 아니라 수많은 생명을 삼킨 실제 상황이었다는 점에서 경악했다. 영화에서도 본 적이 없는 극적인 장면이었고, 미디어를 통해 전 세계로 중계되었다. 중계 화면을 본 시청자들은 관객이 되었고, 실제 상황은 영화보다도 더 드라마틱한 장면으로 바뀌었다. '영화 같다'라고 할 수도 있고, '영화도 따라갈 수 없는 현실'이라고 할 수도 있었다. 현실과 영화의 경계가 무너진다는 체험으로 다가왔다. 영화의 상상력이 현실에 미치지 못한다는 사실을 실감한 사건이었다.

2. 영화는 우리가 사는 세상과 사람을 그린다. 어느 영화에나 사람이 등장하고, 그들이 만드는 이야기를 펼친다. 세상을 단순하고 짧게

그리면 판타지가 되고, 길고 깊게 다루면 리얼리티가 된다. 모든 영화는 판타지와 리얼리티 사이를 넘나든다. 재미와 감동·위로를 주는 것이 더 필요하다고 생각한다면 판타지를 향해 다가가고, 있는 그대로나 더 깊은 속내를 들여다본다면 리얼리티를 앞세운다.

3. 우리가 보는 영화는 그저 그 모습대로 처음부터 생긴 것이 아니라 누군가 생각과 의도를 가지고 만든 것이어서 저마다 주장을 담는다. '영화를 본다'는 것은 누군가의 생각을 보는 것이고, 말을 듣는 것과 같은 일이다. 그렇다고 일방적으로 보고 듣는 것이 아니라 나름의 생각과 입장으로 반응한다. 관객들은 저마다의 판단과 선택으로 응답을 하는 것이다.

결국 영화 한 편을 본다는 것은 대화하는 일이고, 소통하는 과정이다. 영화를 만드는 일이 누군가를 향해 말을 하는 적극적인 표현이라면, 보는 일은 그 말에 귀기울이며 응답하는 행위이기 때문이다.

사람과 세상을 그리며 판타지와 리얼리티를 오가는 영화가 우리 사회에서는 어떤 일을 하고 있는지, 어디를 향하고 있는 것인지에 관심을 가졌고, 살피고 이해하려 했다. 이 책에 실린 글들은 영화를 바라보는 한 관객의 시선이고, 생각의 조각들이다. 더 많은 생각과 대화가 있으면 좋겠다.

2014년 12월

한국영화의 힘
– 열정과 난폭함에 대하여

한국영화의 전성시대

2003년 한국영화 시장 점유율은 50%에 육박하는 것으로 간주하고 있다.* 한국영화 제작 상황이 상대적으로 악화되었다는 불평과 불만이 간단없이 돌출한 한 해였지만, 그런 가운데서도 〈살인의 추억〉〈스캔들〉〈올드보이〉 같은 영화들은 흥행 시장을 이끌었다. 연말에는 비밀 북파부대의 구성과 반란을 그린 〈실미도〉가 기세를 이어받아 관객을 불러들이고 있다. 한국영화들이 흥행을 주도하는 동안 〈반지의 제왕〉〈매트릭스〉〈툼 레이더〉 같은 미국의 화제작들이 나름대로 흥행 반전을 시도했지만 만족할 만한 성과를 거두지는 못했다. 오히려 한국영화의 기세에 외국영화들이 주눅든 모습을 보인 한 해였다고 할 만하다.

최근 몇 년 사이 한국영화의 기세는 그야말로 파죽지세다. 전국 규모의 흥행에서 3~4백만 명의 관객을 동원하는 일은 더 이상 놀라운

* 한국영화 시장 점유율을 추정치로 말할 수밖에 없는 것은 공식적으로 매출 집계를 하는 곳이 없기 때문이다. 영화사나 배급사들이 임의로 집계하는 통계가 주로 인용되고 있다. 현재는 영화진흥위원회의 통합전산망을 이용해 매표, 매출 집계를 하고 있다.

** 본 저술은 인하대학교의 연구비 지원을 받았습니다.

일이 아니다. 〈쉬리〉가 6백만여 명의 관객을 불러모으며 흥행신기록을 세우더니 〈공동경비구역 JSA〉는 그 기록을 보란 듯이 뛰어넘었고, 〈친구〉는 또 다른 기록을 세우며 돌풍을 일으켰다. 최근 2~3년 사이에 한국영화 최고 흥행기록이 엎치락뒤치락하며 세 번이나 바뀐 것이다. 관객들은 한국영화를 더 보고 싶어하며, 외국영화들도 한국영화 상영 일정을 살피며 가능한 한 맞겨룸을 피하려 한다.

삼성영상사업단이 제작한 〈쉬리〉(강제규 감독, 한석규·최민식·송강호·이윤진 주연)는 한국영화의 힘을 화산처럼 분출한 전환점이었다. 한국영화사상 최고의 흥행기록을 세웠고, 한국영화도 제작 규모를 크게 할 수 있으며, 외국영화와 경쟁해도 이길 수 있다는 자신감을 갖게 했기 때문이다. 좋은 영화란, 진지한 소재를 다루고 심각한 생각을 표현할 수 있어야 한다고 믿었던 관객들이 흥미있고 신나는 오락영화도 좋은 영화가 될 수 있다는 사실을 새롭게 인식하도록 한 것이다. '영화는 예술'이란 인식에서 '영화는 재미있는 오락이자 산업'이라는 쪽으로 바뀌는 계기이기도 했다. 이때부터 한국영화는 '규모의 승부'를 다투기 시작했다. 더 많은 제작비, 더 많은 광고, 더 많은 관객을 겨냥하며 경쟁을 펼쳐나갔고, 이것은 관객들에게 또 다른 흥미와 볼거리를 제공하며 한국영화에 대한 관심을 불러일으키는 요소가 되었다. 영화 상영 방식도 한두 개의 영화관에서 오랫동안 상영하던 것(long run)이 여러 곳의 영화관에서 동시에 상영하는 방식(wide release)으로 바뀌었고, 관객 숫자 집계도 서울 지역의 개봉영화관만을 헤아리던 방식에서 전국 관객을 모두 헤아리는 쪽으로 바뀌었다. 영화관 역시 한 개의 스크린만으로 운영하던 방식에서 여러 개의 스크린을 갖추어 여러 편의 영화를 동시에 상영하는 복합관(멀티플렉스) 형태로 바뀌었다.

영화계의 변화는 잇단 흥행신기록에서 분명하게 나타났다. 판문점 공동경비구역을 경비하고 있는 남북한 병사들 간의 불안한 우정과 파국을 다룬 〈공동경비구역 JSA〉는 〈쉬리〉의 흥행기록을 뛰어넘는 신기록을 세웠다. 전국 관객 650여만 명을 동원한 〈쉬리〉의 기록은 웬만해선 깨지지 않을 것이라고 예상했지만, 〈공동경비구역 JSA〉는 보란 듯이 그 기록을 바꾸었다. 그러나 이 영화의 기록 또한 뒤따라 나온 〈친구〉에게 밀려나고 말았다. 어린 시절의 친구가 성장하면서 서로 다른 인생을 걷는 과정을 통해 폭력 세계의 비정함, 그 사이에서 어긋나고 뒤틀리는 우정을 묘사한 〈친구〉는 전국관객 820여만 명을 동원하며 국내에서 상영된 모든 영화 중에서 최고의 흥행기록을 세웠다.

뿐만 아니라 〈취화선〉의 임권택 감독은 칸국제영화제에서 감독상을 받았고, 〈오아시스〉를 연출한 이창동 감독은 베니스국제영화제에서 역시 감독상을 받았다. 〈쉬리〉와 〈공동경비구역 JSA〉는 일본에서도 흥행선풍을 일으켰고, 〈엽기적인 그녀〉〈찜〉 같은 영화는 홍콩·대만·중국·베트남 등 아시아 여러 나라에서 상당한 흥행 성과를 거둔 것은 물론 전지현·차태현·안재욱 같은 주연배우들을 한류(韓流) 바람을 일으킨 스타로 만들어 주었다. 〈조폭마누라〉〈두사부일체〉 같은 영화들은 미국 영화사들이 판권을 사가는 등 한국영화의 열기는 국내는 물론 국제적으로도 주목받고 있다. 100여 년 한국영화 역사에서 새롭게 맞는 전성기이자 처음 겪는 '한국영화의 시대'라고 할 수 있다.

영화의 탄생과 사회적 변화

1895년 12월 28일, 프랑스 파리에서 뤼미에르 형제가 '시네마토그라프'라는 이름으로 대중 상영을 시작한 것을 계기로 영화가 등장한 이후 사회·문화 각 분야는 그야말로 혁명적인 변화를 겪었다.

영화는 움직이는 영상을 통해 문자가 전달하는 사유적 이미지와는 전혀 다른 시청각적 경험을 제공함으로써 문화적 전환을 이루는 데 중요한 역할을 할 수 있었기 때문이다. 필름은 이미지를 저장할 수 있었고, 똑같은 형태를 무제한 복제하는 일을 가능하게 했다. 특정한 순간을 포착한 정지된 이미지가 아니라 우리가 일상에서 보고 경험할 수 있는 모습 그대로를 재현할 수 있는 능력을 가진 영화는 필요한 경우 시간과 장소의 한계를 벗어나 똑같은 형태로 감상할 수 있는 길을 열어주었다. 여러 개의 극장에서 똑같은 영화를 상영하는 일은 자연스러웠고, 시간이 지나도 영화의 내용과 형태는 조금도 변하지 않았다. 영화만이 할 수 있는 독창적인 능력이자 특징이었다.

영화가 지닌 동시성·반복성의 능력은 문화의 생산과 소비라는 유통 형태에도 혁명적인 전환을 이루었다.

산업혁명 이후 나타난 화·공학적 기술 발전, 대량 생산과 소비를 근간으로 하는 유통 구조의 확산 등은 재화의 생산뿐만 아니라 사회·문화적 부문에도 영향을 미쳤다. 권력이나 지식 등을 독점적으로 장악하고 있는 선택된 소수가 이끌어 가는 엘리트 중심의 사회에서, 다수의 대중이 사회적 여론과 흐름을 주도하는 대중사회로의 전환은 예술·문화 분야에서도 대량 생산과 소비의 형태로 전환하는 현상이 나타났다.

희소성을 중요한 가치로 앞세우며 소수의 엘리트들이 향유하던 이른바 '고급 예술'과는 달리 대중들이 쉽고 편하며 값싸게 접할 수 있는 새로운 대상에 대한 수요가 급증했다.

필름에 이미지를 수록하여 기계적으로 재현하는 영화는 그같은 시대적 요구를 수용할 수 있는 유용한 매체였다. 현실의 이미지와 환상적 허구를 자유롭게 배합하며 시청각적 사극과 논리성을 표현할 수 있는 능력은 스스로의 성장을 보장하는 힘으로 작용하기도 했다. 아놀드 하우저가 '20세기는 영화의 시대'였다고 선언한 것은 영화가 가진 능력, 그것이 몰고 온 다양한 변화를 함축적으로 요약한 통찰의 결과라고 할 수 있다.

광장과 극장

영화가 처음 대중화하는 단계에서 나타난 관람 방식은 두 가지였다. 하나는 오늘날 극장에서 보는 것과 같은 영사 방식(projection style)으로, 뤼미에르 형제가 만든 시네마토그라프였다. 또 하나는 에디슨이 개발한 키네토스코프였는데, 이것은 한 대의 기계를 한 사람씩 들여다보는 엿보기 방식(peeping style)이었다.

두 가지 상영 방식은 모두 동시에 여러 사람들에게 영화를 보여줄 수 있다는 점에서는 닮았지만 대응 방식은 서로 달랐다.

초기 대중화 과정에서 주도적 상품으로 떠오른 것은 시네마토그라프였다. 보다 많은 사람이 동시에 관람할 수 있는 방식으로는 시네마토그라프가 훨씬 효율적이었기 때문이다. 대량 생산과 소비시대에 맞는 방식으로 평가된 것이다.

이에 비해 일정한 공간 내에서 여러 명의 관객을 동시에 수용할 수는 있지만 기계의 숫자만큼 필름이나 공간을 확보해야 하는 키네토스코프는 효율성에서 부정적인 평가를 받았고, 곧 시장에서 밀려났다.

시네마토그라프가 '움직이는 사진' 즉 영화의 일반적인 형태로 자리잡게 된 것은 문화의 소비 형태와도 관련이 있다고 할 수 있다. '광장 문화'의 도시적 변형이라는 성격이 강하게 드러나기 때문이다. 서구 문화에서 놀이나 축제는 대체로 광장을 중심으로 이루어졌다. 그리이스·로마 시대 이래로 광장은 정치와 문화의 중심지 역할을 했고, 축제의 마당이기도 했다. 영화를 상영하는 극장은 수많은 군중들이 향유하던 광장의 오락적 기능을 실내로 옮겨 놓은 것이나 다름없었다. 시네마토그라프는 스크린을 중심으로 관객들의 시선을 한곳에 모을 수 있었고, 관객들은 군무를 지휘하는 기수의 몸짓을 바라보듯 오락적이며 환상적인 영화의 세계에 몰입했다. 그들은 하나의 대상에 시선을 집중시키며 흥과 감동을 공유하는 군중의 역할을 한 것이다. 실내로 옮겨온 광장의 축제적 기능을 극대화하는 데는 시네마토그라프가 훨씬 더 효과적이라는 사실은 시간이 지날수록 더욱 분명하게 드러났다. 키네토스코프는 '움직이는 사진'을 보여주는 장치로서는 주목을 받았지만, 문화적 속성까지 공유하지는 못함으로써 경쟁에서 도태되는 운명을 맞을 수밖에 없었다.

또한 시네마토그라프의 이같은 요소는 한꺼번에 많은 관객을 상대할 수 있다는 '경제적 효과'까지 가세하면서 '대중 문화'의 새로운 양식으로 등상하는 중요한 바탕이 되었다. 산업혁명 이후 등장한 '대중'은 경제와 문화 분야에서 거대한 소비 주체로 등장했으며, 정치적으로는 '영향력 있는 다수'로 떠올랐다. 그들은 쉽고 재미있고 값싸게 즐길 수 있는 새로운 문화를 갈망하고 있었으며, 시네마토그라프는 그같은 시대적 변화의 기대에 적절하게 부응할 수 있었던 것이다. 결과적으로 시네마토그라프는 오늘날 '영화'라고 부르는 양식의 형태와 역할을 집약적으로 특성화하면서 새로운 매체, 새로운 문화의 선두에 서게 된 것이다.

시네마토그라프에서 키네토스코프로

그러나 오늘날의 미디어 환경은 집단적 대중소비를 중요하게 여기면서도 개인적 수요에 민감하게 반응하는 현상을 촉발하고 있다. 게임이나 컴퓨터·텔레비전 등 화상 이미지를 운반하는 주요 미디어들은 대부분 개인과 1 대 1 접촉 양상을 보이고 있다. 광장에서 군중을 상대로 하는 웅변 방식이 아니라 분리된 개인을 소비자로 설정하고 있는 것이다. 극장의 형태에서도 그같은 변화의 양상을 읽을 수 있다. 오랫동안 극장은 신전이나 왕궁의 모습을 본떠 웅장하고 화려한 모습을 갖추려고 애썼다. 스크린 숫자는 하나지만 그것을 얼마나 화려하게 장식할 수 있는가가 중요한 관심사였다. 관객의 입장에서 본다면 특정한 영화관에서 영화를 '선택'하기는 불가능했다. 영화관에서 상영하는 영화는 한 편뿐이며, 관객은 그곳에 갈 것인지 아닌지를 결정할 수 있을 뿐이었다.

오늘날의 양상은 크게 달라졌다. 단일 스크린을 가졌던 극장은 여러 개의 스크린을 가진 복합영화관(multiplex)으로 바뀌고 있다. 적게는 4~5개, 많으면 10개 이상의 스크린을 확보하고 있는 경우도 흔하다. 관객은 영화를 '선택'할 수 있으며, 영화 또한 소수 관객을 대상으로 한 제작을 시도하기도 한다. 비디오나 DVD·컴퓨터·휴대전화 같은 매체들은 그같은 분화 양상을 더욱 촉발시키고 있다. 광장에 오지 않더라도 자신의 공간에서 축제를 즐기는 일이 가능하게 된 것이다.

이같은 변화는 집단적 다중의 수요에 부응하기보다는 다중적 개인의 수요를 더 중요하게 여기는 '문화의 개인화'라는 시대적 변화를 반영하는 것이라고 할 수 있다. 초기 경쟁에서 1 대 1 상영 방식이 지나치게 개인 중심적이어서 비효율적이라고 배척받았던 키네토스코프 상영 방식이 오히려 더 주목받게 된 것이다.

시네마토그라프의 상영 방식과 같은 집단 관람을 특성화하며 대형 화면에 어울리는 스펙터클과 내러티브를 구축해 왔던 영화는, 다양한 취향으로 분화하고 있는 개별 관객의 요구와 소형화하며 쌍방향 소통에 부합할 수 있는 새로운 형태와 내러티브를 확보하며 환경 변화에 적응할 수 있을까.

변화 속의 한국영화

그렇다면 한국영화는 이같은 변화의 시대에 어떤 위치에 있을까.

한국영화가 국내외적으로 선풍을 일으키고 있는 것은 시대적 환경 변화에 효율적으로 대응하고 있음을 뜻한다.

흥행에서 큰 성공을 거두는 영화들이 잇따라 나오면서 한국영화가 시장을 주도하고 있는 현상이 나타나고 있으며, 여러 개의 스크린을 갖춘 복합영화관들이 경쟁하듯 생겨나고 있다. 투자자본은 계속 영화계 주변을 맴돌며 투자 대상을 찾고 있다. 상품성 있는 소재와 기획만 있다면 이를 제작으로 연결하는 일은 그다지 어려운 문제가 아니다.

이같은 현상이 일시적인 현상으로 그칠 것인지, 지속적인 활성화로 연결될 것인지는 단정하기 어렵다. 한국영화의 외형적 활기가 특정한 몇몇 작품에 집중하고 있으며, 제작 기반이나 해외 시장에서의 경쟁력 등을 감안하면 낙관적인 평가를 하기에는 기반이 아직도 취약하기 때문이다.

하지만 〈쉬리〉나 〈공동경비구역〉〈친구〉 등의 흥행 성과가 보여주듯 한국영화의 상품성은 여전히 유효하다. 지난 수년 사이 제작편수는 50~60편 상태를 유지하고 있지만 편당 영화관객 점유율이 상승하고 있을 뿐 아니라 국내 시장 점유율 역시 급속한 상승세를 보이고 있는 부분은 한국영화의 경쟁력이 유지되고 있다는 것을 확인시켜 주는 부분이다.

한국영화의 이같은 힘은 어디에서 나오는 것인가. 외형적으로는 대중 문화에 대한 수요 증가, 제작 기술의 향상, 자본 규모의 확대와 안정화, 유통 시설의 고급화 등을 들 수 있을 것이다. 그러나 무엇보다도 영화 자체가 관객들의 취향과 수요에 적응하고 있다는 점을 가장 큰 이유로 꼽을 수 있다. 영화 자체의 상품성·작품성이 확보되지 않고서는 후속의 결과를 기대하기란 불가능하기 때문이다.

최근의 한국 영화 관객은 주로 20대 전후의 젊은 층이 주류를 이루고 있다. 한국영화는 이들의 감성과 관심에 부응하기 위해 필사적인 노력을 기울일 수밖에 없다. 그런 탓인지 한국영화에 나타나는 일반적인 특성은 논리적 귀결보다는 시각적 감성을 강조하는 속도감, 기존의 가치를 변형하거나 부정·전복하려는 도발성, 진지한 사색 대신 일시적인 자극을 선호하는 오락성이 강하게 나타나고 있다.

〈쉬리〉는 북한의 특수부대가 남한 요인을 테러한다는 내용을 그리고 있으며, 〈공동경비구역 JSA〉는 남북한 병사의 미묘한 우정과 이념적 체제에 대해서 묘사하고 있다. 두 영화 모두 남북한의 정치적 관계를 설정하고 있지만 이전의 영화들이 보여주었던 선악적 대립 구도와는 크게 다르다.

조직폭력단의 내부 세계를 다룬 〈친구〉는 어떤 영화보다도 강렬한 폭력과 거친 언어를 보여주고 있다. 〈엽기적인 그녀〉는 성역할의 반전을 주요 모티프로 설정하고 있으며, 〈해피엔드〉〈결혼은 미친 짓이다〉〈바람난 가족〉 같은 영화들은 전복적인 가족 관계를 과격하게 다루고 있다. 〈바람난 가족〉에서는 어린아이를 고층 아파트에서 난간 밖으로 집어던지는 장면이 등장한다.

이같은 변화는 대부분의 영화들에서 일반적으로 나타나고 있다. 거친 욕설과 난폭한 행동, 전복적 가치관 등은 최근의 한국 영화를 상징하는 '코드'들이다.

문제는 이같은 '코드'들이 과연 한국영화를 한국영화만이 갖는 독특한 '표준'으로 정착할 수 있는지, 더 나아가서 국제적인 표준으로까지 확장될 수 있는가에 대한 의문이다. 안정적인 표준의 수준으로까지 성장하지 못한다면, 최근의 한국영화에서 나타나고 있는 여러 가지 표현이나 한국영화에 대한 열광은 일시적인 '자해적 도취'의 한계를 벗어나기 어렵다. 이같은 표현에 보편성과 품격을 더하는 일은 한국영화가 해결해야 할 새로운 과제다.

[02]

대기업의 영화산업 진출
―기대와 현실

영상산업과 환경 변화

최근의 영상산업은 그 규모와 영향력 면에서 비약적인 팽창을 거듭하고 있다. 뉴미디어의 급속한 발달과 더불어 영상산업은 과거의 자국 내의 극장 흥행 중심에서 벗어나 해외 마케팅, 비디오나 케이블 방송, 위성방송, 컴퓨터게임, 캐릭터 상품, 팬시 시장 등으로 지속적으로 확장되면서 매출 규모를 증가시키고 있다.

최근 미국의 경우 대규모 미디어업체들간에 매수·합병이 급속하게 진행되고 있는 현상은 새롭게 확장되고 있는 영상산업 분야에서 주도권을 선점하기 위한 기업간의 경쟁이라고 할 수 있다.

만화영화로 흥행시장을 장악하고 있는 월트디즈니사는 95년 8월에 미국 3대방송사 중의 하나인 캐피탈시티스/ABC사를 190억 달러에 매수했으며, 웨스팅하우스사도 CBS방송을 매수하겠다고 제의했다. 이같은 매수·합병은 최근 미디어업계의 합종연횡 현상으로, 관련업계의 비상한 주목을 받고 있다.

이같은 미디어업체간의 인수·합병은 마무리 단계에 접어든 것이 아니라 앞으로 더욱 확대될 것이란 예측이다. 이러한 현상은 두말할 것도 없이 영상산업이 새로운 산업으로 그 비중을 높여감에 따라 소프트웨어의 안정적 확보, 배급 기반의 선점을 통해 사업적 안정을 기하기 위한 것이다.

'미디어 통합' 또는 '미디어 공생'으로 불리며 미디어간의 경계를 허물고 있는 이같은 변화는 이미 거대한 시장을 형성하고 있다.

미국 내 영상 시장 규모는 지난 1983년 약 300억 달러 규모였던 것이 1990년에는 662억 달러 규모로 성장했으며, 2000년에는 1,050억 달러 규모로 확대될 것으로 예상하고 있다.

미국의 영상 소프트 시장 추이

(단위: 백만 달러, %)

분야　　　　연도	1983	1990	2000	연평균 성장률 '83~'90	성장률 '90~2000
영화 (극장 흥행)	4,000	5,330	8,100	4.2	4.3
비디오 ┌ 판매	232	2,865	4,412	43.2	4.9
└ 대여	1,131	8,085	1,471	32.4	−7.2
지상파 TV	17,511	28,045	33,077	7.0	1.7
직접위성방송	−	−	538	−	−
케이블 방송	7,240	21,788	47,692	17.0	8.1
기타	23	85	231	19.9	10.6
합 계	30,137	66,198	105,022	11.9	4.7

(자료: 삼성경제연구소)

이같은 시장 규모의 급속한 확대와 각 미디어간의 공생적 결합은 필연적으로 고부가가치를 창출해 낸다.

미디어간의 공생은 뉴미디어가 올드미디어를 대체·소멸시키는 형식이 아니라 상호 보완적(또는 상호 의존적) 관계를 강화하는 형태로 나타나기 때문에 올드미디어의 대표적 매체라고 할 수 있는 영화의 중요성은 오히려 증대하고 있는 것이다. 미디어 시장이 확대될수록 영화산업의 중요성이 부각되고 있는 것도 같은 맥락이다. 뉴미디어의 개발과 확대는 새로운 콘텐츠의 혁명적 창출을 동반하는 것이 아니라, 기존의 영상 콘텐츠를 다양한 형태와 방식으로 가공·유통하는 유통 기능의 확장이 더 강조되고 있기 때문이다.

한 편의 영화가 극장 상영뿐 아니라 비디오·케이블 텔레비전·공중파, 그리고 게임 프로그램이나 캐릭터 상품으로 전환 유통되며 각 단계마다 부가가치를 생산하는 일이 가능한 것은 뉴미디어가 형성하고 있는 시장 구조 덕분이라고 할 수 있다. 외국의 거대 기업들 간에 영상 시장 참여를 위한 흡수 합병이 부단하게 이루어지고 있는 현상이나 지속적인 사업 참여를 시도하고 있는 것은 그같은 영상 시장에서 주도권을 장악하기 위한 전략이라고 할 수 있다.

외국 대기업의 영상사업 참여 현황

사업 분야 \ 기업체	영 상					음 성		문 자	
	네트워크TV	영화흥행	CATV	영화	TV프로그램	라디오	레코드	신문	출판
타임/워너			○	○	○		○		○
벨텔스만			○	○	○	○	○	○	○
뉴스코퍼레이션	○			○				○	○
후지산케이그룹		○			○	○			
월트디즈니 ('95년 8월 캐피탈 시티즈/ ABC를 합병)		○			○	○			○
소니				○	○		○		
캐피탈시티즈/ABC (월트 디즈니사에 합병됨)		○			○	○			○
마쓰시타	○		○	○	○		○		○
파라마운트		○	○	○	○				○
텔리커뮤니케이션	○		○						

(자료: 삼성경제연구소)

세계 영상대기업집단 순위

(단위: 백만 달러, %)

순위	기업명	국적	매출액	결산기
1	타임/워너	미국	12,021	91.12
2	벨텔스만	독일	8,690	91.6
3	뉴스코퍼레이션	호주	8,289	91.6
4	후지산케이그룹	일본	6,551	91.9
5	월트디즈니 ('95년 8월 캐피탈 시티즈/ABC를 합병)	미국	6,182	91.9
6	소니	일본	5,727	92.3
7	캐피탈시티즈/ABC (월트 디즈니사에 합병됨)	미국	5,382	91.12
8	마쓰시타	일본	4,640	92.3
9	파라마운트	미국	3,895	91.10
10	텔리커뮤니케이션	미국	3,827	91.12

(자료: 삼성경제연구소)

그러나 다양한 형태의 뉴미디어가 개발되고, 그것에 의한 시장이 확대되면 될수록 소프트웨어의 중요성은 더욱 부각되는 환경에서 영화는 영상산업의 중추로서 그 중요성이 새롭게 강조되고 있다.

뉴미디어 시대의 문화적 특성은 매체의 하드웨어적 속성에 의해 규정되는 측면이 강하지만, 뉴미디어를 지탱하는 힘은 결국 소프트웨어인 영상 콘텐츠의 생산에 달려 있다. 최근 잇달아 개발되고 있는 뉴미디어가 대부분 영상적 매체라는 점을 감안할 때 영상 콘텐츠를 어떻게 제작하는가가 중요한 문제로 부각되며, 뉴미디어가 지향하고 있는 문화적·경제적 가치, 그리고 그것을 충족시킬 수 있는 경쟁력을 확보하는 문제는 결국 영상 콘텐츠를 어떻게 필요한 만큼 필요한 시기에 확보할 수 있는가라는 문제로 귀결된다. 다른 말로 한다면 그것은 곧 영화의 가치와 중요성이 새롭게 부각되는 부분이며, 동시에 한 국가의 영화산업이 지니는 중요성에 대한 새로운 인식을 요구하는 문제이기도 하다.

국내 대기업의 영상산업 참여 현황

뉴미디어 시장의 변화는 필연적으로 국내 시장에도 그 영향을 미치고 있다. 이미 국내 유수의 대기업들이 영화나 케이블 텔레비전, 비디오, 극장 유통 등에 다투어 참여하고 있다.

케이블 텔레비전은 대부분 대기업의 사업체가 되었으며, 영화 제작이나 비디오 유통, 극장 등도 빠르게 대기업 영역으로 흡수되고 있다. 대기업의 영상사업 분야 참여 현황은 대략 다음과 같다.

그룹	참여 분야	관련 기업	비 고
삼성	영화 제작	삼성영상사업단 -오스카 픽쳐스 -스타맥스 -서우영화사	영상 관련업체는 영상사업단 으로 통합 관리 -'95: 7편 -'96.6: 3편
	영화 수입·배급	삼성전자 삼성물산(드림박스)	-'94: 12편 -'95: 30편 -'96: 14편
	상영(극장)	중앙일보 중앙개발	-호암아트홀 -용인 에버랜드극장 -명보프라자 2개관, 삼성생명 본관 빌딩 '98까지 400억 투자 계획
	영화제 운영	삼성미술문화재단	-대종상영화제 지원(7억 원)

	비디오 수입·배급	삼성전자(나이세스)	−서울단편영화제
	CATV	삼성물산(드림박스) 스타맥스	−'93 매출액 3위
	멀티미디어	삼성캐치원 제일기획(Q 채널)	−영화 유료 채널 −교양 다큐멘터리
	영화 제작	삼성전자	−TV, VTR, LD, CD, VOD, 오디오, 컴퓨터게임 등
대우	영화 제작	대우전자	−투캅스 등 15편
	상영(극장)	대우전자	−'95 우진필름으로부터 씨네하우스 인수(300억 원) −부영극장(부산) 벽산으로부터 인수
	비디오 수입·배급	우일영상 시네마트	−'93 매출액 191(530억 원) −MGA, FOX 등 메이저 판권 보유
	CATV	대우전자(DCN)	−영화전문 채널
	멀티미디어	대우전자	−TV, VTR, 컴퓨터 등 −TV연구소 운영
선경	영화 제작	미도영화사	
	수입·배급	SKC	
	상영(극장)	SKC	−르네상스 (대종필름과 공동 운영)
	비디오 수입·배급	SKC	−'93 매출액 2위(354억 원)
	멀티미디어		−SW 개발업체 설립
현대	영화 제작	서울프로덕션 (94. 3. 9 폐업)	−금강기획에서 흡수 통합 할리우드 진출 추진중
	비디오 수입·배급	무빅스	−'94.1/4 16억5천만 원
	CATV	금강기획(현대방송)	−가정 오락 채널
	상영(극장)	현대백화점	−연극·영화상영장 −압구정동 3개관 극장 신축중

LG	영화 제작	미디아트	−공룡선생 등
	영화 수입·배급	미디아트	−레저, 스포츠, 건강프로 직판점 운영
	CATV	LG미디어(한국 홈쇼핑) 금성전선	−홈쇼핑 채널 −CATV 기자재
	상영(극장)		−스카라극장 임대 운영
	멀티미디어	금성사 LG미디어	−TV, VCR, 컴퓨터 등 −VOD, CD-ROM 타이틀, 게임 S/W
벽산	영화 제작	벽산그룹	−구미호 등
	상영(극장)	인희산업	−서울: 중앙극장, 유토피아, 씨네하우스 4관 부산: 부영, 대성, 혜성극장 등
두산	영화 제작	연강문화재단	−연강홀 운영
	CATV	동아출판공사(DSN)	−사회교육 채널
롯데	상영(극장)	롯데백화점	−롯데백화점 내 5개관 (직영 2개관, 임대 3개관)
	영화 제작	롯데월드 대홍기획	−로티의 모험(만화)
	뉴미디어	뉴미디어사업본부 롯데매니아 B&B	−AV사업 −CD제작
진로	CATV	그린텔레비전(GTV)	−여성 채널
	비디오 배급		−윤무부 교수의 자연탐사
건영		옴니시네마	−옴니시네마 극장 운영
농원		에스미디컴	−40억 원 규모 SF영화 해왕성 장보고 제작
제일제당	영화 제작	제이콤	−쿠데타, 인살라 등 제작 착수 −DREAMWORKS 자본투자
한화그룹		한컴	−고스트맘마

쌍용		(주)쌍용	−전사라이온
투자금융사 일신창투 장은투자 한림투자 동양창투 한국종합 기술금융			−은행나무침대, 피아노맨, 본투킬 −은행나무침대, 피아노맨, −본투킬 −너희가 재즈를 믿느냐 아기공룡 둘리

이상에서 보듯이 최근 국내 대기업들의 영상사업 분야 참여는 비교적 활발하다. 기업의 성격이나 투자 우선순위 평가 등에 따라 전문 분야로 독립한 경우에서부터 시험적인 투자 가능성을 타진하고 수준에 이르기까지 규모와 내용에 있어서는 다소 차이가 있지만 영상산업 분야에 대한 투자가 관심을 보이고 있다는 점에서는 비슷하다.

대기업들의 영상산업 참여가 확대되면서 기존의 시장 구조는 급격한 변화를 겪고 있다. 일반적으로 '충무로 영화계'로 통칭되는 제작자는 대부분 기반을 잃어버린 채 퇴조하거나 소멸하고 있는 상태다.

지난 86년, 영화법 개정으로 외국영화사 직접 배급이 시작되면서 변화하기 시작한 영화계는 대기업 참여까지 겹치면서 사실상 기존 업체가 소멸되거나 극도로 위축된 상태에서 대기업이 주도하고 있는 단계로 전환하고 있는 중이다.

대기업 참여에 대한 두 가지 시각

대기업이 영상산업 분야에 진출하면서 나타나고 있는 변화는 빠르고, 넓게 확대되고 있다. 영화 제작은 물론 외국영화 수입, 극장을 비롯한 유통과 배급 구조의 변화, 비디오나 케이블 텔레비전 등으로 연결되는 뉴미디어 시장과의 연계 등이 그러한 변화들을 반영하고 있다.

그러나 그같은 변화가 현재의 한국영화와 어떤 관계를 맺고 있으며, 이상적인 방향으로 진행하고 있는가라는 평가에 관해서는 긍정적인 시각과 부정적인 시각이 엇갈리고 있는 상태다.

긍정적인 시각에서는 대자본의 조달과 유통 구조의 체계화 등을 통해 궁극적으로는 한국영화가 대내외적인 경쟁력을 확보해 나갈 수 있으리란 기대를 담고 있으며, 부정적인 시각에서는 대기업이 한국영화의 진흥보다는 배급과 유통 구조의 장악에 더 큰 관심을 두고 직접적인 이윤 추구만을 우선하고 있다고 지적한다. 기존 영화계만 잠식한 채 외국영화 시장을 더욱 키워 주는 데만 앞장서고 있다는 비판이다.

1) 긍정적 평가

대기업이 영상산업 분야에 참여하는 실제 의도나 성격을 논외로 하고 객관적인 상황만을 전제로 한다면, 기존 영화계가 감당하지 못했던 안정된 자본의 유입과 조직적인 경쟁력을 갖춘 배급·유통 구조 확립이 가능하다는 것이다. 적어도 외국의 거대기업과 경쟁할 수 있는 능력을 갖추는 일이 가능하다는 것을 뜻한다.

오는 2000년의 한국 영상시장(콘텐츠 중심)은 대략 5조 원 정도에 이를 것으로 예측하고 있다.(삼성경제연구소) 분야별 구성은 극장영화 부문이 약 6%, 공중파 텔레비전이 45%, 케이블 텔레비전 20%, 비디오 16% 등으로 영화의 비중은 상대적으로 낮게 평가되고 있지만 비디오 분야나 케이블 텔레비전, 공중파 텔레비전의 상당 부분을 영화 프로그램이 채울 것이라고 예상한다면 영화산업의 비중은 수치로 나타나는 것보다 훨씬 높을 수 있다.

결국 팽창하는 영상 시장의 상당 부분은 영화를 기반으로 하고 있다는 것을 전제로 한다면, 앞으로 영상 시장의 주도권을 장악하는 일

한국의 영상 소프트 시장 추이

(단위: 억원, %)

분야　　　　　연도	1990년	1995년	2000년	연평균 성장률 1990~2000년
영화 (극장 흥행)	1,390	2,451	2,982	7.9
비디오 ┌ 판매	1,300	2,885	4,646	13.6
└ 대여	2,500	4,000	4,000	9.8
지상파 TV	7,900	19,000	22,026	10.8
케이블 방송	–	1,300	10,000	50.4 (1995~2000)
기타	–	2,000	4,976	20.0 (1995~2000)
합 계	13,090	31,636	48,630	14.0

(자료: 삼성경제연구소)

은 상품가치가 높은 영화를 누가 더 많이 확보할 수 있으며 배급 시장을 확보할 수 있는가에 따라 달라질 수밖에 없다.

그런 점에서 보면 한국영화 시장을 주도하고 있는 것은 UIP나 폭스·워너·디즈니 같은 미국 직배회사들이다. 상품가치가 높은 영화를 독과점적으로 확보하고 있는 힘을 앞세워 극장의 체인화, 비디오 시장의 장악 등으로 주도적인 위치를 차지하고 있기 때문이다. 외국영화 직배가 시작된 이후 국내 영화 시장에서 외국영화와 한국영화의 점유율이 80 대 20 수준으로 불균형을 보이고 있는 것은 외국 직배사의 시장 주도력이 얼마나 큰 것인가를 반증하는 것이다. 한국영화 제작 능력이 향상되지 않는다면 그같은 시장 점유율은 더욱 악화될 수도 있다.

대기업의 참여는 이같은 현상을 견제하는 일이 어느 정도까지 가능할 것이란 기대를 갖게 한다.

기업이 상품성 높은 영화 제작에 투자함으로써 콘텐츠의 일정 부분을 자체적으로 확보하고, 그것을 자체 배급망을 통해 유통시키고, 비디오나 케이블 텔레비전 같은 뉴미디어 시장과 연결하는 일이 가능하다면 자본과 유통의 효과적인 연계를 이룰 수 있기 때문이다.

이같은 기대는 기존 영화사들이 감당하기 어려운 부분이다. 영세한 제작 규모와 배급, 유통, 뉴미디어 시장이 분리되어 각각 따로 움직이는 상황에서는 영상산업의 '기업적 구조'를 갖추는 일은 사실상 불가능하기 때문이다. 외국의 거대 영화사와 경쟁한다는 것은 더구나 기대할 수 없는 일이다.

대기업이 동원할 수 있는 자본과 유통망의 확보는 일단 영세한 영화산업 구조를 경쟁력 있는 상태로 전환시키는 일을 가능케 함으로써 '규모의 경제'를 이룰 수 있으며, 이를 바탕으로 한국영화의 수준 향상, 경쟁력 확보까지도 기대할 수 있는 것이다.

2) 부정적 시각

대기업의 영상산업 참여가 긍정적인 효과를 나타내기 위해서는 기본적으로 '콘텐츠의 안정적 확보'라는 문제가 전제되어야 한다.

다시 말하면 한국영화의 제작이 안정되는 바탕 위에서 산업적 순환 고리가 형성되어야 한다는 뜻이다. 그렇지 않다면 대기업의 시장 참여가 손쉽게 과실만을 겨냥하는 '수탈 구조'를 형성할 가능성은 얼마든지 높다. 제작이 안정되지 못한 상태로, 외국영화의 수입에 치중해서 유통수익만 겨냥한다면 결국 대기업의 자본과 유통망은 한국영화 진흥과 무관하게 외국영화 시장을 넓혀 주는 역할만을 할 것이기 때문이다.

그같은 상황이 계속된다면 1차적으로 외국 직배사와 국내 대기업이 시장을 양분하는 형태로 갈 수는 있겠지만, 궁극적으로는 국내 시장 전체가 외국영화사가 주도하는 형태로 변하면서 대기업 역시 외국 대형영화사의 대리인으로 전락할 가능성은 높다.

현재 국내영화계가 사실상 대기업 주도로 변모하고 있음에도 불구하고 제작 편수의 정체 또는 감소, 외국영화 수입가격의 상승 등으로 인해 기존 업계가 고사 상태에 빠져 있는 현상은 그같은 우려를 더욱 짙게 만들고 있다. 대기업 자본이 영화계로 유입되고 있기는 하지만 흥행 분야로만 집중하고 있을 뿐 제작 자본화되지 못하고 있는 현상이라고 할 수 있다.

3) 제작과 유통의 연계 문제

현재와 같은 뉴미디어 시장의 팽창이 기본적으로 대자본간의 경쟁장으로 변모하고 있다는 점에 대해서는 이론의 여지가 없다. 변화하는 시장 환경에 대응하기 위해서는 거대자본이 유입되어야 한다는 사실에 대해서 동의하는 경우라 하더라도, 제작과 유통이 합리적인 형태로 연계되지 않는 한 대기업 참여는 기존 업계로부터 시장을 빼앗는 결과만으로 그칠 가능성이 높다.

기존 영화계가 대기업의 영상사업 참여에 대해 비판적이거나 부정적인 시각으로 바라보는 가장 중요한 배경이다.

기존 영화사들은 좁은 국내 시장에서 한국영화 제작과 외국영화 수입을 병행하면서 영역을 유지해 왔다. 그러나 이같은 구조는 외국영화 직배가 시작되면서 1차 변화를 겪었고, 대기업이 참여하기 시작하면서 2차 변화를 겪었다. 직배사들은 상품성 있는 영화를 독과점하며 대기업들은 나머지 작품들을 패키지 형태로 일괄구매하거나 선별적 구매 경우라 하더라도 판권료를 급상승시킴으로써 영세업체들은 접근조차 하기 어려운 상황을 만들어 놓았다.

따라서 국내영화 시장은 직배사와 대기업들이 양분하는 형태로 변모했지만 그같은 유통 시장의 장악에 따른 결과가 한국영화 제작으로 환원되지 못하고 있는 상태는 한국영화 기반을 위협하는 요소가 된다.

이같은 현상은 크게 보아 두 가지 문제를 내포하고 있는데, 하나는 한국영화 제작이 더욱 위축된다는 것이고, 또 하나는 대기업간의 지나친 경쟁으로 인해 참여업체들이 안정적 이익을 확보하는 문제도 쉽지 않다는 것이다.

최악의 경우 한국영화를 고사시키면서 대기업들 또한 외국영화의 판권료만 상승시켜 놓은 채 출혈 경쟁을 하거나 외국 메이저의 대리점 역할을 할 수밖에 없다는 가능성도 배제할 수 없다.

이러한 문제를 보완하기 위해 대기업들은 한국영화 제작에 투자하기보다는 해외영화 또는 영화사에 투자하는 방안을 모색할 수도 있다. 제일제당이 드림워크사에 자본투자를 하거나, 삼성이 〈스타게이트〉란 영화에 제작비 일부를 투자하고 국내 판권을 확보한 경우들은 대기업의 투자 방식에 대한 일면을 읽을 수 있는 사례들이다.

그러나 이같은 투자 역시 위험부담률이 크기는 마찬가지다. 영화산업 역시 오랜 경험과 기업적 경영이 필요할 뿐만 아니라 문화적 차이, 투자의 위험성 등을 감안해야 하는 모험사업(Venture business)의 성격이 강하다.

거대자본을 앞세워 야심만만하게 미국영화계로 진출했던 소니나 마쓰시타사가 막대한 손해만 본 채 고전하거나 물러선 경우에서 보듯 자국의 영화 제작 안정화가 선행되지 않은 상태에서의 사업 참여는 그만큼 불안정할 수밖에 없다.

4) 한국영화 제작 형태의 문제

대기업이 영화 제작에 참여하는 경우라 하더라도 역시 문제는 있다. 일반적인 극영화 제작은 어느 경우나 이윤의 확대 재생산이라는 문제를 외면할 수 없지만, 영화는 상품적 가치 못지않게 다양성을 확보해야 하는 상품이다.

멀티미디어에 의한 유통 구조는 영화의 상품적 가치에 대한 인식을 더욱 높이고 있다. 극단적으로는 상품 가치가 전제되지 않은 영화란 그 존재 의의마저 무시당할 지경이다.

이런 상황에서 제작되는 영화는 필연적으로 상품성을 우선하게 되고, 그에 따라 스타 중심의 영화 제작, 오락성 중심의 기획이 중심을 이룬다. 대기업들의 참여로 제작된 영화들이 철저하게 오락적이라는 사실은 기업적 투자가 어떤 쪽으로 흘러가고 있는가를 반영하는 결과들이다.

이러한 투자 형태는 필연적으로 제작비 상승을 수반한다. 최근 몇 년 사이 한국영화 편당 제작비가 대략 10억 원 내외로 치솟았고, 스타급 주연배우들의 출연료가 제작비의 상당 부분을 차지하고 있다는 사실은 이를 반영하고 있는 것이다.

그 결과 기존 영화사들의 제작 여건은 더욱 악화되고 있는 상태다. 가중되는 제작비 부담, 더욱 높아지는 실패의 위험성 등으로 인해 기존 제작자는 제작을 기피하거나 아예 엄두를 내지 못하고 있는 실정이다.

그 틈새를 메우고 있는 것이 대기업 자본을 지원받는 일부 영화사들의 선별적 제작이지만, 이 경우에도 흥행 결과에 따른 이윤은 대부분 기업 쪽으로 흡수될 뿐 영화사로 되돌아오는 부분은 극히 미약하다.

계약 단계에서 흥행 이윤이 발생할 경우 투자분에 대한 회수가 우선되고 나머지 이익에 대한 배분이 이루어지기 때문에 제작에 참여한 영화사들은 실제로는 대기업의 단위사업을 용역받는 하청기업 같은 신세가 되기 쉽다.

이런 과정에서 인력을 양성하고 기획력을 높이며 영화사의 기업적 안정을 수반하는 발전을 기대하기란 사실상 불가능하다. 대기업의 투자가 영화사의 안정적 발전을 전제로 한 공존 관계 정립보다는 필요한 인력과 아이디어를 한정된 범위 안에서 임시 고용하는 하청 구조가 일반화된다면, 한국영화계는 대기업의 참여에도 불구하고 기반은 더욱 약화될 수밖에 없다.

대기업의 영화 분야 진출이 한국영화를 진흥하기보다는 오히려 침

체시키고 있다는 평가를 받는 이유도 이같은 제작 형태에 기인하는 것
이다.

5) 관리와 운영의 문제

대기업의 영화산업 참여는 자본의 유입과 함께 유통을 관리할 수
있는 경영 조직과 기능이 유입된다는 것을 뜻하지만 실제 상황은 그
렇지 못하다. 영상산업에 참여하고 있는 대기업들이 대부분 이 분야
에 대한 경험이나 인식이 부족한 상태이기 때문에 전문성이 부족하다
는 것이다.

자본투자가 이루어지고 있음에도 한국영화 제작 기반은 오히려 약
화되고, 해당 기업의 영화 분야 투자 또한 점점 방어적·소극적 형태
로 축소되는 것은 기획이나 제작을 관리할 만큼의 전문성을 갖춘 인
력이 부족하고 기업 내에서의 전문적 독립성이 뒷받침되고 있지 못하
기 때문이다.

기업 입장에서는 선별적으로 제작은 하되 어느 경우에도 손해만 보
지 않으면 된다는 식의 소극적 투자가 일반화되고 있을 뿐 기획이나
제작 관리를 전담할 수 있는 유능한 프로듀서 시스템을 갖추어 나겠
다는 적극적인 대응은 보여주지 못하고 있다.

맺는말

대기업의 영하 시장 참여, 더 나아가서는 영상산업 참여는 이미 새
롭게 형성되고 있는 뉴미디어 산업 구조에서 본다면 필연적인 과정이
다. 대자본과 다양화하고 있는 유통 구조의 효과적 연계는 뉴미디어
시장에서 경쟁력을 확보할 수 있는 현실적인 방법이다.

그러나 대기업의 영상 시장 참여는 한국영화의 안정, 활성화와 연

계되지 않으면 안 된다. 자국의 영화산업이 안정되지 않으면 영상 콘텐츠의 확보에 심각한 문제점이 발생하고, 궁극적으로는 외국 거대기업들이 주도하는 시장 구조에 예속될 수밖에 없기 때문이다.

대기업의 영화 분야 진출이 기존 업계의 소멸만을 요구하는 수탈적 결과로 전락하지 않기 위해서는 어느 경우에나 유통과 배급이 제작과 연계될 수 있는 구조로 안정되어야 한다.

대기업의 역할은 영화와 비디오, 케이블 텔레비전이나 기타 분야의 시장으로 이어지는 다변화 구조에서 지속적인 이윤 창출을 낼 수 있도록 제작과 유통을 라인화하며, 유통 과정에서 얻는 이익을 제작으로 환원하는 적극적인 노력을 기울여야 한다.

따라서 현재와 같은 영화 제작 투자도 하청 구조식 대신 대기업 자본과 기존 영화사들의 기획·제작력이 수평적으로 연대할 수 있는 관계 설정이 필요하다.

이러한 구조들이 안정된다면 대기업은 국내 시장에서의 경쟁뿐만 아니라 해외 시장을 확대하는 일도 가능하다.

물론 이같은 일은 대기업 자체에서 개선 가능한 부분도 있지만 상당 부분은 정부의 정책적 지원이 요구되는 일이기도 하다. 기업의 투자 대상이나 규모, 영화나 방송의 정책적 운용 등을 결정하는 문제 등이 그러한 부분들이다.

정책적인 측면에서는 대기업의 영화 시장 참여가 뉴미디어 시장 확보와 직결되는 문제라는 점에서 투자나 이윤에 대한 세제 혜택 등을 비롯한 지원이 뒤따라야 하며, 뉴미디어 시장 진출에 대한 각종 지원 정책도 요구된다.

[03]

한국영화, 닫힌 울타리 벗어나야 한다

미국영화가 없다면 한국영화는 행복할까? 관객 입장에서는 반가운 일이 아니다. 재미있는 영화를 볼 기회가 그만큼 줄어들 가능성이 높다. 극장을 운영하는 사업가들도 질색할 일이다. 한국영화만으로 흥행을 계속하며 이익을 보장하는 일이 쉽지 않을 것이기 때문이다. 그렇다면 제작자들은 좋아할까? 당장은 그렇게 생각할 수도 있을 것이다. 상대하기 버거운 골리앗을 보지 않아도 될 테니까…… 그러나 좋은 상품이 없는 가게에 손님들이 계속 찾아올 것이라고 생각한다면 너무도 순진하다. 굳이 그 가게가 아니더라도 갈 곳은 많고, 재미있는 구경거리는 또 찾을 수 있는 세상이다.

미국영화는 세계 시장에서 독보적인 지위를 가지고 있다. 미국 국내는 말할 것도 없고, 파리나 런던·도쿄·서울 같은 여러 나라들의 도시에서 미국영화는 늘 관심의 대상이다. 미국영화의 상업주의를 기피하며 예술영화의 전통과 자존심을 지켜 나가겠다는 프랑스 칸국제영화제조차 미국영화계의 참여와 지원 없이는 김빠진 맥주 신세를 면하기 어렵다. 미국영화의 스타들이 빠지면 언론이나 관객들도 쓸 말이 적고, 할 말이 별로 없다. 영화 마니아들만이 아는 수준으로 다루어 봐야 하늘에 대고 혼자 손 휘젓는 처지가 되기 십상이다. 속마음이야 어떻든 개막작에 미국영화를 내세우고, 심사위원 중에도 할리우드 배우나 감독을 포함시키는 것은 미국영화의 현실적인 파워를 인정하기 때문이다. 세계 시장의 85%를 차지하고 있는 미국영화는 산업적인 측면에서뿐만 아니라 문화적인 측면에서도 대적할 상대가 없는 골리앗이다.

그렇다고 미국영화가 세계 시장에서 난폭한 총독 역할만 하고 있는가? 세계 여러 나라의 관객들이 미국영화를 좋아하고 있다면, 미국의 강압에 의해서가 아니라 관객들 스스로의 선택에 의해서다. 미국 관객들이 공감하고 지지하는 내용에 다른 나라의 관객들 역시 같은 반응을 끌어내고 있는 것이다. 이 부분은 미국영화가 다른 나라 사람들을 교묘한 눈속임으로 홀리는 것이 아니라 보편적인 공감대를 이끌어 내는 힘을 갖추고 있기 때문이다. 바로 영화의 힘이다. 미국영화를 세계의 거인으로 만든 힘이고 각국의 영화인들이 우리도 미국영화처럼 만들자는 의욕을 자극했던 부분이다. 관객들이 영화를 좋아하고, 오늘날의 위치까지 끌어올린 바탕에도 미국영화는 상당한 기여를 하고 있었다는 점을 부인하기 어렵다.

한국영화의 세계화는 새로운 과제다. 해외 시장 확대라는 가시적 성과도 필요하지만, 다른 문화를 존중하며 함께 발전해야 한다는 열린 인식이 더 중요하다. 한국영화의 기세는 2006년에도 여전해 보인다. 다양한 영화들이 앞서거니 뒤서거니 개봉을 하고 있다. 기대했던 대작이 예상에서 빗나가기도 하고, 웬만큼 성과만 거두어도 다행이라고 여기던 영화가 바람을 일으키는 현상도 여전하다. 〈왕의 남자〉는 한국영화 사상 최고 흥행 기록을 또다시 갈아치웠다. 〈실미도〉나 〈태극기 휘날리며〉가 1천만 관객 기록을 넘긴 열기가 채 가시기도 전에 새로운 기록을 세웠다. 그만한 성과를 내지 못하는 다른 영화들 입장에서는 희비가 엇갈리겠지만, 한국영화가 시장을 주도하며 분위기를 이끌어 가는 열풍은 수년째 계속되고 있다. 어디서 그런 힘이 나오는지 불가사의할 정도다.

〈쉬리〉나 〈공동경비구역 JSA〉가 흥행 기록을 새로 쓰며 선풍을 일으킬 때만 해도 잠시 스치는 바람이 아닐까라는 조바심이 적지않았다. 그러나 지난 1999년 이후 계속되고 있는 한국영화 열풍은 누구도 예상치 못한 수준으로, 누구도 막지 못할 기세로 확대를 거듭하고 있다. 30%만 넘어도 좋겠다는 시장점유율은 50~60%를 수년째 당연한 듯 유지하고 있다. 미국의 대작 영화들조차 밀어내고 있는 실정이다.

미국과의 통상협상을 위한 선결 조건으로 스크린 쿼터제를 축소해야 한다는 논란이 제기될 때, 이를 지켜야 한다고 했던 측에서는 국내 시장에서 한국영화가 40% 수준을 유지할 수 있어야 한다는 조건을 앞세웠다. 한국영화의 시장점유율이 40%를 넘는다면 그때 스크린 쿼터를 줄일 수 있다는 것이다. 실현 불가능한 목표처럼 보였지만 이제는 '그까짓 게 대수냐'는 듯 미쓱한 상황이 되고 말았다.

갑작스런 성장이 우리들끼리만 즐기는 '집안 잔치'일 뿐이라는 우려도 유수한 국제영화제에서의 수상이나 뜨거운 '한류' 바람에 묻혀 버리고 말았다. 미국영화계에서조차 한국영화 판권을 사가는 경우도 늘고 있다. 지난해 한국영화 수출액은 9,700만 달러를 기록했다. 1억 달러를 넘기는 것도 시간 문제처럼 보인다. 9년째 연속 상승이다.

〈성냥팔이 소녀의 재림〉(2002)이란 영화가 100억 원대의 제작비를 들이고도 흥행에서 실패하자 시장 규모를 무시한 과도한 투자라는 비난과 함께 자본 이탈로 인한 제작 기반의 붕괴가 이어질 것이라고 불안해했지만, 오히려 투자 규모는 더욱 커지고 있다. 국내 흥행과 해외 판매를 모두 계산하기 때문이다. 스타급 배우들의 출연료가 과다하고, 흥행 규모에 비해 영화사들이 실제로 얻는 이익 규모가 빈약하다는 문제도 지엽적인 투정으로 인식될 뿐이다. 유행을 탄 몇 종류의 영화들만이 경쟁하듯 제작되는 바람에 다양성이 빈약하다는 지적도 공허한 트집처럼 넘겨 버렸다.

그런 가운데서 영화업계가 제작과 유통을 모두 아우를 수 있는 대형 회사 중심으로 재편되고, 계열화하는 대형 극장들이 시장을 독과점하는 현상이 빠르게 나타나고 있지만, 한국영화의 쾌속 성장을 막지는 못한다. 최근의 한국영화는 어떤 문제가 나타나더라도 빠르게 흡수하며 앞으로 계속 나아가는 양상이다. 한국영화의 기반이 그만큼 안정되고 있다는 뜻이며, 자생력 또한 커지고 있다는 표시다.

7월 1일부터 스크린 쿼터가 이전의 절반 수준으로 줄어들었다. 영화계 일부에서는 여전히 이를 문제삼으며 한국영화의 기반이 붕괴될 것이라고 염려한다. 지금 한국영화가 걱정해야 하는 문제는 물리적 제작 여건이 아니라 스스로의 경쟁력을 높이는 일이다.

그 일에 이어서 다른 나라의 문화와 전통을 이해하며 일방적 독주 대신 공존과 어울림을 확장해 나가는 일은 또 다른 과제다. 관객들이 한국영화에 환호하는 사이에 외국영화들은 오히려 설자리를 잃어버리거나, 특정한 영화들에 대해서는 적개심을 보이는 사례도 있었다. 다양성을 지키는 수단이라고 외치던 스크린 쿼터제는 오히려 우리 문화의 폐쇄성과 영화인들의 배타적 이기심을 드러내는 상징처럼 변하고 말았다. 우리 것이 밖으로 나가는 현상은 자랑스러워하면서도 상대방을 인정하고 존중하지 않는다면 앞으로의 미래는 보장하기 어렵다. 성장에 맞는 열린 시선과 태도를 바탕으로 하는 우호적 세계화는 한국영화가 직면한 새로운 시험이자 반드시 넘어야 하는 장벽이기도 하다. 그 상대가 미국영화라 해도 함께 경쟁하며 이겨 나가야 한다. 미국영화는 우리 영화를 압박하는 라이벌이면서 동시에 우리 영화의 성장을 자극하는 동반자이기도 하기 때문이다. 한미 FTA는 오랫동안 미국영화의 위세에 주눅들었던 한국영화가 우호적 경쟁 단계로 전환하는 징검다리가 될 것이라고 믿는다.

[04]
〈타이타닉〉 안 보기?

　미국영화 〈타이타닉〉은 흥행 부문의 새로운 기록을 세울 것 같다. 제작비 2억8천만 달러를 들인 초대작은 미국 내 흥행에서 돌풍을 일으키고 있는 것은 물론 세계적으로 화제를 일으키고 있는 중이다. 2월 20일부터 국내에서도 상영을 시작한 이 영화는 예매만도 20여만 명을 넘어서는 신기록을 세웠다. 영화계에서는 과연 어떤 결과로 마무리될 것인가를 두려운 마음으로 지켜보고 있는 중이다.

　그러나 이 영화가 상영되는 과정에서 영화보기를 거부하자는 움직임이 일부에서 제기되고 있는 것은 경계해야 할 대목이다. 〈타이타닉〉이 미국영화이며 직배회사를 통해 흥행하고 있기 때문에 흥행 수익의 대부분은 결국 미국으로 돌아간다는 것이 관람 거부 주장의 명분이다. 경제 위기 상황에서 영화 흥행까지 외국에 내맡길 수 없다는 것이다.

　이 영화에 주연한 어느 배우가 한국에 대해 무시하는 듯한 발언을 했다는 지적이 컴퓨터통신에 오르면서 번지기 시작한 '타이타닉 안 보기' 주장은 조직적인 운동으로까지 확산된 것이 아니기 때문에 '소수 의견'에 머문 정도이지만, 그렇다 하더라도 이것이 현명한 일인가라는 부분은 보다 냉정하게 따져 봐야 한다. 소박한 의도로 시작한 일이라 하더라도 자칫 그 여파는 엉뚱하게 변질할 수 있기 때문이다.

　미국영화가 때로는 미국 우월주의나 백인 중심적 가치관을 지나치게 내세우고 있기 때문에 편협하고 위험하다는 지적은 여러 나라에서, 여러 경로를 통해 제기된 바 있다. 〈록키〉나 〈람보〉 같은 영화들에서 드러나는 '잘난 척하는 미국인'의 시건방과 오만은 말할 수 없을 정도다. 백인, 그 중에서도 미국적을 가진 주인공이 보여주는 영웅성은 영화의 중심을 이루고 그의 상대가 되는 '적'들은 생각도, 신념도, 인격도 없는 인물처럼 묘사된다.

이런 식의 '아메리카니즘'이 미국영화에 나타난 것은 훨씬 더 오래 전이다. 존 웨인이 한창 인기를 끌던 시절에 나왔던 서부영화들은 이 세상 모든 것이 주인공을 위해 존재하는 것처럼 이야기를 풀어 나간다. '연약하기만 한 여자'를 보호해야 하고, 선량한 서부 개척자들과 그 가족들도 지켜야 하는 것은 바로 주인공이다. 그는 보안관이 되기도 하고, 기병대 장교로 나오기도 한다. 또 때로는 도망자나 떠돌이 건달처럼 나타나기도 하지만, 그때도 본성은 착하기 이를 데 없는 영웅의 이미지를 숨겨두고 있다. 인디언은 난폭하고 잔인한 미개인의 전형처럼 나타나고, 흑인이나 아시아인은 무지하고 미련하거나 비겁한 유형으로 설정된다. 부잣집의 하인이나 식당·술집의 종업원, 허드렛일하는 동네의 일꾼 따위의 역할이 고작인 정도다.

이런 식의 인물 설정이나 영웅주의적 구성은 서부영화뿐만 아니라 전쟁영화나 액션·SF 등 장르를 가리지 않고 나타난다. 얼마 전 인기를 끌었던 〈인디펜던스데이〉에 나타난 미국 대통령의 이미지를 떠올려 보면 요즘 영화에서도 그런 이미지는 여전히 살아 있다는 것을 확인할 수 있다. 미국영화가 미국식 패권주의를 전파하는 첨병이라고 비난을 받는 것은 바로 그같은 부분 때문이다. 직접적이든 간접적이든 정도의 차이일 뿐 미국식 가치관과 생활방식을 앞세우며, 그것과 다르거나 충돌하는 경우가 생기면 막무가내로 무시하고 배척하는 경향을 여지없이 드러내는 것은 별다른 차이가 없다. 미국인들 입장에서 보면 자랑스러운 미국, 강한 미국에 대한 자부심을 철철 넘치도록 느끼겠지만 반대쪽 입장에서 바라보면 오만함과 무례함과 난폭함에 분통이 터질 일이다.

국제무역기구(WTO)의 출범을 위한 국가간 협상이 진행될 때, 유럽 각국들이 영화를 비롯한 비디오·음반 등 영상 시장 부문을 제외하고자 필사적인 노력을 기울였던 이유도 바로 영화를 포함한 영상 콘텐츠를 통해 유입되는 미국식 가치관이나 문화가 여과 없이 확산될 것이란 점을 경계한 것이라고 할 수 있다. 프랑스나 독일·이탈리아 등이 자국에서 열리는 칸이나 베를린·베니스국제영화제에 국가적인 지원을 계속하고 있는 것은, 영화계의 자율적 능력만 믿거나 시장 논리에 따라 되는 대로 갈 수밖에 없다는 식으로 두었다가는 미국영화가 판을 휩쓸어 버릴 것이라는 걱정을 반영하고 있는 것이다.

미국영화의 실질적 영향력을 두려워하고 경계하지만, 막상 그것을 막을 힘은 없는 것 또한 현실이다. 그렇다고 경제나 문화 등 각 분야가 국제적 유기성을 형성하고 있는 상태에서 미국영화 수입을 금지한다거나 특별히 불이익을 줄 수도 없다. 유럽 각국들이 영화를 포함한 영상산업 분야를 자유무역 대상에서 제외한 것은 미국영화를 차별하겠다는 것이 아니라 자국 영화의 산업적·문화적 기반 유지를 위한 지원이나 보호정책을 펼 수 있는 길을 열어두겠다는 것이다.

하지만 이런 노력에도 불구하고 미국영화가 세계 시장을 휩쓸고 있는 현상은 변함이 없다. 줄기는커녕 시간이 갈수록 영향력은 커지고 있는 것처럼 보인다. 프랑스가 국가적 자존심을 걸고 만들었던 영화 〈제르미날〉이 미국영화 〈쥬라기 공원〉에 맥없이 밀려 버렸고, 〈스피드〉나 〈인디펜던스데이〉〈미션 임파서블〉〈맨 인 블랙〉 같은 영화들은 엄청난 흥행 수익을 올리며 세계 시장을 휩쓸었다. 거대한 자본과 첨단의 기술, 강력한 상품성을 앞세우며 밀어붙이는 파상 공세는 세계 영화 시장을 미국영화 중심으로 끌어가며 공룡 같은 위력을 발휘하고 있는 것이다.

그러나 미국영화가 사람들을 더 당혹스럽게 만드는 것은, 미국식 패권주의를 앞세우면서도 그것을 상쇄하거나 무마할 만한 '문제작'이나 '화제작'을 끊임없이 내놓는다는 점이다. 미국이 자유 세계의 파수꾼을 자부하던 60~70년대만 하더라도 〈졸업〉이나 〈솔져부루〉 〈미드나이트 카우보이〉 〈우리에게 내일은 없다〉 〈대부〉 같은, 이른바 '아메리칸 뉴 시네마'를 통해 미국사회 내부의 모순이나 불안, 편협한 아메리카니즘의 허상과 왜곡을 날카롭게 비판함으로써 세계적인 주목을 받았다. 그렇게 공개적이며 지속적으로 국가나 사회의 정체성에 대한 비판을 담은 경우는 유례를 찾아보기 어렵다. 마이클 치미노 감독은 〈디어 헌터〉를 통해 베트남전이 미국인에게 얼마나 큰 상처를 주었는가를 돌아보았고, 스티븐 스필버그는 〈쉰들러 리스트〉를 통해 국가와 인종을 뛰어넘어 인류 공동의 선을 추구하고자 하는 휴머니즘의 감동을 영화로 만들었다. 우디 앨런은 중·상류층 미국인의 도시적 생활을 유머러스하면서도 독창적으로 보여주고 있다. 영화의 실험성이나 창의성·사회적 역할을 감안하다 하더라도 미국영화는 결코 무시할 수 없는 일정 부분을 담당하고 있는 것이다. 영화의 국적이 미국이라는 사실만으로 무조건 비난할 수만은 없는 영화들을 미국영화계는 끊임없이 내놓고 있는 것이다. 미국영화의 양면성이자 저력이라고할 수 있는 부분이다.

〈타이타닉〉 역시 그런 영화 쪽에 가깝다. 영화사상 최대 규모라고할 만한 2억8천만 달러의 제작비, 영화사상 기념비적인 평가를 받을 만한 특수효과, 탄탄한 구성과 뛰어난 연출력, 위기 앞에서 드러나는 다양한 인간 군상, 세기말을 넘기면서 돌아보는 오늘의 세상과 내일의 예견 같은 것들이 고루 들어 있다. 미국인이건 아니건 이 영화에 감동하는 것은 국적과 인종, 종교나 이념 같은 것을 뛰어넘는 휴머니즘에 공감하기 때문일 것이다.

부도덕한 재벌이나 타락한 정치인, 빗나간 오렌지족 젊은이를 비난할 수 있는 것은 그들이 도덕적으로나 윤리적으로 문제가 있고 사회 정의와 어긋나는 부분이 있을 때만 가능하다. 재벌집 아들이지만 잘생기고, 공부 잘하고, 성격 좋고, 책임감 강하고, 모든 일에 모범이 될 만한 경우라면 그를 비난할 아무런 근거가 없다. 〈타이타닉〉은 바로 그런 영화라고 할 수 있다.

물론 이 영화의 국적이 미국이고 직접 배급을 통해 국내 흥행이 이루어짐으로써 수익의 상당 부분은 미국으로 들어가고, 이런 영화와 경쟁해야 하는데도 자본이나 제작 능력면에서 부족한 한국영화계로서는 위협감을 느낄 수밖에 없다는 사실은 분명하다. 그러나 그것이 영화보기 거부 운동의 이유가 되어서는 안 된다. 정말 미국영화와 경쟁할 수 있는 힘을 키우고, 나름대로의 대안을 찾기 위해서는 미국영화가 지닌 강점이 무엇이며, 언어와 문화가 다른 나라들에서까지 인기를 모을 수 있는 요인이 무엇인가를 분석하는 냉철함이 더 필요하다. 감성적인 애국심만으로 영화보기를 거부하자는 주장은 자칫 배타적 국수주의로 비칠 가능성이 크고, 이는 외교적 시비의 빌미가 될 수도 있기 때문이다. 한국영화는 미국영화와 힘겨운 경쟁을 해야 하고, 과연 미국영화의 벽을 넘을 수 있을까라는 생각이 들기도 하지만 그 방법은 '미국영화에 대한 거부'가 아니라 '한국영화의 성장'이라는 긍정적 방향에서 찾아야 마땅하다.

[05]
'한국'이 사라진 한국영화

한국영화에는 '한국'이 있는가? 우리 사회에 한국영화 열풍이 분지 오래다. 대박영화들이 잇따라 나오면서 영화산업이 새로운 시대를 맞고 있다는 평가도 나온다. 그러나 그 영화들이 우리 사회에서 어떤 역할을 하고 있는가라는 점에서 보면 도무지 개운하지가 않다. 자기부정과 자학, 염세적 냉소가 더 많은 것처럼 보이는 탓이다.

한국영화의 흥행 기록을 갈아치운 〈왕의 남자〉는 조선시대 연산군 조를 배경으로 삼고 있지만, 영화 속에 등장하는 인물 중에 누구도 행복한 경우를 찾기 어렵다. 왕은 절대 권력을 갖고 있는 것처럼 보이지만 광기로 부서진 지 오래다. 주변의 신하들은 출세에 어두워 공공연히 뇌물을 받아 챙기고 매관매직을 일삼는다. 왕은 왕대로 혼란스럽다. 주위 사람들을 믿지 못하며, 국정을 제대로 이끌 만한 능력도, 의지도 없다. 그런 왕과 신하들이 경영하는 나라의 백성들은 더 죽을 맛이다. 보통 사람들의 상징이랄 수 있는 광대들은 그야말로 파리 목숨 신세나 다름없다. 권력이 부르면 가야 하고, 때리면 맞아야 하고, 죽으라면 죽을 수밖에 없다. 왕도, 신하도, 백성도 절망에 갇혀 있는 패자들일 뿐이다.

〈웰컴 투 동막골〉은 6·25전쟁을 배경으로 삼고 있지만, 누가 적이고 누가 동지인가라는 점에서 보면 혼란스럽다. 강원도 어느 산골, 가상의 공간 동막골의 평화를 깨는 존재는 미군이 중심이 된 연합군이다. 남한의 국군과 북한의 인민군은 동막골에서 조우하지만 곧 경계심을 걸어 버리고 형, 동생 하며 가족처럼 지낸다. 전쟁의 원인이나 책임에 대한 고민은 없다. 마을 주민들 역시 그들을 해치지 않는 한 누구든 상관없다는 태도로 일관한다. 마을의 평화가 깨지는 것은 엉뚱하게도 조난당한 미군 조종사를 찾으러 국군 수색대가 등장하면서 부터다. 그들은 마을 주민들을 위협하고 협박한다. 적과 아군, 동지의 개념은 멀리 날아가 버린다.

앞서 흥행 바람을 일으켰던 〈태극기 휘날리며〉〈실미도〉〈공동경비 구역 JSA〉 같은 영화들도 국가 정체성을 부정하거나 비판하기는 마찬가지다.

〈태극기 휘날리며〉 역시 6·25전쟁을 배경으로 삼고 있지만 한 가족의 행복이 깨지는 것은 전쟁 자체가 아니라 국가의 폭력적 행정 때문이라고 간주한다. 마구잡이로 젊은이들을 군대에 끌고 가는 바람에 형제의 비극은 시작되고, 가족은 파멸의 길을 걷는다.

〈실미도〉에 등장하는 국가 공권력은 무자비한 폭력 그 자체다. 특수부대를 만든다며 아무나 잡아들이고, 불평하거나 저항하는 자는 냉혹하게 죽여 버린다. 정치적 상황이 바뀌어 특수부대가 필요 없게 되자 흔적 자체를 없애려 한다.

〈공동경비구역 JSA〉는 남북 분단의 대치 상황을 다루고 있지만, 국가적 정통성은 남한보다는 북한 쪽에 있는 것처럼 강조한다.

〈두사부일체〉〈가문의 영광〉 같은 영화들은 조직폭력배들이 주인공이다. 하는 일은 관할구역 내의 업소들을 겁주어 돈을 갈취하거나 상대 조직원들을 제압하는 것이 전부이지만 나름대로 의리와 명분, 사회 정의를 위해서 일하는 존재들처럼 묘사한다.

그렇다고 경찰관들이 정의로운 것도 아니다. 〈투캅스〉〈공공의 적〉 같은 영화들에 등장하는 경찰은 부정과 비리에 젖어 있거나 법과 절차를 뛰어넘어 스스로 세상을 단죄하려 한다. 법의 성실한 집행자가 아니라 법을 등에 업은 무법자의 이미지다. 폭력배보다 더 교활하고 위험한 존재다. 그들 앞에 기업가나 교육자들은 뿌리까지 썩은 사회악으로 비친다. 누가 백로고 누가 까마귀인지 알 수가 없을 지경이다.

　개별 영화들만으로 본다면 만드는 사람의 극적 상상력이 작용한 결과일 수 있지만, 흥행을 주도하는 주류 영화의 큰 흐름이 우리 사회를 긍정하며 통합으로 향하게 하기보다는 전복과 분열적 자기 부정을 조장하는 데 기여하고 있다면 가볍게 웃어넘길 일이 아니다. '한국영화'를 지키고 보호하자고 하는 것은 우리의 문화와 정신, 통합적 가치관을 지킬 수 있다고 보기 때문이다. 하지만 현실은 반대처럼 보인다. 한국영화가 정말 한국영화다운가라고 묻는 이유다.

[06]
한국영화의 위기 또는 '공공의 적' 만들기

　심각한 위궤양 환자에게 반창고를 붙이는 것으로 치료를 끝낼 수 있을까. 한국영화제작가협회(제협)와 매니지먼트협회(가칭) 준비위원회는 지난 7월 26일, 5개항의 합의 사항을 공동으로 발표하고 "양측은 공정한 제작 시스템의 원칙을 확인하고, 투자·배급·유통 등 외부환경의 합리화를 위해 공동 대처할 것에 합의했다"고 밝혔다. 앞서 제협이 "스타들의 과도한 출연료 및 지분 요구로 한국영화 수익률이 크게 악화됐다"고 주장하며 스타들의 비싼 출연료, 매니지먼트회사들의 제작 참여나 지분 요구 행태를 비난하면서 불거진 '배우 몸값 파동'에 대한 양쪽 당사자들간의 휴전협정 조인이 이루어진 셈이다. 이들이 합의한 내용은 △매니지먼트협회는 공동 제작 크레디트나 지분 요구를 대신해 배우나 스태프의 합리적인 인센티브제도 정착을 위해 노력하고, △제협은 표준제작규약 작성 및 조수·스태프의 처우 개선을 위한 전문 인력풀 제도를 마련하며, △양측은 외화와 한국영화에 대한 배급사와 극장의 수익 배분비율의 불평등을 시정하고, △부가판권 시장 활성화와 △불법복제 문제 해소 등에 함께 대처한다는 등 5개 항이다. 한국영화의 산업적 성장과 안정을 위한 문제점 해소 차원에서 제작사들은 독하게 작심하고 문제제기를 한 것이기는 했지만 사태는 다소 엉뚱하게 흘렀다. 제협이 공식 입장을 밝히기 앞서 제작자 겸 감독이기도 한 강우석 전(前) 시네마서비스 대표가 기자들과의 인터뷰 과정에서 배우 출연료 문제를 언급하며 '송강호' '최민식' '설경구' 세 배우를 적시했고, 송강호·최민식이 강하게 반발하면서 세간에는 배우와 감독 간의 명예훼손 싸움처럼 비쳤기 때문이다. 법적 시비로까지 번질 듯하던 사건은 적당한 사과를 주고받는 선에서 봉합되고 양측의 합의 사항 발표로 '사태 수습 완료'로 처리된 셈이다. 과연 양측의 합의로 모든 문제가 해소된 것인가? 몇 마디 말로 문제가 해결될 정도였다면 제협은 왜 그리 심각하게 목청을 높이려 했을까? 사태의 뇌관 역할을 했던 강우석은 영화감독의 입장에 선 것인가, 제작자 입장을 대변하려 했던 것인가? 한국영화는 지난 몇 년간 규모나 내용에서 급성장을 하고 있는 것처럼 보이지만 내용적인 측면에서는 투자자본에 의존한 제작 관행, 시장 규모를 예측하지 못하는 과도한 투자, 제작비의 방만한 운영과 투명성 미비로 인한 투자자들의 불신, 과도한 투자와 경쟁, 이동통신회사들의 할인카드 서비스의 왜곡 운영으로 인한 극장업계의 수익 구조 악화, 영화정책의 중심 기구인 영화진흥위원회를 비롯한 정책기관들의 '코드 인사'와 아마추어적인 행정 등 곳곳에서 약점을 드러내고 있다. 그런데도 특정한 영화가 흥행에서 바람몰이를 하거나 해외영화제에서 수상이라도 하면 '만사 OK'다. 병은 속으로 깊어지는데도 반창고를 붙이거나 진통제 먹는 것으로 달래는 일을 반복하고 있는 것이나 다름없다.

스타와 '공공의 적'

강우석 감독은 〈공공의 적〉이라는 영화를 두 편 만들었다. 1편에서는 돈 때문에 부모를 살해하는 엘리트 사업가가 등장하며, 2편에서는 돈과 권력을 앞세워 무소불위로 비리를 자행하는 사학재단 소유주가 등장한다. 각각의 인물은 우리 사회의 안녕과 평화를 위협하는 공적(公敵)으로 간주되고, 결국 처절한 응징을 당하는 것으로 마무리를 짓는다.

역설적으로 강우석 감독 본인도 한때 한국영화의 발전을 가로막는 공적 취급을 받은 적이 있다. 한국영화가 파죽지세의 전성기를 맞고 있던 지난 2~3년 사이 그는 제작과 배급·투자 유치 등에서 독보적인 위상을 확립했다. 그와 손잡지 않으면 영화 제작을 하기 어려울 지경이었고, 어렵사리 영화를 만들었다 해도 원하는 날짜에, 원하는 극장을 확보하기도 힘들었다. 그의 동의와 지원 없이는 아무것도 할 수 없다는 말이 나올 정도였고 실제 상황도 별로 다르지 않았다. 남다른 기획력, 거침없이 밀어붙이는 결단력과 비상한 판단력을 바탕으로 한국영화의 부흥을 선도하던 그였다. 한국영화사상 제작과 배급 분야를 동시에 그만큼 장악한 경우는 없었고, 그에게 대응할 만한 인물도 찾기 어려웠다. 그런 그가 영화계의 공적 취급을 받은 것은 한국영화의 변화를 주도하는 탁월한 선도자이면서, 돈과 권력을 장악한 독재자의 인상을 동시에 받고 있었다는 것을 뜻한다. 성공에 대한 부러움과 질시, 부정적인 부분에 대한 과도한 평가가 합쳐진 것이기도 했다.

그런 강우석 감독이 배우들의 지나친 출연료 요구가 한국영화 제작을 어렵게 만들고 있다고 비난하며 구체적인 사례로 송강호·최민식 같은 스타급 배우들을 실명으로 들었다. 한국영화 제작이 호황을 누리고 있는 것처럼 보이지만 사실은 남는 게 별로 없는데도 스타들은 과도한 출연료를 챙겨 가고 있다는 불만의 표시였다. 제협은 스타들의 과도한 출연료 요구에는 응하지 않을 것이며, 스타들을 관리하고 있는 매니지먼트회사들의 지분 요구에도 응하지 않겠다는 성명서를 발표하기도 했다. 한국영화 부흥과 함께 관객들의 열렬한 지지를 받고 있던 배우들이 졸지에 한국영화 성장의 이익을 약탈적으로 챙겨 가는 영화계 공공의 적으로 매도당하는 분위기였다. 논란이 일자 송강호·최민식 배우는 공동으로 기자회견을 열어 강우석 감독의 사과를 요구하는 사태로 번졌다. 결국 강우석 감독이 공개 사과를 함으로써 논란은 더 이상 번지지 않은 채 봉합되는 모양새로 바뀌었지만 영화계 속사정이 뭔가 심각하다는 인상을 드러내는 계기인 것만은 분명했다.

　제작자들은 현재 한국영화 제작 구조가 불안정하다는 것을 호소하며 분위기를 개선하고자 했지만 본론을 벗어난 논쟁으로 와전되는 바람에 정작 할 말을 제대로 못한 채 휩쓸려 버린 모양이 되었고, 배우들은 자기의 이익만 챙기려 드는 이기적인 욕심쟁이 취급을 받고 말았다. 강우석 감독은 정작 자신이 앞장서서 그렇게 만들어 놓은 영화계에서 엉뚱한 희생양을 내세워 현재 한국영화의 왜곡의 상당한 책임을 피해 갔다는 비난을 감수해야 했다.

영화 시장 개방 후의 한국영화

　영화계는 옛날부터 돈과 명성이 떠다니는 황금도시 엘도라도 취급을 받았다. 누군가는 그것을 잡았고, 그보다 더 많은 사람들은 좇기만 하다가 원망 섞인 한숨만 쉬는 처지에 그쳤다. 할리우드를 대표적인 황금도시로 꼽지만 우리나라의 충무로 역시 속성에서는 다를 바 없다. 1960년대를 한국영화의 첫번째 황금시대로 꼽고, 70~80년대를 침체의 시기로 꼽지만 그때도 영화계는 돈이 흘렀다. 우리 영화가 흥행이 되지 않더라도 외국영화가 수익을 보장하고 있었기 때문이다. 최근의 상황은 영화 시장을 주도하는 상품이 외국영화에서 국산영화로 바뀌었다는 점에서 새로워 보이는 측면이 강하다.

　1985년의 영화법 개정에 따라 영화 제작과 수입이 자유로워진 이후 한국영화 제작비가 급증한 계기가 두 번 있었다. 첫번째는 대기업이 영상산업 분야에 참여하던 1990년대 초반이고, 두번째는 〈쉬리〉가 선풍적인 흥행 성공을 거둔 것을 계기로 금융자본들이 참가하기 시작한 2000년대 초반이다. 1989년, 일본의 소니사가 미국 파라마운트 영화사를 매입하면서 파란을 일으킨 것을 계기로 다국적 기업들의 음반·비디오·영화 등 영상산업 분야 진출이 가시화하자 국내 기업들도 경쟁하듯 뒤따랐다. 1992년을 전후해 삼성·현대·대우·금성 같은 대기업들은 영화 제작에 투자하기 시작했다. 영상산업은 한 가지 소스를 여러 형태로 가공함으로써 다양한 부가가치 개발이 가능하다는 '일품목 다활용(One source Multi use)'론을 중요한 가치로 신봉했고, 영화 제작은 음반·비디오·캐릭터 등의 원천 소스를 확보할 수 있는 확실한 투자 대상으로 새롭게 평가되었다. 이때부터 영화계에는 대기업 자본이 들어오기 시작했고, 이전의 충무로 제작사들은 급격하게 영향력을 잃어버렸다. 그 자리는 대기업 자본의 투자를 이끌어 낸 신생 영화사들이 대신하면서 영화계의 판도도 빠르게 바뀌었다. '강우석 프로덕션'(시네마 서비스) '신씨네' '기획시대' '영화세상'처럼 젊은 기획자들이 제작을 주도하는 영화사들이 활발하게 움직였고, 주목할 만한 영화들도 더러 나왔다. 〈투캅스〉 〈결혼 이야기〉 〈너에게 나를 보낸다〉 같은 영화들은 새로운 한국영화로 주목받았다.

충무로의 제작 판도가 변하면서 함께 나타난 현상은 제작비의 상승이었다. 충무로 영화사들이 주도하던 때의 편당 제작비는 7~8억 원 수준이었다. 규모가 작은 영화는 4~5억 원 정도에 마치기도 했다. 그러나 대기업의 지원을 받는 영화들은 8억 원 규모에서 출발해 10억, 12억, 15억 원 수준으로 제작비를 높여 나갔다. 대기업 자본이 유입된 지 3~4년이 지나는 사이 제작비는 거의 2배로 늘어났다. 기본적으로는 사전 제작 단계에서의 준비(Pre-production)를 보다 강화하며, 촬영(Production)과 후반 작업(Post production)에도 관심을 기울였다. 한국영화의 일반적인 문제점으로 지적되었던 조명·촬영·녹음·사운드 등 기술적인 취약함은 눈에 띄게 보강되었다. 일본이나 호주에서 필름을 현상하거나 후반 작업을 하는 사례가 확산되었는데,

〈아름다운 청년 전태일〉은 호주에서 후반 작업을 시도한 사례 중의 하나다. 새로운 투자를 시도할수록 비용은 늘어나기 마련이지만 제작비의 증가가 한국영화의 질적 수준 향상으로 연결되는 사례들이다. 그 결과 한국영화의 기술적 취약함에 대한 지적은 크게 줄었다.

그러나 전체적인 상황은 불안정했다. 새로운 자본을 원하는 젊은 기획자들은 대기업 자본을 환영했고, 적극적으로 활용하려 했던데 비해 대부분의 영화인들은 경계심과 불신을 숨기지 않았다. 유입되는 자본이 지나치게 이윤 추구적이며, 기대하는 수준에서 이익을 내지 못한다면 사업에서 철수할 가능성이 있고, 오랫동안 충무로를 지켜왔던 영화인들을 퇴출시킨다는 점에 대한 정서적인 반발도 있었다.

불안은 영화계 쪽에서만 나온 것은 아니었다. 대기업측에서도 영상산업의 타당성과 효율에 대한 의구심을 갖기 시작했다. 당장 이윤을 낼 것 같은 각 분야의 사업은 예측 불가능한 여러 가지 변수들로 인해 제대로 성과를 거두지 못했기 때문이다. 영화의 경우, 기획 단계에서는 충분히 승산이 있을 것 같은 작품도 막상 완성 단계에서 보면 실망스러운 경우가 많았고 작품적으로 좋다는 평가를 받더라도 흥행에서 성공한다는 보장은 없었다. 투자 성공은 10편에 한두 편을 넘기기 어려웠다. 경험과 판단의 근거가 부족한 상황에서 논리적인 분석만으로는 제대로 사업을 유지하기 어렵기 때문이다. 투자된 제작비가 성실하게 영화 제작에 쓰이지 않고 어디론가 새어나가고 있는 것이 아닌가라는 의구심 섞인 푸념도 많았다.

영화를 비롯한 영상산업 각 분야에 진출한 대기업들이 손익계산을 가늠하며 사업의 지속 여부를 심각하게 분석하기 시작했을 때, 갑작스럽게 닥친 외환 위기 상황은 치명타로 작용했다. 기업의 주력 사업이 흔들리는 상황에서 부대 영역에 해당하는 영상산업 부문은 서둘러 정리해야 할 대상으로 변했다. 1999년, 삼성영상사업단은 〈쉬리〉의 제작을 마지막으로 사실상 영상 사업에서 손을 뗐다. 이유가 무엇이었던 대기업 자본이 영화계를 떠났다는 선언이나 다름없었고, 영화계는 우려하던 문제가 현실로 닥치자 공황 상태에 빠졌다.

역설적인 상황은 이때 일어났다. 삼성영상사업단은 영화계에서 철수했지만 유작처럼 남겨 놓은 〈쉬리〉는 홀로 남아 아무도 예상하지 못했던 돌풍을 일으켰다. 남북한 간의 첩보전을 소재로 삼은 이 영화는 제작 과정에서부터 특별한 주목을 받기는 했다. 30억 원의 제작비는 당시로서는 파격적인 규모였고, 감독 강제규와 한석규·최민식 같은 당대의 스타들이 조합을 이루었다는 사실도 눈길을 끌었던 부분이다. 대기업의 규모에 걸맞는 제작비, 완성된 결과에 대한 기대 같은 것들이 어우러져 있었다.

막상 흥행을 시작하자 기세와 결과는 당초의 예상을 훨씬 넘었다. 국내 영화사상 최고 흥행 기록을 세웠던 미국영화 〈타이타닉〉까지 제칠 정도로 전국적인 열풍을 일으켰다. 600여만 명의 관객을 동원하며 흥행의 새로운 장을 연 〈쉬리〉는, 한 편의 영화가 거둔 성공이 사회적 관심거리로 변할 수 있다는 사실을 확인시켜 주었다. 뒤이어 〈공동경비구역 JSA〉와 〈친구〉의 잇단 흥행 성공은 한국영화 열풍에 기름을 부었다. 대기업 자본이 이탈한 이후 공황 상태에 빠졌던 영화계는 뜻밖에 찾아온 부흥의 파도에 휩싸였다. 금융회사의 투자자본이 영화계로 유입되었고, 새로운 자금원 역할을 했다. 한 개의 스크린을 가졌던 단관 극장은 여러 개의 스크린을 가진 복합관으로 바뀌었고, 한국영화의 시장 점유율은 30%를 넘어 40%, 50% 수준으로 가파르게 높아졌다. 〈실미도〉와 〈태극기 휘날리며〉 같은 영화들은 1천만 관객 동원 기록을 앞서거니 뒤서거니 갈아치웠다. 도저히 접근하기 어려울 것이라고 여겼던 세계 유수의 영화제에서 수상하는 일도 빈번하게 이어졌다. 임권택·이창동 감독은 칸·베니스국제영화제에서 감독상을 수상했고, 김기덕 감독은 베를린과 베니스국제영화제에서 거푸 감독상을 받는 기록을 만들기도 했다. 박찬욱 감독은 칸국제영화제에서 심사위원 대상을 받는 등 국제적으로도 한국영화의 위상은 하루가 다르게 높아졌다. 결과적으로 한국영화는 황금알을 낳는 첨단산업이자 우리 문화의 위상을 드높이는 고급스런 문화 상품으로 떠올랐다. 제작만 하면 흥행 성공은 보장된 것처럼 보였고, 국제적인 명성을 얻는 것도 당연한 것으로 여기는 분위기가 넓게 퍼졌다. 스타급 배우의 출연료가 편당 1,2억 원 수준이던 것이 2억, 3억 원으로 높아지더니 최근에는 4,5억 원, 그리고 일정한 흥행 이상일 경우에 관객 1인당 또는 수익의 일정 지분을 런닝 개런티로 받는 것이 관행처럼 되었다. 감독의 연출료, 시나리오 작가의 작품료, 프로듀서들의 기획료 등도 동반 상승했다. 유명 감독의 경우라면 연출료 1~2억 원에다 흥행수익의 일정 부분을 보장받는 경우도 드물지 않다. 제작비 상승은 배우의 출연료를 포함한 주요 스태프들의 인건비, 고가의 촬영 장비와 후반 작업, 홍보와 광고에 쏟아붓는 마케팅 비용이 동시적으로 늘어나면서 나타난 결과다. 최근 몇 년 사이에 나타난 변화다.

심화된 빈익빈 부익부 현상

하지만 한국영화의 성공을 모두가 공유하지는 못했고, 이익이 나더라도 그 몫을 받을 수 있는 경우와 그렇지 않은 경우로 나뉘었다. 외형적인 성장과 달리 내부적으로는 실속이 없다는 우려는 여러 곳에서 나왔다.

가장 두드러진 부분은 제작사의 위상과 영향력이 현저하게 줄어든 대목이다. 외부로부터 제작비 조달이 늘어나면서 영화사들은 투자를 끌어내는 일에 전력을 쏟았다. 영화기획서를 만들고, 투자 결정권을 가진 사람들을 찾아다니며 설득하는 일이 영화 제작의 주요 과정이자 과제가 되었다. 제작 경력이 없거나, 영화의 소재가 애매하거나,

스타급 캐스팅을 확보하지 못한 경우라면 투자자를 설득하는 일이 만만치 않았다. 기획을 마치고서도 제작에 착수하지 못한 경우는 셀 수 없이 많았다. 〈쉬리〉와 〈공동경비구역 JSA〉의 흥행 성공 이후 한때, 등록한 영화사가 1천여 개를 넘어설 정도로 그 수가 급증했지만 적어도 한 편 이상의 실적을 내놓은 경우는 30여 개사 안팎의 수준이었고, 지속적으로 작품을 만드는 경우는 다시 그 절반 정도로 한정되는 실정에 그쳤다. '강우석프로덕션'(후에 '시네마서비스') '우노필름'(후에 '싸이더스') '명필름' '씨네2000' '튜브픽쳐스' '기획시대' '신씨네' '강제규필름' '영화세상' '씨네월드' '현진영화사' '쿠앤씨필름' '태흥영화사' '태원엔터테인먼트' '한맥영화' 같은 영화사들이 이름을 알 만한 경우들에 든다.

그런 가운데서도 어느 정도 제작 역량이 있다고 판단되는 경우에는 투자자들이 먼저 달려드는 양상도 벌어졌다. 투자 자금은 있지만 영화의 상품성을 판단하기가 쉽지 않은 상태에서 경력이나 실적이 있는 영화사가 만드는 영화라면 성공 가능성이 그만큼 높을 것이란 기대가 높았기 때문이다.

〈쉬리〉가 흥행 성공한 이후 감독 강제규는 서로 투자하겠다는 투자자들의 경합 대상이 될 정도였고, 강우석 감독이 이끄는 시네마서비스 역시 첫손에 꼽는 투자 대상으로 떠올랐다. 이런 회사들에는 투자자들의 돈이 파도처럼 흘러들었고, 제작계의 큰손으로 자리잡는 계기를 만들었다. 한국영화계의 오랜 숙원이기도 했던 제작과 배급을 아우를 수 있는 '메이저'의 출현도 가능하다는 기대를 갖게 했다. 한동안 시네마서비스는 그야말로 한국영화계의 중심 역할을 했다. 자체 회사 이름으로 제작하는 영화는 물론이고 '씨네2000' '좋은 영화' '태흥영화사' '태원엔터테인먼트' 등 다른 영화사들이 제작하는 영화에 투자자 역할을 함으로써 사실상 한국영화 제작을 좌지우지하는 현상을 만들었기 때문이다. 한국영화의 흥행성이 높아지는 상황에서 제작 물량을 장악하는 입장이 되자 배급, 배우 캐스팅 등 여러 분야에서 막강한 권한을 확보하는 단계로 전환할 수 있었다. 극장의 흥행 일정을 조정하거나 계열화를 통한 배급망의 개편도 가능했다. 그럴수록 투자자들의 투자 경쟁은 높아졌다. 시네마서비스는 자기 자본으로 영화를 제작할 필요가 없었다. 영화 제작에 투자하려는 돈 전부가 자기 돈이나 다름없었고, 마음만 먹는다면 얼마든지 동원 가능한 것으로 보였다.

이같은 상황은 영화계 구조를 비정상적으로 재편하는 결과를 낳았다. 투자자본을 유치할 수 있는 영화사와 그렇지 못한 영화사로 나뉘었고, 그 중에서 한두 개 영화사가 다시 군소 프로덕션을 계열사처럼 수직 구조화하는 양상을 만들었다. 풍부한 자본 유입을 바탕으로 제작과 유통이 안정적 구조를 확보하는 단계로 전환한 것이 아니라 투기적 독과점 구조가 먼저 나타난 것이다. 제작자는 투자사의 제작을 대행해 주고 수수료를 받는 중개업자 같은 처지가 되었다는 자조도 나왔다.

영화 제작 손익계산은 외화내빈

이같은 상황을 더욱 불안하게 만든 것은 투자 성공률이 예상외로 낮다는 점이 큰 문제로 지적됐다. 제작에 착수한 영화 중 흥행에 성공하는 경우가 드물고, 성공했다 하더라도 이익의 규모가 적다는 사실은 투자자나 제작자 모두에게 위협 요소로 작용했기 때문이다. 〈성냥팔이 소녀의 재림〉(기획시대), 〈2009 로스트메모리즈〉(튜브픽쳐스), 〈아나키스트〉(씨네월드), 〈무사〉(싸이더스), 〈천사몽〉(쥬니파워픽쳐스), 〈화산고〉(싸이더스), 〈흑수선〉(태원엔터테인먼트), 〈용가리〉(영구아트무비)처럼 50억~100억 원 규모의 제작비를 들인 영화들이 줄을 이었지만 대부분은 흥행에서 실패했다. 〈쉬리〉의 성공을 바탕으로 야심만만하게 출발한 강제규필름이나 한국영화 제작의 절반을 장악했다는 시네마서비스조차도 결과는 다르게 심각한 위기설에 휩싸인 적이 있을 정도였다. 〈실미도〉나 〈태극기 휘날리며〉 같은 영화들이 기대 이상의 흥행을 기록하지 못했다면 정말로 심각한 상황으로 변했을 수도 있다. 그 중에서도 〈성냥팔이 소녀의 재림〉은 한국영화의 성장이 아무런 근거 없는 거품 위에 서 있다는 사실을 값비싸게 확인시켜 주는 계기였다. 당초 이 영화의 제작비는 30억 원 정도였던 것으로 알려졌지만 파란만장한 곡절을 겪은 끝에 마무리된 상황에서의 제작비는 110억 원으로 늘어났다. 사전 제작 준비의 미비로 제작 일정을 맞추는 데 실패했고, 일단 제작에 착수한 이후에는 주요 스케줄이 감독의 개인적 조정에 따라 좌우되었으며, 국내 영화 제작 기술의 역량을 제대로 파악하지 못함으로써 후반 작업 과정을 제대로 감당하지 못했다. 당초 계획했던 일정에 심각한 차질이 생기면서 진행 전체가 흔들렸고, 제작비는 눈덩이처럼 불어났다. 꼭 필요한 부분에 정확하게 사용된 것이 아니라 방만한 집행으로 인해 당초 예산 범위를 크게 벗어난 결과로 마무리된 것이다.

극장 흥행에 나섰지만 흥행은 참패였다. 제작자와 감독·배우들은 집행한 예산 중에서 자기 몫을 받거나 비용으로 지출했기 때문에 현실적인 손해는 거의 없었지만 투자자들은 눈 뜨고 돈이 날아가는 것을 지켜보아야 했다. 극장 흥행에서 실패한 영화가 비디오 시장에서 제값을 받는 것은 어림없는 일이며, 해외 시장에서 수익을 내는 것은 더욱 생각하기 어렵다.

지금의 한국영화 수익 구조도 별로 달라지지 않았다. 극장 흥행 중심으로 수익이 발생하고 있을 뿐 비디오나 DVD, 해외 판매 등이 수익으로 연결되는 경우는 미미하다. 컴퓨터의 불법 파일 복제 문제도 심각한 수준이지만 막을 방법이 마땅치 않다. 해외 판권 판매나 직접 흥행으로 수익을 얻는 경우는 산발적으로 나타나고 있지만 안정적인 수준에 이르기까지는 갈 길이 멀다.

투자자를 존중하라

한국영화 관객이 줄고 있다거나 투자 수익률이 낮다는 등의 문제는 근본적인 문제라기보다는 문제의 심각성을 드러내는 현상의 일부다. 보다 근원적인 문제는 영화인들이 투자자들의 돈을 존중하고 있는가라는 점이다. 상승한 제작비가 성실하게 제작에 사용되고 있는지, 뛰어난 상품(영화)을 만들기 위해 최선을 다하고 있는지를 지속적으로 증명해 보여야 한다. 1990년대 초반 상황의 경우 영화 제작자들은 대기업 자본을 만만한 물주 정도로 여기며 무례하게 낭비한 측면이 있었다는 것을 부정하기 어렵다. 현재의 상황도 그때와 유사하다. 또다시 가시화되고 있는 변화는 DMB(디지털 멀티미디어 방송) 사업이 본격화하면서 SK텔레콤·KT 같은 이동통신회사들이 영화 시장에 진출하려는 움직임이다. 콘텐츠 확보가 사업의 성패를 좌우할 수 있는 중요한 요소라는 점을 인식하며 제작에 나서려는 것인데, 영화업계의 큰손 노릇을 할 가능성이 높다.

영화 제작은 기본적으로 이윤을 추구하는 사업이라는 점에서, 이익을 기대하며 투자를 하는 경우라면 그가 누구이든 존중받아야 한다. 영화 제작자가 투자자를 존중하는 것은 최대한 성실하게 영화를 만드는 것이다. 그것은 관객을 존중하는 일이기도 하며 영화계의 수익 구조 개선으로 이어질 수 있는 정직한 길이다.

영화계의 내부적 위기가 특정한 개인이나 분야 때문에 생긴 것이라는 비난은 무책임한 희생양 만들기는 될지언정 문제 해결과는 거리가 멀다. 제작비가 상승하는 과정에서 출연료를 많이 받아 간 경우는 배우만이 아니다. 감독의 연출료, 기획자의 기획료, 촬영, 조명 등 주요 파트의 책임자급들은 배우들 출연료 상승폭에 못지않은 비율로 챙겼다. 저임에 시달리는 곳은 각 분야의 조수들이다. 그들의 입장에서 본다면 누구 때문에 영화 제작이 어렵다는 식의 공방은 그랜저 승용차 탄 운전자가 BMW를 향해 "너 때문에 길 막혀 못 가겠다"고 삿대질하는 것처럼 보일 수도 있다. 영화계의 공공의 적은 특정한 인물이 아니라 호황 속에서도 이를 안정된 구조로 전환시키지 못한 대다수 영화인들의 안이함과 오만함이다. 더구나 그 현상은 지난 일이 아니라 지금도 진행중이라는 점에서 심각하다.

[07]
문화권력과 한국영화 10년

　'영화가 무엇인가'라는 물음은 '영화는 무엇을 할 수 있는가'라는 문제와 연결된다. 많은 사람들에게 즐거움과 감동을 줄 수 있는 대중 오락이라고 생각하는 경우가 있는가 하면, 사회 현실을 치열하게 반영해야 한다고 믿는 경우도 있다. 최근에는 '문화산업'이라는 개념이 등장하면서 산업적 가치가 강조되는 추세다. 제작과 유통 등 상품으로서의 가치를 높이는 문제가 중요한 과제다. 한국영화의 경쟁력을 이야기하거나 해외 시장 확보 문제가 주요 관심사로 부각되는 것은 그같은 인식의 반영이자 연장이다. 영화를 사회변혁의 수단으로 삼으려는 시각에서 본다면 그저 재미와 흥미만을 추구하는 영화가 시대 정신을 외면한다고 규정할 수도 있다. 오랫동안 한국영화계에서 민감한 이슈였던 스크린쿼터 축소 문제는 한국영화도 개방적 경쟁 환경에 적응해야 한다는 산업 논리와, 영화의 가치를 산업적으로만 계산할 수 없다며 '문화적 예외'로 분류해야 한다는 논리가 부딪친 사례다. 공산 혁명 후의 레닌이나 북한 체제 속의 김일성·김정일은 '영화는 인민을 위해 봉사해야 한다'는 교시를 통해 대중 교양을 위한 선전, 선동의 역할을 강화했다. 오늘날 한국영화계 내부에 존재하는 갈등의 바탕에는 이념적 지향을 달리하는 시각이 작용하며, 주도적인 힘을 가진 측에서 강조하는 영화는 이념적 선전과 선동을 가장 중요한 역할로 보고 있는 것처럼 보인다.

　최근에 상영된 〈디 워〉와 〈화려한 휴가〉를 둘러싸고 벌어진 논쟁은 영화의 역할과 가치에 대한 인식을 드러내는 구체적인 사례다. '광주 사태'를 소재로 다룬 〈화려한 휴가〉는 역사적 사실을 다루고 있는 것처럼 하지만 필요에 따라 사건의 변형과 미화를 극대화하고 있다. 다큐멘터리 같은 구성을 취하면서도 사건의 실체적 진실에 접근하기보다는 시위에 참가한 광주 시민들의 극단적인 미화, 시위 진압에 나선 군인들의 폭력적 행위를 극대화함으로써 그들의 행동이 얼마나 잔혹했는가를 과장하고 있다.

컴퓨터그래픽 기술을 활용한 〈디 워〉는 구경거리를 강조한 SF영화 중의 한 편이지만 평론가나 영화 제작자들 중에서는 그 영화의 '무개념, 무의식'의 문제를 들고 나오며 격렬한 비난을 퍼부었다. 영화가 본래의 역할을 하지 못한 채 대중들을 우롱한다는 시각을 전제로 할 때의 주장이었다. 최근의 영화계가 이념적 좌표에 의해 평가되고, 논의되고 있는 현실을 반영한 현상이다.

미국영화 직배로 시작된 영화계 갈등

1980년대 이전의 한국영화계는 동업자적 연대가 강했다. 제작자나 감독·배우·극장 운영자 등 활동 분야는 조금씩 다르다 하더라도 '영화계'라는 공동의 업계에서 어울리며 생활하는 '동업자' 의식을 공유하고 있었다. 부분적으로 대립 관계가 나타난다 하더라도 이해 관계에 따른 개인 수준의 범위였다.

그러나 1988년부터 실제 상황으로 등장한 '미국영화 직배'는 동업자적 연대를 형성하고 있던 영화계를 직종별로 분화시키는 계기가 되었다. 1985년, 정부는 미국과의 무역 협상을 진행하면서 영화 제작 자유화, 외국영화 수입 자유화 조치를 시행했다. 엄격하게 유지되었던 정부의 통제와 관리가 사라지자 일정 금액의 예치금만 있으면 영화사를 설립하거나, 외국영화를 수입하는 일이 가능하게 되었다. 외국영화사들 중 국내에 현지 법인을 설립하고 배급에 나선 첫번째 경우가 UIP(United International Pictures) 코리아. 미국의 메이저 영화사인 유니버살·파라마운트·MGM사가 공동으로 설립한 배급전문회사 UIP는 1988년 1월에 현지 법인 형태로 한국지사를 설립하고, 그해 9월에 서울의 코리아·신영극장을 비롯해 전국 9개 극장에 〈위험한 정사〉(Fatal Attraction)라는 영화를 배급했다. 중간 배급업자를 거치지 않고 직접 상영에 나선 것이다. 영화 시장을 개방한 것은 정부였지만, 대립은 영화 제작자측과 극장 운영자들 간에 격화되었다. 영화인들은 직배영화를 상영하는 극장 앞에서 격렬한 시위를 벌였다. 그러나 한번 뚫린 미국영화사의 공세는 시간이 지날수록 더욱 확대되었다. 〈레인맨〉 〈인디아나 존스〉 〈007 리빙데이라이트〉처럼 당시로서는 최고 흥행작으로 주목받던 영화들이 줄줄이 들어왔다.

첫영화를 상영할 때만 하더라도 직배영화를 상영하는 극장은 2번관 수준의 변두리 극장이었지만, 미국영화의 흥행성을 가늠하며 추이를 지켜보고 있던 개봉관급 극장들도 배급에 참여하려는 움직임을 보였다. 씨네하우스, 서울극장 등 영화 배급에서 상당한 영향력을 가진 개봉관급 극장들의 참여는 미국영화 직배 저지를 생존적 차원에서 펼치고 있던 영화인들에게는 배신 행위처럼 보였다.

시장 개방에 반대하는 영화감독·제작자·시나리오 작가 등으로 구성된 미국영화직배저지 영화인투쟁위원회(직배투위)를 결성하고 적극적인 직배 저지 운동을 벌였다. 그러나 저지 운동은 항의성 시위의 차원을 넘어 영화를 상영하는 극장 안에 뱀을 집어넣고, 불을 지르는 폭력적인 양상으로 확대되었다. 사건에 연루된 영화인들이 구속되는 등 파문은 커졌다. 이 일을 계기로 극장업계와 제작 분야의 영화인들과의 반목과 갈등은 심각하게 확산되었다.

이같은 갈등이 완화된 것은 90년대 초반, 삼성·현대·대우 등 당시 국내의 유수한 대기업들이 영화 제작과 수입, 케이블 방송 등 영상산업 분야에 참가하면서 영화계의 지형이 변화되는 단계가 되면서였다. 이전의 영화계가 비록 내부적인 갈등이나 개인적 충돌이 있었다 하더라도 동업자적 연대를 형성한 영화인들끼리의 문제였던 것에 비해 대기업의 참여는 전혀 다른 성격의 자본과 경영 개념이 도입되는 것을 뜻했고, 개인적인 수준에서 대응할 수 있는 규모를 크게 넘어서는 것이기도 했다. 긍정적인 측면에서는 대규모 자본이 유입됨으로써 한국영화 제작 여건이 개선될 것이라는 기대감을 갖는 것이었지만, 기존의 충무로 자본과는 규모나 성격, 운영 방식, 운영 주체들까지 낯선 존재였기 때문에 기성 영화인들의 위상이나 영향력은 급속히 위축될 것이라는 우려도 적지않았다. 새로운 환경 변화가 가시화되고 있는 상황에서 제작업계와 극장업계가 대립을 계속하기는 어려웠다.

그러나 미국영화 직배 파문은 제작업계와 극장업계 간의 갈등 차원을 넘어 영화계 내부에 이념적 조직화의 요소로 작용했다. 스크린쿼터제 유지 운동을 통해 영화를 정치적으로 이용하려는 움직임이 나타났기 때문이다.

스크린쿼터 운동과 영화계의 이념화

스크린쿼터제가 시행된 것은 1967년부터이지만 영화시장 개방이 되기 전까지는 별다른 논란의 대상이 아니었다. 당시 국내 영화사들은 영화 제작과 외국영화 수입을 병행하고 있었기 때문에 극장에서 상영되는 영화는 모두 국내 영화사가 공급하는 것이나 다름없었다. 현실적으로도 한국영화보다는 외국영화의 흥행성이 훨씬 더 컸기 때문에 외국영화를 더 많이 상영할수록 수익은 더 커지는 상황이었다. 극장 입장에서 보더라도 흥행성 높은 외국영화를 상영하는 것이 더 유리했다. 영화사나 극장 모두 스크린쿼터 일수를 지키기 위해 다툼을 해야 할 이유가 없는 상황이었다. 한국영화를 더 많이 상영하는 것은 손해를 보는 것이란 생각을 가진 극장은 스크린쿼터 일수를 줄여야 한다는 주장을 지속적으로 제기했다.

영화사들 입장에서도 강력하게 반대하는 분위기는 아니었다. 표면적으로는 한국영화 보호를 위해 스크린쿼터제를 유지해야 한다고 외쳤지만, 내심으로는 줄어들어도 별 상관없다는 태도를 보였다. 영화제작자(영화사 대표)나 극장업계의 이해 관계에는 별다른 차이가 없었던 것이다. 하지만 실제 영화 제작에 참여한 현장 영화인들 입장은 달랐다. 한국영화 상영을 강제하지 않는다면 극장은 어떻게든 외국영화를 더 많이 상영하려 들 것이고, 그럴수록 한국영화의 흥행 기회는 줄어든다고 주장했다. 최소한 법으로 정한 스크린쿼터 일수만큼은 지켜야 한다고 보는 입장이었다.

1993년 1월, 한국영화인협회는 이사회 결의를 통해 '스크린쿼터감시단'을 구성했다. 영화감독 정지영이 단장으로 임명되었다. 미국영화 직배 저지 운동에서 보여준 열성적인 활동이 영화인들의 지지를 받은 셈이었다. 스크린쿼터감시단은 전국 주요 극장에 대해 규정된 날짜를 제대로 지키는지, 한국영화와 외국영화를 교대로 상영하도록 한 교호 상영제를 지키는지 등의 사항을 현장 확인하는 활동을 벌였다. 말 그대로 스크린쿼터 준수 감시 활동을 편 것이다.

문화부가 교호상영제를 폐지하고 연간 의무 상영일수도 146일 수준에서 26일을 경감한 120일 수준으로 축소할 방침이라는 입장을 밝히자 영화계는 '스크린쿼터 사수를 위한 범영화인 비상대책위원회'를 결성했고, 스크린쿼터감시단은 주도적인 활동을 폈다. 영화계에서는 스크린쿼터 준수 차원을 넘어 규제 위주의 영화법을 폐지하고, 대신 영화 진흥을 정부가 보장하는 영화진흥법을 제정해야 한다는 제안을 내기 시작했다. 그 중심에는 스크린쿼터감시단에서 활동하고 있는 인물들이 있었다.

1995년 4월, 영화인협회는 스크린쿼터감시단을 해체했다. 표면적으로는 재정적인 이유를 들었지만, 감시단의 활동이 본래 취지와는 다르게 정치화·운동화하는 것에 대한 입장 정리나 다름없었다.

그러나 이미 스크린쿼터감시단은 기존 영화계와는 입장을 달리하는 소수 영화인들의 집결지 역할을 하면서 활동의 범위를 새롭게 정립하기 시작했다. 이듬해인 1996년 6월, 스크린쿼터감시단은 한국영화인협회와는 다른 단체로 재결성했다. 새로운 영화단체로 등장한 한국영화제작가협회가 실질적인 후원자 역할을 맡았으며, 한국영화연구소·경제정의실천연합(경실련) 등이 지원하는 모양새를 갖추었다. 영화감독 정지영, 영화제작자 이춘연을 공동위원장으로 내세운 스크린쿼터 감시단은 영화 운동의 중심지 역할을 했다. 영화진흥법 제정, 검열철폐 등의 이슈를 내세우며 영화인협회를 중심으로 한 기존 영화계와는 노선이나 활동을 구분하며 독자적인 활동을 펴나갔다. 공동위원장인 정지영·이춘연을 비롯하여 문성근·명계남 등 여러 인물들이 이 단체를 중심으로 결집했고, 새천년국민회의 의원들과 접촉하면서 정치적 활동을 보이기 시작했다.

이들의 세력화는 김대중 대통령이 정권을 잡고, 새천년국민회의가 여당으로 등장하면서 급속하게 힘을 받는 모양새가 되었다. 2000년 3월에는 사단법인 스크린쿼터문화연대로 조직을 개편했는데, 영화계를 넘어서 문화계의 운동 중심으로 등장하는 과정에 해당한다.

영화법을 대체하는 영화진흥법 제정이 이루어졌고, 영화진흥공사를 해산하고 새로운 영화진흥기구로 영화진흥위원회를 설립하는 문제도 확정되었다. 1999년 5월 28일에 영화진흥위원회가 출범한 것은 단순히 새로운 기구의 출범이라는 차원을 넘어 이른바 '충무로 영화인'으로 구분되는 주류 영화인들의 존재를 거부하며 새로운 영화계를 구축해야 한다는 신세력의 등장을 확인시켜 주는 구체적인 결과였다.

새로운 권력의 중심이 된 영화진흥위원회

한국영화 진흥사업을 담당하고 있던 주무기구인 영화진흥공사를 개편해야 한다는 주장은 영화진흥법 개정의 주요 명분이자 쟁점 중의 하나였다. 지난 1998년 당시 여당이었던 새정치국민회의는 영화진흥법을 포함하여 음반·비디오·게임물에 관한 법, 공연법 등 3개 법안의 제·개정을 추진하면서 ▲등급외 영화 전용관 허용 ▲등급외 등급의 신설 ▲영상물 등급위원회 설립 ▲영화진흥위원회 설립 등을 주요 과제로 내세웠다. 그 중에서 핵심은 영화진흥위원회 설립이었다.

당시 영화법 개정은 새정치국민회의 소속 의원들이 주도하기는 했지만, 법의 내용과 방향을 기획하고 설정한 것은 현재 영진위 사무국장으로 재직하고 있는 김혜준을 비롯하여 정지영·문성근 등 일부의 영화인들, 국회전문위원이었던 홍승태, 문화관광위 소속 의원이었던 최재승·신기남·최희준·길승흠·이협 등의 의원 보좌관들이었다.

논란 끝에 영화진흥법이 1999년 2월 8일자로 개정됨으로써 영화진흥공사를 해산하고 새로운 영화정책 담당기구로서 영화진흥위원회를 설치하는 것이 법으로 확정되었다. 10명의 진흥위원으로 구성하며 1999년 5월 29일자로 출범한다는 내용을 담았다.

그러나 영화진흥위원회는 설립되기 전부터 진흥위원을 누구로 선임할 것인가를 두고 파란을 겪었다. 어떤 성향을 가진 인물들이 위원으로 구성되는가에 따라 운영의 주도권이 달라지기 때문이었다. 당시 영화계는 영화인협회를 중심으로 한 주류적 영화인과 이른바 진보적 개혁을 주장하는 소장파 그룹이 예민하게 갈등하고 있을 때였다. 1998년 11월에 결성된 '충무로 포럼'은 배우 문성근·명계남, 영화사기획시대 대표 유인택, 한국영화연구소 실장 김혜준 등이 주도하며기존 영화계와 영화인들을 비판하고, 새로운 판짜기를 시도했다. 스크린쿼터 감시단을 중심으로 활동하던 인물들이었지만 범영화계적 현안에 접근하기 위한 조직적 모임으로 확산하는 계기였다.

1차적인 목표는 영화진흥위원회를 장악하는 것이었다. 이듬해 4월 20일, 서울 종로 YMCA 강당에서 열린 제4차 포럼에서 독립영화협회는 '영화진흥위원회 구성에 대한 한국독립영화협회의 제언'이라는 자료를 통해 "한국영화의 개혁과 진보적 방향 수립을 막고 있는 영화인들과 관련 인사들이 있다"며, 이들이 영화진흥위원이 되어서는 안 된다고 주장했다. 이 자료에서 거명한 인물은 강대진(전국극장연합회 회장)·김지미(한국영화인협회 이사장)·윤일봉(영화진흥공사 사장)·신봉승(대종상 심사위원, 전 공연윤리위원회 부위원장)·최하원(전 영화진흥공사 전무) 등 5인과 '그외 검열의 칼날을 휘둘렀던 한국공연예술진흥협의회 관련 인물들'이었다. 또한 이 자리에서는 새로운 영화진흥위원으로 적합한 인물을 투표로 추천하는 이벤트도 함께 벌였다. 배우 문성근, 감독 정지영, 부산국제영화제 집행위원장 김동호 등이 대표적인 인물로 꼽혔다. 하지만 문화부 차관을 역임하고, 공연윤리위원회 위원장, 영화진흥공사 사장 등 이른바 구시대의 대표적 상징이라고 비난하던 기관의 장까지 두루 역임한 김동호에 대해서는 어떠한 비난도 배척도 없었다.

배제 인물로 거명된 당사자들은 물론 관련 단체들은 격노했지만 조직적인 세력화를 통해 영화진흥위원회를 장악하고, 영화계의 주도권을 교체하겠다는 계획을 가진 세력들은 흔들리지 않았다. 영화인협회는 문성근·정지영의 제명을 결정했으나 실질적인 영향은 거의 없었다.

갈등과 논란은 계속되었지만 문화부는 신세길·문성근·정지영·안정숙·김지미·윤일봉·임권택·김우광·채윤경·조희문으로 구성된 영화진흥위원 10명을 선임했다. 문화부로서는 분야와 세대, 직능과 계보를 최대한 고려한 선임이었다고 밝혔지만 실제 내용면에서는 일방적인 다수가 장악했다. 당시 문화부 장관은 박지원. 문화부 실무라인에서 위원을 선임할 수 있는 상황이 아니었다. 대통령과 국회, 주무 부처 장관의 라인업이 형성되고, 이들과 트고 지낼 정도로 기반을 확보한 문성근·정지영 등은 원하는 대로 움직일 수 있는 위원의 선임을 마쳐 놓은 셈이었다. 1999년 5월 29일, 새로운 영화진흥위원 10명 중 김지미·윤일봉·임권택 3인이 불참한 가운데 나머지 7명이 문화부 장관실 옆 회의실에서 임명장 수여와 함께 첫번째 회의를 열고, 위원장 신세길, 부위원장 문성근을 선출했다. 사실상 내정된 절차를 공인하는 과정이나 다름없었다. 3명이 불참했지만 과반수 이상의 위원이 참석했기 때문에 일단 회의 성립 요건은 갖추었고, 선임의 결과도 문제가 없는 것으로 결론지었다.

영화진흥위원회는 출발했고, 문성근 일행의 사실상 접수가 시작됐다. 신세길 위원장이 있었지만 아무런 실권도, 힘도 없는 간판에 지나지 않았다. 모든 결정은 문성근 부위원장이 결정하고 집행하는 분위기가 압도했다. 부위원장실은 수시로 모여드는 외부인들의 회의실이나 다름없었다. 보다 은밀하게 진행되는 문제들은 영진위 밖 어디에선가 논의되었겠지만 영진위 부위원장실도 부산했다. 출범 한 달도 넘기기 전에 문성근측이 추진한 사업은 영진위 내에 영화정책연구원이란 조직을 신설하고, 외부인을 기용하겠다는 것이었다. 결국 이덕행 전 영화진흥공사 감사가 원장으로 들어왔고, 함께 어울렸던 김혜준을 연구원으로 영입했다. 야인 생활을 하고 있던 측근들을 받아들이는 작업으로, 전형적인 위인설관이었다. 일반 직원들은 계약직 형태로 들이기 시작했다. 기존 직원들에 대한 압박과 회유도 드러나기 시작했다. 중간 간부급들은 '알아서 물러나라'는 사인으로 받아들였고, 하위직원들은 달라진 분위기를 읽으며 순응하려는 경우도 많았다.

이같은 분위기는 빠르게 퍼져 나갔고, 역풍도 일었다. 두어 달을 넘기기도 전에 신세길 위원장이 위원장과 위원직을 사퇴한 것이다. 어느 날인가 문화부를 찾아가 사퇴 의사를 밝히고는 그 길로 영진위를 떠나 버렸다. 처음부터 허상뿐인 위원장이었지만 사퇴 시기는 예상외로 빨랐다. 문성근의 무례한 월권과 파행을 견디지 못한 것이라는 소문이 돌았다. 위원회 회의에 참석하는 다른 위원들의 눈에도 문성근은 행정적인 경험도 역량도 없다는 것이 분명하게 보였고, 무례하다는 평가까지 더해졌다. 영진위는 출발하자마자 흔들리기 시작한 것이다.

제1기 영화진흥위원 (1999. 5~2002. 2)

1999. 5. 28~1999. 9. 5	1999. 9. 6~2000. 1. 20	2000. 1. 21~2002. 5. 27
신세길 (전 삼성물산 구주본부대표이사 사장)	박종국 (전 문공부 기획관리실장)	유길촌 (MBC 미술센터 대표)
	김지미 (영화배우, 한국영화인협회 이사장)	박선이 (조선일보 문화부 차장)
	윤일봉 (영화배우, 전 영화진흥공사 사장)	강대성 (한국영화인기술협회장)
임권택 (영화감독)	임권택 (영화감독)	김홍준 (영상원 교수, 부천국제판타스틱영화집행위원장)
김우광 (SBS 프로덕션 전무)	김우광 (SBS 프로덕션 전무)	김승범 ([주] 튜브엔터테인먼트 이사)
정지영 (영화감독, 순천향대 교수)	정지영 (영화감독, 순천향대 교수)	이 은 (전 명필름 대표, 명필름 이사)
문성근 (영화배우, 유니코리아문예투자 대표)	문성근 (영화배우, 유니코리아문예투자 대표)	이용관 (중앙대 연극영화과 교수, 부산국제영화제 수석 프로그래머)
안정숙 (한겨레신문 문화부장 대우)	안정숙 (한겨레신문 문화부장 대우)	이연호 (월간 키노 편집장) 명필름 이사
채윤경 (계원조형예술대 디자인계열 교수)	채윤경 (계원조형예술대 디자인계열 교수)	이용배 (계원조형예술대 영상디자인 교수)
조희문 (상명대 영화학과 교수)	조희문 (상명대 영화학과 교수)	조희문 (상명대 영화학과 교수)

* 명단의 변경은 사퇴 등으로 위원 구성이 달라진 데 따른 것임.

제2기 영화진흥위원 (2002. 5. 28~2005. 5. 27)

이충직 (중앙대 연극영화과 교수)

장미희 (영화배우, 명지전문대 연극영상학과 교수)

김병헌 (제이콤 애니메이션본부장)

김창유 (용인대 영화영상과 교수)

김홍준 (영상원 교수, 1기 영화진흥위원)

민병록 (동국대 영화영상학과 교수, 전주영화제집행위원장)

변재란 (순천향대 교수, 여성영화제부집행위원장)

유지나 (동국대 영화영상학과 교수, 스크린쿼터문화연대 이사장)

이민용 (한국영화감독협회 부이사장)

제3기 영화진흥위원 (2005. 5. 28~2008. 5. 27)

안정숙 (씨네21 편집장, 1기 영화진흥위원) 이현승 (전 영화인회의 사무총장, 중앙대 영화학과 교수) 김동원 (전 독립영화협회 이사장) 김영재 ([주] 들꽃 컴퍼니 이사) 심재명 (전 명필름 대표, MK버팔로 이사) 원용진 (문화연대 집행위원장, 서강대 언론대학원 교수) 임호천 (이정회계법인 대표) 장미희 (명지전문대 연극영상학과 교수, 2기 영화진흥위원) 정남헌 (전 영화진흥위 사무국장, 컨텐츠프러스 대표)	송종길 (경기대 다중매체영상학부 교수)

영진위의 갈등과 파행

내부에서 흔들리기 시작한 영진위를 더욱 치명적으로 휘게 만든 것은 법률적인 위상을 확보하지 못했다는 점이다.

법률적인 적법성 여부는 두 가지 측면에서 드러났다. 하나는 회의에 불참했던 김지미·윤일봉 2명이 위원직을 수락한 사실이 없으며, 따라서 영화진흥위원회의 구성은 법률이 정한 기준을 충족하지 못했기 때문에 원천적으로 무효라는 주장을 제기한 것이다. 문화부나 회의를 주도한 측은 3명의 위원이 개인적인 이유로 회의에 불참한 것이라고 입장을 정리하고자 했다. 임권택 감독은 단순 불참이라고 확인했지만, 김지미·윤일봉 2명은 위원직을 수락한 사실이 없다고 거듭 확인했다. 당시 영화진흥법이 명시한 영화진흥위원회 구성은 "문화관광부 장관이 위촉한 10명의 위원으로 한다"는 사실을 명시하고 있었지만, 2명이 위원직 수락 사실이 없다고 입장을 밝힘에 따라 8명의 위원만으로 위원회를 구성한 셈이 되고 만 것이다. 결국 문서로 사실을 입증하지 못하는 문화부는 영화진흥위원회의 합법적 위상을 보장하지 못했다.

또 다른 문제는 서둘러 법을 개정하는 바람에 영화진흥위원회의 법인격을 부여하는 조항을 누락함으로써 새로운 기구의 법률적 지위를 확보하지 못한 것이다. 개정 영화진흥법은 영화진흥공사의 자산과 시설을 포괄적으로 승계한다는 부칙 조항을 두긴 했지만, 영화진흥위원회의 법인격을 부여하지 못했다. 이 때문에 영화진흥위원회는 대외적으로 출범하고서도 설립등기를 하지 못하는 파행적인 상태에 빠져들었다. 모든 법적 대표권은 이미 해산되어 실체가 사라진 영화진흥공사 사장이 가지고 있었다. 영화진흥위원회 위원장은 각종 사업에서 법률적 주체가 될 수 없었다. 한동안 영화진흥위원회는 법적으로 존재를 인정받지 못하는 임의기구나 유령단체 같은 처지로 파행을 계속하는 수밖에 없는 처지가 되었다. 이 문제를 해결하기 위해서는 법을 다시 개정해야만 했다. 결국 영화진흥법은 영화진흥위원회의 법인격을 명시하는 근거를 마련하기 위해 개정 절차를 거쳤고, 1년여가 지난 2000년 4월 28일 이후에야 비로소 법인 설립등기를 할 수 있었다. 법 개정을 주도한 측이나 주무부처에서 어처구니없는 실수를 자행한 것이다.

영화진흥위원회는 입법 미비로 법인 설립등기를 하지 못하는 상황에 빠진데다 위원회 구성의 법적 요건 충족 미비 논란이 제기되었고, 위원장은 자리를 집어던지듯 사퇴해 버렸으니 오도가도 못하는 처지에 빠졌다. 위원회의 파행적 운영은 불가피했다. 법률적 위상은 모호해졌고, 일과적인 업무 외에는 어떤 일도 처리할 수 없었다. 처리한다 하더라도 효력의 논란을 피할 수 없었다.

결국 문화부는 두 명의 위원을 추가로 임명하고, 10명의 위원이 모두 참석한 가운데 위원장·부위원장을 새로 선출하는 절차를 거치겠다는 입장을 확인하는 것으로 수습에 나섰다. 위원회 설립의 법적 정당성 시비를 근원적으로 해소하겠다는 것이었지만 사실상 원점에서부터 출발하는 셈이었다. 1999년 9월 6일, 영화진흥위원회 회의실에서 10명의 위원이 모두 참석한 가운데 위원장·부위원장 선출 투표를 했고 박종국 위원장·조희문 부위원장을 결정했다.

내면적으로는 영진위 운영을 장악하고 있던 문성근 그룹은 크게 당황했고, 반발했다. 투표 전에는 결과가 어떻게 나오더라도 이를 인정하겠다는 다짐을 했었지만, 결과가 예상과 다르게 나오자 문성근·정지영·안정숙 등 3명은 기자회견을 열고 "문화관광부가 영진위 운영의 자율성을 침해하려 하고 있다"며, 현재의 상황에서는 정상적인 활동을 하기 어렵다는 취지의 입장을 밝히며 위원직을 사퇴한다고 발표했다. 그리고는 "영화진흥위원회를 반드시 되찾겠다"고 천명했다. 문성근 위원을 지지하는 단체인 영화인회의 같은 곳에서는 영진위를 비난하는 성명을 잇따라 내놓았고, 국회에서는 영진위 설립을 지지했던 새정치국민회의 소속 의원들의 집중적인 성토도 이어졌다. 박종국·조희문에 대한 매도가 주류였다.

단순히 비난에 그치지 않고 새로운 위원 선임을 통해 영화진흥위원회를 장악하려는 시도가 뒤따랐다. 당시의 구성 위원들과는 입장이 다르고, 통제권 밖에 있다고 판단한 문성근 등은 위원들에 대한 사퇴 압박을 전방위적으로 강화했다. 결국 김우광·채윤경·임권택 3인이 위원직을 사퇴했고, 박종국 위원장도 위원장과 위원직을 사퇴하는 사태로 이어졌다. 남아 있는 인물은 부위원장 조희문, 김지미·윤일봉 위원 등 3명뿐이었고, 업무는 다시 마비 상태로 빠져들었다.

위원회의 파행에 큰 부담을 느끼고 있던 문화부는 2000년 1월에 공석이 된 7명의 위원을 새로 위촉하면서 문성근 전 위원과 입장을 같이하는 인물들로 모두 채웠다. 그러자 이번에는 사태의 추이를 지켜보고 있던 김지미·윤일봉 두 사람이, 새로운 위원 선임이 일방적 입장만을 대변하는 구조로 몰려가는 것은 위원회의 정상적 운영을 포기한 처사라며 공개 사퇴를 천명했다. 결국 위원회는 입장을 같이하는 7명의 보선 위원과 다른 입장을 가진 1명의 위원이 남은 상태에서 유길촌 위원을 새로운 위원장으로 선출했다. 위원회의 운영은 보선 위원들이 주도하는 모양이 되었고, 어떤 결정이든 위원회 전체 회의에서 의결하면 확정적 효력을 가질 수 있는 구조로 바뀌었다. 영화진흥위원회의 주도권 장악은 한국영화진흥에 소요되는 진흥기금과 행정력을 필요한 목적에 맞게 쓸 수 있는 권한을 확보했다는 것을 뜻한다. 이후에도 1기 위원회 내부에서는 부위원장에 대한 불법적인 축출 시도와 법정 소송, 위원장 퇴진 협박 등의 사태가 벌어지면서 혼란스러운 진퇴를 거듭했으나, 위원회의 다수를 차지한 것을 앞세워 의도한 일들은 주저 없이 밀어붙였다.

영화진흥위원회가 기존 영화계와는 이념적 지향을 달리하는 영화인들의 관리로 넘어가면서 영화계에 미친 영향력은 거칠 것 없이 확산되었다. 영화진흥위원회 설립 때부터 2006년까지의 기간 동안 집행한 2600억 원 규모의 영화진흥기금은 영화계의 지형을 바꾸기에 충분했다. 스크린쿼터문화연대 활동에 드는 비용은 필요한 만큼 지원했고, '그들의' 단체 사업에도 지원금을 아낌없이 내주었다. 소외된 계층의 시민들이 영상을 통해 문제를 제기함으로써 사회적 발언권을 갖도록 하겠다는 시민영상운동과 독립영화 활성화를 유도함으로써 '퍼블릭 악세스(public access)' 운동을 지원한다는 명분을 앞세워, 서울의 광화문, 구 동아일보 사옥 5층을 임대해 2002년 5월, 영상미디어센터 '미디액트(Medi-Act)'를 개관했다. 운영은 한국독립영화협회에 위탁했고, 개관 때부터 지금까지 김명준이 소장을 맡고 있다. 1989년부터 '노동자뉴스제작단'이라는 단체에서 활동했고, 한국독립영화협회 이사로 소속되어 있는 인물이다. 미디액트의 구성은 소장과 사무국장을 중심으로 기획홍보실, 미디어교육실, 창작지원실, 정책연구실, 가자재실 등 5개 부서를 두고 있다. 직원은 16명. 설립 이후 지난해 연말까지 지원한 금액은 62억 원 규모.

더구나 주무부처인 문화부 역시 그들의 입장을 지지하며 합법적으로 행사할 수 있는 권한을 움직이기 시작했다. 영상물등급위원회 위원을 구성하는 문제, 한국영상자료원의 원장 선임 등 영화계의 주요 기관의 운영에 영향을 미쳤다. 지난해 영상자료원 원장 임명 과정에서 1차 후보자를 비토하고, 재선임 절차를 밟아야 했던 과정에서 청와대 측의 압력이 있었다고 밝히며 문화부 유진룡 차관이 사퇴한 사건은 영화계 내부의 변화된 지형을 드러내는 단면이었다. 1기 위원회를 파행으로 몰아넣은 당사자 중 한 명이었던 안정숙은 3기 위원회에서 위원장까지 맡고 있다. 명필름 영화사의 대표였던 이은·심재명 부부는 영화사업자는 진흥위원이 될 수 없다는 제척 사유에도 불구하고 1기 위원회에서 이은, 3기 위원회에서 심재명이 각각 위원으로 활동한 경우도 있다. 위원 활동을 하는 동안 영화사 대표는 다른 사람 명의로 해둔 채 제한 규정을 의도적으로 피해 나간 것이다. 다른 단체나 개인에게는 엄격한 잣대를 들이대며 시비를 걸다가도 정작 자신들의 행동에는 최소한의 기준이나 상식조차 무시하는 일을 한 경우들이다.

영화인회의와 한국영화제작가협회

영화진흥위원회를 강력히 지지했던 단체는 한국영화제작가협회와 영화인회의였다. 1994년 2월 1일에 설립된 한국영화제작가협회(제작가협회)는 이른바 '현장 영화인들' 중심으로 결합한 영화사들 이익단체다. 이전에는 '한국영화제작협동조합'이 영화사들의 모임으로 존속했으나, 내부의 알력과 반목으로 인해 위상이 약화된 상태였다. 1990년대에 접어들면서 삼성·현대 등 대기업이 영화 제작과 유통에 참여하게 되면서 기존의 충무로 영화사들은 업계에서의 영향력이나 위상이 급속히 위축되었다. 대기업의 투자자본과 근접해서 활동한 그룹은 젊은 기획자나 프로듀서들. 신철(신씨네)·심재명(명필름)·김우석(김우석프로덕션)·차승재(우노필름)·유인택(기획시대)·이춘연(씨네2000)·김형준(한맥엔터테인먼트) 같은 인물들이 주목받았다. 90년대 중반을 넘기면서 새로운 감각으로 무장한 '기획영화'들이 한국영화의 새로운 트렌드로 등장했고, 젊은 제작자들은 그 흐름을 주도했다. 자연스럽게 영화계의 중심도 그들 쪽으로 옮아갔다. 제작가협회의 초대 회장은 〈장군의 아들〉〈서편제〉 등을 제작하며 의욕적인 활동을 보이던 태흥영화사 사장 이태원을 추대했다. 당시 이태원 사장과 임권택 감독, 정일성 촬영감독 3인은 한국영화계를 이끄는 노장 트리오로 각광받고 있을 때였다. 제작 편수나 규모·흥행 성과 등 어느 면으로 보더라도 최고인 시절이었다.

그러나 이미 영화계 사정은 변하고 있었다. 한국영화계의 상징처럼 자리잡고 있던 '충무로'는 상징적인 이미지로만 남아 있는 수준이었고, 새롭게 등장한 영화사들은 종로나 강남 등으로 활동 기반을 옮아갔다. 1997년 2월, 제작가협회는 이춘연 씨네2000 대표를 새 회장으로 선출했다. 이를 계기로 한국영화제작가협회는 기존 영화사들을 배격한 상태로, 영화제작업계를 대표하는 단체 역할을 했다. 유인택(3~4대), 김형준(5~6대). 차승재(7대) 회장으로 이어지는 동안 이 단체와 경합하거나 대체할 단체는 없었다. 국내 영화계에서 활동하는 영화사 대부분이 소속되어 있는 현실에서, 단체가 내놓는 주장이나 의견은 곧 전체 영화인들의 입장을 반영하는 것으로 통할 정도였다. 2001년 1월에는 국제영화제작자연맹(FIAPF) 회원으로 가입했고, 2004년 11월에는 사단법인 등기까지 마쳤다.

1999년 8월 18일, '느티나무' 카페에서 발기인대회를 연 데 이어 9월 17일, 스카라극장에서 창립대회를 열고 출발한 '영화인회의'는, 영화 분야에서 활동하고 있거나 관련이 있는 경우라면 가리지 않고 회원으로 받아들였다. 기존 영화계를 대표하는 한국영화인협회는 영화법에서 자격을 정하고 있는 8개 분과 영화인(감독, 배우, 시나리오, 촬영, 기획, 음악, 미술, 기술 분야에서 활동한 인물)들로 구성된 것과는 달리 분야에 관계없이 영화 크레딧 자막에 한번이라도 이름을 올린 경우나 교수·평론가·대학원생 등 관련 분야까지 포괄했다.

회원의 범위를 '영화인'으로만 한정한다면 규모가 작아질 것을 고려한 대안적 구성인 셈이었다. 출발 당시에는 김동원(푸른영상 대표)·유인택(기획시대 대표)·이용관(중앙대 교수)·장선우(영화감독)·유지나(동국대 교수) 등 5인을 공동의장으로, 명계남 이스트필름 대표를 사무총장 겸 상임운영위원장으로 선출했다. 영화인회의는 창립 선언문을 통해 ▲영화진흥위원회가 개혁적으로 운영되도록 비판·감시하고, 대안을 제시하며, ▲스크린쿼터의 현행 유지를 위한 국내외적 노력을 강화하고, ▲저작권 및 판권 보호와 영화인들의 권익 향상을 위해 노력할 것이라고 밝혔다. 특히 영화인회의가 예민하게 반응한 부분은 영화진흥위원회의 운영권을 되찾는 작업이었다. "'국민의 정부'가 새 문화정책을 펼치기 위해 발족된 영진위가 출범된 지 3개월 만에 반개혁 보수로 회귀한 데 대해 정권의 정체성을 의심하지 않을 수 없다"고 지적하며, "개혁정책에 걸맞은 영진위 구성 등 영화계 개혁에 필요한 모든 노력을 경주할 것"(명계남 인터뷰)이라고 밝힌 것은, 영화인회의가 영화진흥위원회를 근거로 삼아 새로운 문화 운동을 펴나가겠다는 선언이나 다름없었다.

실제로 영화인회의는 '총선시민연대의 후보낙선운동' 지지, 등급분류제 개선과 표현의 자유 보장을 촉구하는 관객 서명 운동, '명필름 난입사건 관련 창작의 자유 수호를 위한 비상대책위원회'(명필름이 제작한 〈공동경비구역 JSA〉가 사실을 왜곡함으로써 해당 군인들의 명예를 훼손했다며 'JSA전우회' 소속 회원들이 명필름 사무실에 찾아가 항의한 사건) 구성과 대응, 심광현 교수의 영상원장 임명 반대 주장에 대한 옹호 발언(영화를 전공하지 않은 심광현 영상원 교수가 영상원장에 임명되자 한국영화학회 등 관련 단체에서 임명 반대 성명을 낸 것에 대하여 영화인회의가 '신임 영상원장 심광현은 전문영화인입니다'라는 의견서를 발표했다) 등 영화계 현안뿐만 아니라 정치·사회 분야 문제들에까지 관여하기 시작했다. 2001년 9월 무렵, 영화진흥위원회 보임 위원들이 추대한 유길촌 위원장이, 위원들의 탈법적인 행동을 제지하고 나서면서 갈등이 표출되자 '유길촌 위원장의 자진 사퇴를 권고한다'는 성명서와 '영화진흥위원회 유길촌 위원장의 위원장직 자진 사퇴를 다시 촉구한다.' 2차 성명을 발표하는 등 강제 퇴진을 압박하는 행동을 계속했다.

여수반란사건을 다룬 영화 〈애기섬〉이 사실을 왜곡했으며, 그런데도 군이 영화 촬영에 장비 지원 등을 한 것은 잘못이라는 보도(월간조선)에 대해 '월간조선과 한나라당의 지긋지긋한 색깔 공세를 규탄한다—영화 〈애기섬〉과 관련한 월간조선의 보도기사와 한나라당의 논평에 대하여'라는 성명서도 냈다.

영화계는 이념적 스펙트럼에 따라 '동지'들끼리 결속하는 현상이 심화되었고, 그 범주에 속하지 않는 영화인들은 철저하게 배척되었다. 영화진흥위원회의 각종 지원 사업은 전리품처럼 배분되었다. 영화진흥위원회는 한국영화의 진흥과 발전을 위한 공익적 진흥기구로서의 역할을 하기보다 코드를 공유하는 '그들끼리'의 밀어주기와 세력화를 계속했다. 영화계를 이념적 세력화의 장으로 전환하려는 작업의 연속이었다.

지금 영화진흥위원회에서 주도적인 영향력을 행사하고 있는 인물은 비상임 부위원장을 맡고 있는 이현승(중앙대 교수, 영화감독)이 대표적이다. 경기영상위원회 위원장을 맡고 있기도 한 그는 1기 진흥위원회의 리더격이었던 이용관 부산영화제 공동집행위원장(중앙대 교수), 2기 위원회 위원장을 역임한 이충직(중앙대 교수) 등과 함께 영화계 내 '중앙대파'의 핵심으로 꼽히고 있다.

스크린쿼터 축소한 노무현 정부에 배신감

그러나 최근의 양상은 일부 변화를 보이기도 한다. 노무현 정부는 일반적인 예상을 뒤엎고 미국과 FTA 협상을 추진했다. 그 과정에서 연간 146일 수준에서 유지하던 스크린쿼터제를 73일로 축소하는 조치를 취했다. 영화감독에서 문화부 장관으로 임명된 이창동은 계속 '스크린쿼터는 현행대로 유지한다'는 입장을 천명했지만, 결국 '스크린쿼터 축소 불가피'론을 던졌다. 영화계로서는 누구보다도 강력하게 방어선을 쳐줄 것이라고 믿었다가 정작 자기편 도끼에 발등을 찍히는 모양새가 되었다. 그뿐만 아니라 스크린쿼터 축소 저지 운동의 선봉에 섰던 문성근·명계남 등 핵심 인물들의 태도도 변했다. 어느 시기에서부턴가 그들은 시위 현장에도 나타나지 않았고, 노무현 대통령을 비난하지도 않았다. 문화연대 소속으로, 스크린쿼터 운동에 적극 참여하고 있던 심광현 영상원장의 인사 청탁 스캔들(문화부 고위관리를 통해 성균관대 교수 모집에 특정인을 위한 로비와 압력을 행사했던 사건. 이 일로 심광현은 영상원장에서 물러났고, 문화부 오지철 차관이 사퇴했다)이 불거지면서 스크린쿼터 운동을 주도하고 있던 지도부급 핵심 인물들과 소속 영화인들 간의 내부 갈등은 깊어졌다. 결국 한미 FTA

협상이 시각되기 전에 스크린쿼터는 축소되었다. 믿었던 노무현 정권에게 희롱당한 것 아니냐는 불만도 나왔다.

영화진흥위원회의 지원에 크게 기대를 걸었던 젊은 영화인들이나 독립영화인들 쪽에서조차 공정성을 의심할 정도로 불신을 보이고 있는 것도 최근에 나타난 변화 중의 하나다. 합리적인 제도와 공정한 운영으로 새로운 분위기를 조성할 것이란 기대가 무산되면서 '차라리 영화진흥위를 해체하라'는 불만도 적지않다.

무엇보다도 큰 변화는 영화계의 민간 역량이 급속히 높아지면서 영화진흥위원회를 비롯한 정부의 역할 비중이 크게 줄어들고 있는 부분이다. 2000년 이전에는 영화진흥기금이나 정책적 지원이 영화 제작에 큰 영향을 미쳤으나 지금의 상황은 그때와 크게 달라졌다. 제작비 조달이나 인력 양성, 장비, 시설, 배급 구조 등의 수준은 민간의 역량으로도 충분히 자급할 수 있는 단계를 맞고 있기 때문이다. 그만큼 정책적 개입의 여지가 많이 줄어든 것이다. 그런데도 영화정책은 정부의 개입과 지원 형태를 유지하며, 거기에 소요되는 예산과 집행 권한을 영화진흥위원회 같은 조직이 장악하고 있다.

김대중 정부와 노무현 정부로 이어진 지난 10여 년은 영화계 입장에서는 과다한 분열과 갈등으로 보낸 시간이다. 그동안 이념을 지향하며 등장한 영화인들이 한국영화의 역사와 전통을 부정하는 듯한 행태를 보이고, 그들만이 새로운 가치를 정립할 수 있는 선의의 세력인 것처럼 행동한 것은 영화계에 깊은 상처로 남을 것이다. 기존 영화계 역시 새로운 변화를 인식하지 못한 채 관행적인 행태로 영화계의 자궁과 전통을 지키지 못했다는 점에 대해서는 진지한 성찰이 있어야 한다. (계간 시대정신, 2007년 겨울호)

영화진흥법 개정 논의 현황과 문제점

1. 영화 환경 변화와 영화진흥법 제정

영화는 항상 당대의 시대적 특성과 의식을 반영한다. 사람들이 어떻게 생각하고 행동하는가를 비추는 것이다.

영화와 관련된 법이나 정책 또한 시대적 인식과 이해를 반영한다. 지난 96년, '영화진흥법'이 제정된 것은 영화에 대한 우리 사회의 변화된 인식을 반영한 결과였다. 이전의 '영화법'과 구분되는 것은 명칭에 '진흥'이란 단어가 들어간 것에 지나지 않지만, 그것을 반영하기까지의 과정이나 실제로 반영된 결과를 생각하면 대단한 변화가 분명하다. 영화를 규제의 대상에서 보호와 육성의 대상으로 새롭게 인식하게 되었다는 것을 뜻하기 때문이다.

1962년에 제정된 영화법은 해방 후 시행되던 여러 가지 행정조치나 영화 관련 규정을 처음으로 통합하면서 영화에 관한 여러 가지 기준과 근거를 명확히 했다는 점에서 나름대로 의미를 지니는 것이지만, 전체적으로 규제를 위한 법이었다는 점을 부인하지 못한다. 전문 22조 부칙 3개항으로 신규 제정된 영화법은 "영화사업의 육성 발전을 촉진하고 영화 문화의 질적 향상을 도모하며 민족예술의 진흥에 기여한다"는 제1조의 목적과 아울러 제19조의 "정부는 우수 영화 제작의 장려와 영상 문화의 발전 향상 및 영화의 국제 교류를 위하여 보조할 수 있다"는 조항에도 불구하고 나머지는 대부분 규제로 채워져 있기 때문이다. 영화업(제작업, 수출업, 수입업)에 대한 등록(제3조), 영화 제작 신고(제4조), 합작영화 제작에 대한 허가(제5조), 수입·수출에 대한 추천(제6·8조), 영화 상영의 허가(제10조), 문화영화 동시 상영(제11조), 상영 정지 처분 규정(제15조) 등은 대표적인 규제 조항이었다. 이같은 결과는 영화법 제정 당시만 하더라도 영화의 산업적·문화적 가치보다는 소모적 대중오락이나 정책적 선전 기능을 수행하기 위한 선전매체라는 인식이 강했기 때문에 관리와 통제의 필요성이 더 크게 부각되었던 데서 나타난 것이라고 할 수 있다.

따라서 1996년, '영화법'을 폐지하고 대신 새로운 영화법으로 '영화진흥법'을 제정한 것은 그같은 인식이 획기적으로 변화했다는 것을 뜻한다. 당시 여야 합의로 제정된 영화진흥법은 '영화예술의 질적 향상을 도모하고, 영화산업의 육성·발전을 촉진함으로써 국민의 문화생활과 민족 문화의 진흥에 이바지함을 목적으로 한다"는 취지를 분명히 하고, 정부는 영상 문화 및 영상산업의 진흥을 위하여 영화를 적극적으로 육성할 수 있는 영화 진흥시책을 수립·시행하여야 한다고 의무화하고 있다. 한국영화의 진흥 및 관련 산업의 지원·육성에 관한 업무를 전담하는 기구로서 영화진흥공사의 위상과 역할을 분명히 한 것이나(제5장), 영화진흥금고의 운영(제6장) 등을 명시한 것은 한국영화 진흥을 위한 구체적 사업 중의 일부라고 할 수 있다.

그러나 영화진흥법은 우리의 영화 환경에서는 획기적인 의식을 반영한 법이라는 점에서 중요한 의미를 지니지만, 아쉬운 부분은 영화 진흥에 관한 여러 가지 사항을 명문화하기는 했으나 영화에 관련된 사항을 다루었을 뿐 비디오나 텔레비전 또는 그밖의 뉴미디어에 관한 사항은 통합적으로 연계시키지 못했다는 점이다. 오늘날의 영상산업은 특정한 분야로 한정되는 것이 아니라 영화와 텔레비전·비디오·음반·출판 등 여러 분야가 상호 공생적으로 의존하고 있는 실정이며, 다양한 뉴미디어를 통해 유통 범위를 확산해 나가고 있는 추세다.

이런 상황에서 영화는 그 중요성을 더욱 인정받고 있는데, 영상산업에 대한 정책적 지원을 펴고 있는 나라들은 대부분 영화를 영상산업의 기초이자 중심으로 인식하며 각종 지원을 펴나가고 있다. 프랑스의 경우 비디오나 텔레비전에 영화진흥기금을 부과하고, 이것을 영화 지원에 활용함으로써 영상산업 각 분야간의 통합적 공생 관계를 유도하고 있다.

우리나라의 경우 영화는 영화진흥법, 비디오나 음반 또는 그밖의 뉴미디어는 음반 및 비디오에 관한 법률, 방송은 방송법 등으로 분산되어 있는 현실이며, 각 분야간의 통합적 운영도 미흡한 실정이다.

2. 최근의 영화진흥법 개정 논의와 쟁점

새정치국민회의는 지난 7월 14일 영화진흥법 개정을 주요 내용으로 한 공청회를 가졌다. 영화진흥법, 음반·비디오물 및 게임물에 관한 법률, 공연법 등 3개 법률 개정안을 제안하면서 영화진흥법의 경우 ▲등급외 영화전용관 허용 ▲ 영화진흥위원회 설치, 음반·비디오물에 관한 법률에서는 ▲등급외 등급 부여, 공연법에서는 ▲영상물등급분류위원회 설립 등을 주요 내용으로 제시하고 있다.

각각의 사안은 나름대로 중요성을 지닌 사안들이다. 영화진흥위원회를 설립하겠다는 것은 지금까지 영화진흥공사를 중심으로 이루어지던 영화진흥기구의 틀을 바꾸겠다는 것이며, 영상물등급분류위원회는 심의기구의 개편을 뜻한다. 무엇보다도 '등급외 영화전용관 허용'은 지금까지 우리 사회가 금기처럼 여기던 '성표현의 개방'을 뜻하며, 더 나아가 '포르노의 허용'까지로 확산될 가능성이 크다는 점에서 엄청난 파장을 일으킬 수 있는 사안이다.

제안자인 최희준 의원은 개정 제안 설명에서 현재 영화진흥법안이 담고 있는 검열적 요소를 완전히 폐지하며 민간 중심의 영화진흥기구와 등급분류기구를 설치함으로써 '문화의 시대에 맞는 산업 시스템'을 구축하기 위한 것이라고 밝혔다. 이른바 표현의 자유를 보장하며 영상산업의 진흥과 육성에 기여하겠다는 것이다.

기본적인 인식 방향에 대해서는 누구나 동의할 수 있는 수준이다. 영화에 관한 어떤 종류의 규제든 가능한 한 폐지하거나 줄이고, 영화 관련 업무를 담당하는 기구를 민간화하겠다는 것에 대해 틀렸다고 할 수는 없기 때문이다.

그러나 우리의 영화 현실이나 사회적 여건에 맞는 것인지, 개정에 따른 실익은 확보할 수 있는 것인지를 살펴보면 상당한 문제점을 내포하고 있다는 사실을 부정하기 어렵다.

사회적 관심을 일으킬 수 있는 민감한 사항인 '등급외' 등급의 신설과 그 판정을 받은 영화들만을 상영하는 '등급외 영화전용관' 설립을 허용하겠다는 것은 사회·문화적 측면에서 합의가 미약한데다 형법이나 국가보안법 같은 다른 실정법과의 충돌을 피하기 어렵다. 이를 해결하지 않는 한 '완전한 표현의 자유'를 충족할 수 없으며, 따라서 저급한 하위 문화의 유통을 법적으로 보장하는 결과만을 초래할 가능성이 높다.

영화진흥위원회나 영상물등급분류위원회 역시 현행 영화진흥공사나 공연예술진흥위원회의 이름만 다를 뿐 기능과 역할을 그대로 유지하게 된다는 점에서 명칭을 바꾸는 것 이상의 의미를 찾기 어렵다. 영화 진흥정책이나 심의 업무의 내용과 방식은 달라지지 않기 때문이다. 기구 개편 자체가 아니라 업무의 실질적 개선을 지향하는 것이 목적임을 감안하면, 법을 개정하면서까지 기구 개편을 한다 하더라도 그에 따른 실익이 없다는 뜻이다.

이와 같은 인식을 전제로 주요 쟁점에 대해 세부적으로 살펴보기로 한다.

1) '등급외' 등급과 '등급외 전용영화관' 설립 허용에 대하여

최근의 영화법 개정안 중에서 가장 핵심적이며 쟁점이 되는 부분은 바로 새로운 관람 등급인 '등급외' 등급을 허용하겠다는 것이다. 현재 4개 등급으로 구분하고 있는 영화 등급을 5개로 확대하겠다는 것이며, 새로운 등급으로 제시하고 있는 것이 바로 '등급외'다.(비교표 참조)

현행 영화진흥법과 개정안의 '상영 등급' 비교

현재 등급	개정안 등급
제12조(상영 등급의 부여) ①영화(예고편을 포함한다)는 그 상영 전에 한국공연예술진흥협의회로부터 상영 등급을 부여받아야 한다. 다만 교육 목적 등으로 제작되는 단편영화·소형영화 및 영화제에서 상영되는 영화로서 대통령령으로 정하는 영화의 경우에는 그러하지 아니한다.	**제21조(상영 등급 분류)** ①영화(예고편 및 광고영화를 포함한다)는 그 상영 전에 (가칭) 영상물 등급분류위원회로부터 상영 등급을 부여받아야 한다. 다만 다음 각호의 1에 해당하는 영화는 그러하지 아니한다. 1.대가를 받지 아니하고 18세 이상의 특정인들에 한하여 상영하는 소형·단편영화. 2.위원회가 추천하는 영화제에서 상영하는 영화. 3.위원회가 추천하는 단체 등이 제작하여 상영하는 영화. 4.기타 문화관광부 장관이 등급 분류가 필요하지 아니하다고 인정하는 영화. ②제1항의 규정에 의한 등급 분류를 받지 아니한 영화는 이를 상영할 수 없다.
④제1항의 규정에 의하여 한국공연예술진흥협의회가 부여할 수 있는 상영 등급은 다음 각호와 같다. 다만 예고편 영화에 대하여는 제1호에 규정된 등급만이 부여될 수 있다.	③제1항의 규정에 의한 영화의 상영 등급은 다음 각호와 같다. 다만, 예고편 및 광고영화 등 본편영화 상영 전에 상영되는 모든 영화는 제1호에 규정된 등급이 아니면 제26조 제2항 제6호의 규정에 의한 등급외 영화전용관(이하 "등급외영화전용관"이라 한다) 이외의 어떤 영화상영관에서도 이를 상영할 수 없다.
1.모든 관람객이 관람할 수 있는 등급. 2.12세 미만인 자는 관람할 수 없는 등	1. "전체관람가": 모든 연령의 관람객이 관람할 수 있는 영화.

급(다만 부모 또는 이에 준하는 보호자 동반 시 관람가)

3.15세 미만인 자는 관람할 수 없는 등급.

4.18세 미만인 자는 관람할 수 없는 등급.

⑤한국공연예술진흥협의회가 제4항의 규정에 의하여 상영 등급을 부여함에 있어서 당해 영화가 다음 각호의 1에 해당된다고 인정되는 경우에는 충분한 내용 검토 등을 위하여 대통령령이 정하는 바에 따라 6월 이내의 기간을 정하여 그 상영 등급의 부여를 보류할 수 있다.

1.헌법의 기본질서에 위배되거나 국가의 권위를 손상할 우려가 있을 때.

2.음란·폭력 등의 과도한 묘사로 미풍양속을 해치거나 사회질서를 문란하게 할 우려가 있을 때.

3.국제적 외교 관계, 민족의 문화적 주체성 등을 훼손하여 국익을 해할 우려가 있을 때.

⑥한국공연예술진흥협의회는 제5항의 규정에 의하여 검토한 내용이 위법성이 있다고 인정될 때에는 구체적 사유를 명시하여 당해 영화의 상영 등급 신청자에게 서면으로 통지하여야 하며, 필요하다고 인정되는 경우에는 그 내용을 공개하거나 관계기관에 통보할 수 있다.

⑦제1항의 규정에 의한 상영 등급 부여의 절차 및 방법, 제4항 각호의 규정에 의한 상영 등급 부여의 구체적 기준, 제5항의 규정에 의한 상영 등급 부여 보류의 절차 및 방법, 제6항의 규정에 의한 통지·공개·통보의 절차 및 방법 등과 세부 사항은 대통령령으로 정한다.

2. "12관람가": 12세 미만의 관람객은 관람할 수 없는 영화.

3. "15관람가": 15세 미만의 관람객은 관람할 수 없는 영화.

4. "18관람가": 18세 미만의 관람객은 관람할 수 없는 영화.

5. "등급외": (가칭) 영상물등급분류위원회가 성과 폭력 등의 묘사가 지나치다고 인정하여 제1호 내지 제4호의 등급을 줄 수 없다고 결정한 영화.

④누구든지 제3항 제1호 내지 제4호의 규정에 의한 각각의 상영 등급의 연령에 도달하지 아니한 관람객을 입장시켜서는 아니된다. 다만, 부모 등 보호자가 동반하여 관람하는 경우 제3항 제1호 내지 제3호의 상영 등급 내에서 직근 상위 등급의 영화 관람을 허용할 수 있다.

⑤누구든지 제3항 제5호의 규정에 의한 "등급외" 영화를 연소자(18세 미만의 자를 말한다. 이하 같다)에게 관람시켜서는 아니된다.

⑥누구든지 제1항의 규정에 의하여 부여받은 상영 등급을 변조하거나 상영 등급을 부여받은 영화와 다른 내용의 영화를 상영하여서는 아니된다.

제22조(상영 등급 규정) ①위원회는 제21조 규정에 의한 상영 등급 분류를 위하여 영화 상영 등급에 관한 규정(이하 "등급 규정"이라 한다)을 위원회의 규칙으로 제정·공포하여야 한다.

②제1항의 등급 규정에는 다음 각호의 사항이 포함되어야 한다.

1.헌법의 민주적 기본 질서의 유지와 인권 존중에 관한 사항.

2.건전한 가정 생활과 아동 및 청소년 보호에 관한 사항.

3.공중도덕 및 사회윤리 신장에 관한 사항.

4.영화 상영 등급 신청 및 분류 기준 등에 관한 사항.

앞의 표에서 보는 바와 같이 개정안은 현재 등급에서 구분하고 있는 '18세 미만의 관객은 관람할 수 없는 영화' 등급과는 새로운 등급으로 '등급외' 등급을 제안하고 있으며, 이에 해당하는 영화의 범위는 '성과 폭력의 묘사가 지나치다고 인정하는 영화'로 규정하고 있다. 일반적인 기준에 따른 등급을 줄 수 없는 영화에 대해서는 '등급외'라는 별도의 등급을 만들어 모든 영화의 상영이 가능하도록 하겠다는 것이다. 이를 위한 후속적 조치로 '등급외 영화 전용상영관' 설립을 허용하겠다는 제안도 동시에 하고 있다.

그러나 '모든 영화의 상영을 가능케 하겠다'는 취지에도 불구하고 현실적으로 그것이 가능한가라는 점을 신중하게 검토할 필요가 있다. 첫째는 사회·문화적 관습이나 가치관, 사회적 파급 영향을 감안할 때 이를 허용하는 것이 무슨 실익이 있는가에 대한 고찰이며, 두번째는 영화진흥법에서는 '등급외' 영화를 허용한다 하더라도 음란물의 제조와 유통을 금지하고 있는 형법, 반국가적 행위에 대해 규제하도록 하고 있는 국가보안법 같은 다른 실정법과 충돌할 수 있는 문제점을 어떻게 조화시킬 수 있는가라는 점이다. '등급외'가 모든 영화에 대해 무제한적으로 적용될 경우 형법이나 국가보안법 등에서 제한하고 있는 금지 요소를 허용하거나 방치하는 결과를 초래하게 되며, 경우에 따라 강제적인 제한을 당할 수도 있기 때문이다.

이를 사전에 예방하기 위해 실정법상의 금지 요소를 사전에 분류하고, 이를 등급 분류에 반영할 경우 등급을 부여할 수 있는 영화와 그렇지 못한 영화를 구분해야 한다. 이때는 결국 등급 분류에 따른 세부 기준을 만들어야 하며, '등급외'는 극히 한정적인 등급으로 제한될 수밖에 없다. 어느 경우든 모순이 생기는 것이다.

가. '등급외' 등급 허용과 사회적 영향
사회·문화적 측면에서 '등급외' 영화를 허용하는 것이 왜 필요한가라는 점을 고려할 때 마땅한 대답을 찾기 어렵다. 미국이나 프랑스처럼 포르노영화를 사회적으로 인정하고 있는(법률적 보장이 아니라) 나라들에서조차 강력한 규제를 통한 억제 또는 말살정책을 펴고 있는 것이 현실인데도 굳이 이를 법률적으로 허용하자는 주장은 쉽게 이해되지 않는다. 일부에서 현재 영화 심의에서 상영 등급을 줄 수 없는 영화에 대해 등급 보류 조치를 취하는 것이 표현의 자유를 제약하는 검열적 조치인 것처럼 지적하고 있으나, 등급 분류 기준에 부합하지 않는 영화에 대한 행정적 조치이며 모든 영화에 대한 등급 분류를 통한 상영 허용은 단순히 영화진흥법 측면에서만 다룰 수 있는 것이 아니라 형법이나 국가보안법 같은 실정법의 관계 속에서 이루어질 수밖에 없는 일이다.

또한 영화 분야에서 '등급외'를 허용하고, 이를 법제화할 경우 비디오나 음반·출판 등 사회 각 분야에 미치는 영향도 상당할 것으로 예상된다.

이는 '청소년 보호' 같은 문제와 직결되는 것이기도 하지만, 사회·문화적 가치관에도 영향을 미칠 수 있는 것이란 점에서 보다 신중할 필요가 있는 것이다.

나. '등급외' 영화의 적용 범위와 한계

'등급외' 등급을 허용할 경우 현실적 문제는 허용 범위를 어디까지로 할 것인가의 문제다. 위에서도 언급한 것처럼 모든 영화를 '등급외'로 분류할 경우 다른 실정법과의 충돌을 피할 수 없으며, 이를 고려해 일정한 범위 이내로 한정할 경우 '표현의 자유'를 보장하겠다는 제안 취지와 어긋날 뿐 아니라, 결국 현재 공진협에서 시행하고 있는 관람 등급 분류와 차이점을 찾기 어려워진다.

만약 법개정의 취지와 명분을 살리기 위해 '등급외'의 범위를 무제한적으로 적용할 경우 하드코어 포르노나 지나친 폭력, 또는 반국가적 표현을 담은 영화들까지 상영을 허용할 수밖에 없으며, 이는 필연적으로 다른 형법이나 국가보안법 같은 실정법과의 충돌을 야기할 수밖에 없다.

특정한 영화의 내용이 다른 실정법과의 충돌을 일으킬 수 있으며, 경우에 따라 강제적 제한을 당한다 하더라도 그것은 다른 법률과의 문제라는 식으로 방치할 경우에는 ▲영화진흥법이 다른 법의 제한 규정을 위배하거나 방치하는 상태가 되며, ▲등급 분류 체계가 극히 불안정해질 수밖에 없고, ▲또한 다른 법에 의한 제한 조치가 이루어진다 하더라도 그것은 이미 일반인을 대상으로 한 상영이 이루어진 뒤에 뒤따르는 조치가 되므로 모든 영상물은 공개되기 이전에 사전 심의하는 기본 시스템이 흔들린다.

결국 '등급외'는 다른 실정법과의 충돌을 일으키지 않는 범위 내의 표현으로 한정할 것인지, 다른 법과의 법리적 충돌을 일으키며 문제가 되는 부분은 실정법의 적용에 맡기도록 하던지를 선택해야 한다. '등급외'라 하더라도 표현의 범위를 제한한다면 현재의 관람 등급 분류 방식을 그대로 유지하는 것과 같은 결과가 되며, '등급외'의 범위를 무제한으로 할 경우 하드코어 포르노뿐만 아니라 극심한 폭력, 반국가적 표현을 담은 영화들까지 허용하는 결과를 초래할 수 있다.

다. 포르노영화 허용 가능성

개정법안의 제안자인 최희준 의원은 제안 설명에서 "'등급외' 등급의 신설은 검열 폐지에 따른 제도로서, 형법상 처벌이 되는 포르노물은 아니면서도 사회통념상 음란성과 폭력성이 과도한 영화에 대하여 유통을 제한하여 자정을 유도하고자 하는 데 그 목적이 있다. 지금까지 일부에서는 마치 '등급외' 등급을 '포르노' 등급으로, '등급외' 등급이 포르노물을 합법화하는 것으로 오해하거나, 왜곡시키고 있는데, 이 기회를 통해서 '등급외' 등급은 '포르노' 등급이 아니라는 점을 분명히 밝힌다"라고 밝혔다.

이같은 설명은 '등급외' 허용이 결국은 저급한 포르노영화의 허용으로 연결될 것이라는 사회적 우려에 대한 해명이라고 할 수 있지만, 이는 단지 기대에 그칠 가능성이 더 크다.

앞에서도 지적한 것처럼 '등급외'의 표현 범위를 실정법 테두리 내로 한정하다면 '등급외'의 신설 취지가 모호해질 수밖에 없고, 무제한으로 허용한다면 포르노를 비롯한 다른 실정법과 충돌할 가능성이 있는 영화들도 상영을 허용할 수밖에 없다.

일단 '등급외'의 범위를 무제한적으로 적용할 경우 적용 가능한 영화는 과도한 성 표현을 주제로 한 영화, 과도한 폭력을 담은 영화, 반국가적 이념을 그린 영화 등이라고 예상할 수 있지만, 그 중에서 가장 많이 등장할 것으로 예상되는 영화는 바로 과도한 성 표현을 주제로 한 영화들이다. 바로 포르노영화들이다. 특히 표현의 정도가 심한 하드코어 포르노조차 상영을 제한할 수 있는 근거가 없어진다는 점에서 결국 '등급 외' 허용은 하드코어 포르노를 허용하는 것과 같은 조치가된다.

라. '등급외' 허용과 외국영화 수입추천제의 무용화 초래

'등급외' 등급을 허용하고 모든 영화에 대해 등급 분류를 적용할 경우 파생되는 또 다른 문제는, 외국영화 수입을 선별할 수 있는 제도적 장치가 무용화한다는 점이다.

개정안은 수입업자가 외국영화를 수입하기 위해서는 (가칭)영화진흥위원회의 수입 추천을 받아야 하며, 이에 앞서 (가칭)영상물등급분류위원회의 수입 심의를 통과해야 한다고 규정하고 있다.

그러나 모든 영화에 대해 등급 분류만 하며 등급을 받지 못하는 영화에 대해서조차 '등급외'로 분류할 수밖에 없는 상황에서 (가칭)영상물등급분류위원회의 수입 심의는 아무런 기능을 할 수 없다. 만약 수입 심의 과정에서 특정한 종류의 영화, 이를테면 하드코어 포르노에 해당하는 영화라 하더라도 이를 특정한 영화로 구분해서 수입 심의에서 거부한다면 그 사유를 제시해야 하며, 그것은 특정한 영화에 대한 분류 기준으로 작용하게 된다. 그렇게 된다면 '등급외' 영화 중에서도 '수입 추천을 할 수 있는 영화'와 '수입 추천을 할 수 없는 영화'로 나뉘게 될 가능성이 높다.

이는 결국 (가칭)영상물등급분류위원회가 영화의 등급 분류만을 하게 되는 것이 아니라 특정 영화에 대해 거부권을 행사하게 되는 결과를 초래하게 되는데, 이는 모든 영화에 대해서 등급 분류만을 하겠다는 개정 취지와 모순되는 것이다.

따라서 '등급외' 등급을 허용하고 (가칭)영상물등급분류위원회가 모든 영화에 대해서 등급 분류만을 하도록 하는 구조에서는 외국영화의 수입 심의는 단순한 행정적 절차에 지나지 않으며, (가칭)영화진흥위원회의 수입추천권 역시 마찬가지일 수밖에 없다. 이는 결국 모든 영화의 수입 허용을 뜻하며, 하드코어 포르노영화라 하더라도 수입을 거부하거나 막을 방법이 없는 것이다.

수입되는 외국영화에 대해서 이같은 기준이 적용된다면 국내에서 제작되는 영화 또한 같은 기준을 적용할 수밖에 없다.

마. '등급외 영화 전용상영관'의 제도적 미비

개정안은 '등급외' 등급을 허용하는 데 따라 이들 영화를 상영할 수 있는 장소로 '등급외 영화전용관' 설립을 허용하고 있다. 이는 세계에서 유례를 찾을 수 없는 파격적 조치라고 할 수 있다. 외국의 성인영화 전용관은 법적 근거에 따라 생겨난 것이 아니라 자생적으로 영업을 하는 경우가 대부분이기 때문이다. 개정 영화법이 제안하고 있는 것처럼 '등급외 영화전용관'을 법적으로 보장하는 최초의 사례가 될 것이다.

국민회의측은 등급외 영화 전용관 허용이 저질 외설물, 즉 포르노의 허용을 촉발할 것이라는 사회적 우려를 일축하며 결코 표현의 자유를 보장하는 것일 뿐 포르노 허용을 뜻하는 것이 아니라고 밝혔다. 그러나 등급외 영화전용관에 대해서는 상당한 제약을 가하고 있는데,

- 설립은 시·도지사의 허가를 받아야 하며(제28조)
- 등급외 영화만을 상영하되 연간 상영일수 5분의 3 이상을 유지해야 하며(제26조)
- 광고 및 선전 금지(제24조)
- 매출액의 30/100에 해당하는 영화진흥기금 징수(제35조)

등을 명시하고 있다.

일단 이같은 조치는 극장 운영자 입장에서는 대단한 제약이 아닐 수 없다. 일반 영화와는 현격하게 구분되는 불이익이다. 프랑스의 경우 포르노영화 전용관을 규제하는 조치로 이용하는 방식을 원용하고 있다.

이같은 불이익을 제도화하고 있는 것은, 이들 극장에서 상영하는 영화가 결코 사회적으로 건강한 영화가 아니라는 것을 뜻한다. 개정안이 제시하거나 보완적 설명에 따른다면 '등급외 영화전용관'은 포르노영화관이 아니며, 하드코어 포르노영화는 다른 법의 제한에 의해 상영이 불가능하다고 주장하고 있다.

그렇다면 '등급외 영화전용관'이 이처럼 과도한 규제를 받아야 할 이유가 없다. 단지 현재 18세 미만의 관객이 관람할 수 없는 등급의 영화보다 다소 과도한 성 표현이나 폭력 묘사를 하고 있는 정도에 지나지 않는 영화를 상영하는데도 광고나 선전을 금지하고, 매출액의 100분의 30에 해당하는 영화진흥기금을 내야 하는 것은 무리하기 때문이다.

또한 법적으로 '등급외'를 인정하고, 그에 따라 '전용관' 설립을 허용하면서도 영화를 상영하는 극장에 대해 불이익을 법률에 명시하는 것 역시 모순적인 조치가 아닐 수 없다.

결국 이같은 조치는 개정안에서 허용하는 '등급외' 등급과 그 영화를 상영하는 전용관이 외설스런 포르노영화를 상영할 가능성이 크다는 것을 전제로 한 작업임을 드러내고 있다.

또 다른 문제점은 '음반·비디오물 및 게임물에 관한 법률'에서도 비디오물·게임물 중 '등급외' 등급을 부여하고 있지만(제18조), 비디오물의 공개는 판매나 대여를 금지하는 대신 영화진흥법에 근거한 '등급외 영화전용관'에서만 공개하도록 한정하고 있다.

이같은 조치는 판매와 대여를 기본으로 하는 비디오물의 유통 방식을 극장 공개로만 한정하고 있다는 점에서 비현실적인 방식이라고 할 수 있다.

뿐만 아니라 이같은 조치로 인해 '등급외 영화 전용상영관'은 영화진흥법이 규정하고 있는 '영화'와 음·비법의 적용을 받는 비디오를 같은 공간에서 처리해야 하는 불합리를 감수해야 한다.

개정 영화진흥법이 규정하고 있는 전용영화관은 해당 등급의 영화를 연간 상영일수 5분의 3 이상을 유지해야 하며, 등급외 영화전용관의 경우는 '등급외' 영화만을 상영해야 한다. 결과적으로는 모든 프로그램을 등급외 영화로만 채워야 한다.

뿐만 아니라 모든 영화관은 일정 일수 이상의 한국영화의무상영(스크린쿼터제)을 의무화하고(제29조), 이를 지키지 않을 경우 3개월 이내의 영업정지명령(제32조)을 강제하고 있다.

등급외 판정을 받은 영화와 비디오를 동시에 상영 또는 공개해야 할 경우, 전용관의 기준 요건과 스크린쿼터 관련 규정을 유지하는 데 큰 혼란을 불러일으킬 수밖에 없다. 경우에 따라서는 비디오 공개를 영화 상영과 같은 조치로 인정해야 하는데, 각각 적용 근거가 다른 매체를 동일시하게 되는 모순을 피하기 어렵기 때문이다.

2) 영화진흥위원회 설치 주장에 대하여

국민회의 영화진흥법 개정안은 현재 운영중인 영화진흥공사를 폐

영화진흥공사 업무	(가칭) 영화진흥위원회 업무
제23조(사업) 공사는 다음 각호의 사업을 행한다. 1.한국영화의 진흥과 영화산업의 육성·지원을 위한 계획의 수립. 2.한국영화의 국외 진출 및 영화의 국제교류의 지원. 3.영화 제작을 위한 융자. 4.영화의 진흥·발전을 위한 조사·연구. 5.영화 제작시설의 설치 및 운용. 6.영화인의 복리증진 7.기타 영화진흥사업에 관한 사업.	제14조(위원회의 직무 등) ①위원회는 다음 각 호의 사항을 심의·의결한다. 1.영화진흥기본계획 등의 수립·변경에 관한 의견 제시 사항. 2.위원회 운영 계획의 수립·시행에 관한 사항. 3.위원회의 규칙 제정·개정 등에 관한 사항. 4.서울 종합촬영소의 관리·운영에 관한 사항. 5.제5조 제2항의 규정에 의한 공동제작 영화의 한국영화 인정에 관한 사항. 6.제34조의 규정에 의한 영화진흥기금의 징수 및 관리·운용에 관한 사항. 7.한국영화 진흥 및 영화산업 육성 등을 위한 조사·연구·연수에 관한 사항. 8.영화의 유통 배급에 관한 사항. 9.한국영화의 수출 및 국제 교류에 관한 사항. 10.외국영화의 수입에 관한 사항. 11.한국영화의무상영제도의 시행에 관한 사항. 12.영화 관객의 불만 및 청원에 관한 사항. 13.기다 위원회가 필요하다고 인정하는 사항. ②위원회는 제1항의 규정에 의하여 심의·의결한 사항이 준수되고 있는지의 여부를 확인하기 위하여 영화업자 등에게 필요한 자료의 제출을 요구할 수 있다.

지하는 대신 영화진흥 업무를 전담할 새로운 진흥기구로 (가칭) '영화진흥위원회' 신설을 제안하고 있다.

개정안이 제시하고 있는 영화진흥위원회의 업무는 영화진흥기본계획 등의 수립·변경에 관한 의견 제시 사항, 영화진흥기금의 징수 및 관리·운용에 관한 사항 등을 담고 있으나 현재 진흥공사가 담당하고 있는 내용과 크게 다르지 않다.(비교표 참조)

앞의 표에서 보듯 영화진흥공사와 영화진흥위원회의 기본적인 업무는 대동소이하다. 다만 영화진흥위원회의 업무 중 유통·배급에 관한 사항, 한국영화의무상영에 관한 사항 등이며 위원회의 결정 사항이 제대로 지켜지고 있는지를 확인하기 위해 영화업자에게 필요한 자료의 제출을 요구할 수 있는 권한을 부여하고 있다.

영화진흥법이 의도하고 있는 기본 목적은 한국 영화의 보호와 진흥·육성이다. 민간의 자율적 경쟁을 바탕으로 하기보다는 정부의 적극적 개입을 전제로 한 '국가지원형'이며, 영화진흥공사는 관련 업무를 집행하는 역할을 맡고 있다.

따라서 영화진흥 업무를 담당하는 기구는 업무 집행의 효율성과 안정성을 갖출 필요가 있으며, 그런 점에서는 위원회 형태보다는 공사 형태가 더 효과적이다.

다만 영화진흥공사가 그동안 영화산업 환경이 변화하는 데 따라 진흥기구로서의 역할을 다해 왔는가라는 점에 대해서는 비판의 여지가 없지 않다. 진흥 업무를 전담하는 전문기구로서, 변화에 능동적으로 대처하기보다는 사업기구적인 역할에 그쳤다는 지적을 피하기는 어렵기 때문이다. 이는 영화를 포함한 영상산업 전체 구조 속에서 어떤 방향과 방법으로 영화정책을 펴나갈 것인지에 대한 연구·개발을 주도하는 싱크탱크로서의 기능이 상대적으로 취약했다는 것을 뜻한다. 영화정책의 운용 방향 설정 및 영화와 비디오·방송 등 뉴미디어산업간의 연계 확대 등과 같은 정책적 조정, 연구 기능이 취약했다는 뜻이다.

이같은 현상은 공사 자체의 문제라기보다는 업무 범위의 한계, 임직원의 잦은 교체와 비전문인 기용 등으로 인한 외부적 요인도 동시에 작용한 결과라고 할 수 있다.

따라서 영화진흥공사가 영화진흥 업무를 전담하는 중심기구로서의 기능과 위상을 회복하기 위해서는 기획 및 조사·연구 같은 업무를 중심으로 하는 정책기구화할 필요가 있다. 영화진흥공사를 폐지하고 영화진흥위원회를 신설한다고 해도 똑같은 문제에 부닥칠 수 있다. 따라서 영화진흥공사는 폐지하기보다는 구성과 업무 기능을 조정하는 것이 더욱 현실적이며 효과적이라고 할 수 있다.

1946년에 설립된 이후 프랑스 영화진흥 업무를 총괄하고 있는 프랑스 국립영화센터(Centre National De La Cinématographie: CNC)는 1) 지원기금의 조성과 운영·관리 등과 관련된 경제 업무 2) 영화 관련 법령의 조사 연구 및 행정적 관리 3) 영화진흥 및 영상유산 보전과 관련한 업무 등을 구체적으로 담당하고 있는데, 강력한 권한을 가진 국가기구 형태로 운영되고 있다.

3) 영상물등급분류위원회 설치 주장에 대하여

개정 영화진흥법안이 중요하게 제시하고 있는 또 하나의 새로운 기구가 (가칭)영상물등급분류위원회다. 현재의 공연예술진흥협의회의 구성에 문제점이 있기 때문에 이를 보완하기 위해서는 개편이 필요하다는 주장이다.

개정안이 지적하고 있는 기본적인 문제점은 위원 구성에 관한 부분이다. 현재 공진협의 위원은 대한민국예술원장이 추천하고 대통령이 위촉하도록 하고 있으나, 개정안은 추천 권한을 예술원 외에 영화진흥위원회·방송위원회·대한변호사협회·청소년위원회 등으로 확대하도록 제안하고 있다.

공연예술진흥협의회	(가칭)영상물등급분류위원회
제25조의 3(한국공연예술진흥협의회) ①공연의 공공성과 그 질서 및 품위를 유지하기 위하여 한국공연예술진흥협의회(이하 "협의회"라 한다)를 설치한다. ②협의회는 위원장·부위원장 각 1인을 포함한 10인 이상 15인 이내의 위원으로 구성한다. ③위원은 문화예술·청소년·교육 등에 관하여 학식과 경험이 풍부하고 덕망이 있는 자 중에서 대한민국예술원 회장이 추천하는 자를 대통령이 위촉한다. ④협의회는 공연 활동에 있어서 다음 각호의 사항을 심의하여 이를 저해한 때에는 공연자·공연장 경영자에게 공연의 금지 기타의 필요한 시정 요구를 할 수 있다. 1.헌법의 기본 질서와 국가 안전 및 공공 질서의 유지. 2.민족의 주체성 함양. 3.민족문화의 창조적 개발. 4.아동 및 청소년의 선도. 5.가정 생활의 순결. 6.공중도덕과 사회윤리의 신장. ⑤협의회의 조직과 운영에 관하여 필요한 사항은 대통령령으로 정한다. ⑥국가는 예산의 범위 내에서 협의회의 운영에 필요한 경비를 보조할 수 있다.	제6장 영상물 등급분류위원회 제20조((가칭)영상물등급분류위원회) 공연 내용의 공공성 및 윤리성을 유지하고 아동 및 청소년 관객을 보호하기 위하여 (가칭)영상물등급분류위원회(이하 "위원회"라 한다)를 설치한다. 제21조(구성) 위원회는 대한민국예술원·영화진흥위원회·방송위원회·대한변호사협회·청소년보호위원회에서 영화·비디오물·게임 등 공연과 관련한 전문성 및 경험이 있는 자를 각각 3인씩 추천한 15인의 인사를 대통령이 위촉하여 구성한다. 다만 위원 중 3분의 1 이상은 여성을 추천하여야 한다. 제27조(위원회의 직무 등) ①위원회는 다음 각호의 사항을 심의·의결한다. 1.영상물의 상영등급 분류에 관한 사항. 2.위원회 운영계획의 수립·시행에 관한 사항. 3.위원회의 규칙 제정·개정 등에 관한 사항. 4.기타 이 법 또는 다른 법률에 의하여 위원회의 직무 또는 권한으로 규정된 사항. ②위원회는 위원회가 상영 등급을 분류한 영상물들에 대한 국민의 반응을 정기적으로 조사하여야 하고, 이를 등급 분류 등 관련 업무에 반영하여야 한다. ③위원회는 관련 업체 등이 제1항 제1호의 규정에 의하여 심의·의결한 사항을 준수하고 있는지의 여부를 확인하기 위하여 관련자에게 필요한 자료의 제출을 요구할 수 있으며, 위반 사항에 대하여는 시정을 요구할 수 있다. 제33조(지원) 위원회의 예산은 국고에서 지원할 수 있다.

그러나 위원의 추천권을 여러 경로로 분산하고자 하는 것 외에 기능과 업무면에서는 현재 공진협과 거의 다르지 않다.

공진협이 행정권의 간섭을 받지 않는 자율기구로 출범한 것이 지난해 10월의 일이며, 운영의 합리성이나 공정성에서 특별한 문제가 없었다는 점에서, 이를 폐지하고 대신 영상물등급분류위원회를 설립하자는 것은 객관적 명분이나 실리를 찾기 어렵다. 위원의 선임권을 보다 확장할 필요가 있다면 부분적인 보완으로도 가능한 일이다.

4) 그밖의 문제들

위에서 언급한 사항들 외에 지적할 수 있는 문제는 영화와 비디오의 개념에 관한 용어 정의와 영화 필름의 납본을 문화관광부 장관이 아니라 영화진흥위원회로 이관하고 있는 부분이다.

개정 영화진흥법안에는 '영화'의 정의를 " '영화'라 함은 연속적인 영상이 필름 등의 매체에 담긴 유성 또는 무성의 내용물을 말한다"라고 정의하고 있으며, 음·비법의 '비디오물'은 " '비디오물'이라 함은 연속적인 영상(음의 수반 여부를 가리지 아니한다)이 유형물에 고정되어 재생될 수 있도록 제작된 물체로서 테이프 형태의 것과 디스크, 기타 신소재 형태의 것('새영상물'이라 한다)을 말한다. 다만 컴퓨터 프로그램에 의한 것(영화·음악 등이 수록되어 있지 않은 것에 한한다)과 게임물은 제외한다"라고 정의하고 있다.

이같은 정의는 영화진흥법에서 규정하고 있는 영화와 음·비법상의 비디오물의 정의가 겹치거나 혼란스럽게 만든다. 두 매체 모두 '등급외' 등급을 부여하며, 상영 및 공개 장소를 등급외 영화전용관으로 제한하고 있는 상태에서 이같은 모호한 정의는 실제 적용 과정에서 상당한 논란을 불러일으킬 수 있다.

개정 영화진흥법은 영화의 자료적 보존을 위한 조치로 영화 필름의 제출(납본제, 제25조)을 의무화하고 있으나, 이를 현재의 문화관광부 장관에서 영화진흥위원회에 제출토록 변경하고 있는 것은 납본 절차를 필요 이상으로 혼란스럽게 만드는 부분이다. 필름 보존 업무를 담당하고 있는 한국영상자료원의 위상을 그대로 인정하고 있는 상태에서 굳이 영화진흥위원회를 경유하는 것은 자칫 업무의 간섭을 야기할 가능성이 있기 때문이다.

3. 요약과 결론

위와 같이 국민회의측이 제시한 영화진흥법 및 공연법, 음·비법 등 영상 관련법 개정안 중 주요 쟁점으로 부각한 '등급외' 등급의 신설과 '등급외 영화전용관' 설립 허용, 영화진흥위원회 및 영상물등급분류위원회 설립에 대해서 주로 살펴보았다.

이를 요약하면 다음과 같은 결론을 얻을 수 있다.

(1) '등급외' 등급의 신설과 '등급외 영화전용관' 설립 허용은

-. '표현의 자유'를 확대하겠다는 기본 취지는 타당하지만
-. 사회·문화적 측면에서 음란·폭력 등을 담은 반사회적 영화의 제작과 유통을 법적으로 보장해 주는 결과를 초래하며
-. 법리적 측면에서 음란물의 제조와 유통을 규제하는 형법, 반국가적 행위를 규제하는 국가보안법 등 다른 실정법과의 법리적 충돌을 피할 수 없으며
-. '등급외' 신설로 인해 사실상 모든 영화에 대해 아무런 제한 없이 등급을 부여하게 될 경우 외국영화 수입 추천권이 근본적으로 기능을 잃어버리는 무력한 장치로 전락함으로써 문제가 있는 외국영화의 수입을 막지 못하며
-. 이로 인해 결과적으로 실정법을 위배할 수 있는 요소를 담은 영화라 하더라도 이를 제어할 수 있는 장치가 없기 때문에 포르노

또는 그에 준하는 영화의 상영을 허용할 수밖에 없으며

-. 관람 등급을 부여받은 영화라 하더라도 경우에 따라 다른 실정법의 제제를 받을 가능성이 있으며, 이때는 등급 분류의 효과가 부정될 뿐만 아니라 상영 영화에 대해 사후 제재가 이루어짐으로써 모든 영화에 대해 사전 심의하고자 하는 취지가 훼손당하게 되며

-. 영화진흥법이 규정하고 있는 영화의 '등급외' 영화와 음반 및 비디오에 관한 법률의 적용을 받는 비디오영화 중 '등급외' 판정을 받은 것을 '등급외 전용영화관'에서만 공개하도록 제한하는 것은 비디오의 유통을 지나치게 제한하는 것일 뿐 아니라 전용관의 기본 요건 준수 및 스크린쿼터제 유지 등에 혼란을 야기할 수 있다.

(2) 영화진흥위원회를 설립해야 한다는 주장은

새로운 기구로 제시한 영화진흥위원회의 구성이나 업무 내용이 현재 영화진흥공사의 기구 구성이나 업무 내용을 그대로 유지하게 되며, 정부 지원의 영화 지원 업무를 관장하는 데는 현재의 공사 체제가 더 효율적이며 안정적이라는 점에서 새로운 기구 설립은 실익보다 취약점이 더 많다. 새로운 기구를 설립하기보다는 영화진흥공사의 기능 및 업무의 조정과 개편을 통한 정비가 더 경제적이며 효율적이다.

(3) 영상물등급분류위원회를 설립해야 한다는 주장 또한

1996년 10월, 헌법재판소가 행정권이 주체가 된 영화 사전 심의는 검열에 해당된다고 결정함에 따라 심의 업무를 맡고 있던 공연윤리위원회를 폐지하고 대신 새로운 심의기구로 설립된 공연예술진흥협의회는 위원의 임명을 문화관광부 장관이 아니라 대통령이 하도록 함으로써 기구의 자율성을 보장하고 있다. 새로운 기구로 제시하고 있는 영

상물등급분류위원회는 기구의 구성 및 업무를 공연예술진흥위원회로부터 그대로 승계하며 명칭만 바꾸는 것에 그치게 된다는 점에서 새로운 기구 설립의 명분이나 실익은 없다.

이같은 사실을 종합하면 최근의 영화진흥법 개정 논의는 영화를 중심으로 한 영상산업 전반을 보다 효율적으로 연계·통합하기보다는 관념적 명분에 더 큰 비중을 두고 있는 것이라고 하지 않을 수 없다.

최근 한국영화계는 유례없는 침체를 겪고 있으며, 산업적 기반 자체가 붕괴되는 것은 아닌가라는 불안감이 제기되고 있는 상태다. 그런 가운데 통상 업무를 맡고 있는 정부의 고위급 인사가 스크린쿼터제 무용론을 제기하며 이의 폐지를 공개적으로 언급하는 사태가 벌어지기도 했다.

이같은 위기 상황에서 한국영화 진흥을 위한 실질적 방안을 강구하기보다는 정치공학적 전략과 관념적 명분에 근거한 영화진흥법 개정 논의는 보다 현실적 사안으로 전환되어야 한다.

[09]
영화진흥위원회의 3년*

영화가 재미있다고, 만드는 과정까지 재미있다고 생각한다면 오산이다. 한국영화가 호황을 누린다고 영화계 전체기 흥청거리지는 않는다. 오히려 '성공한' 영화가 많을수록 그렇지 않은 쪽에서는 소외감과 조바심으로 밤을 지새우는 답답한 마음은 더 많을지도 모른다. 지난 99년 5월 28일에 출범한 영화진흥위원회의 3년은 갈등과 파행·대립의 연속이었다. 우리 사회가 겪었던 이념적 갈등과 혼돈의 모습을 그대로 응축한 것이나 다름없을 정도로 명분과 구호, 선동과 파행이 넘쳐났다. 한국영화가 유례없는 전성기를 누리고 있는 사이, 그 이면에서는 유례없는 파행과 시행착오, 그로 인한 극단의 불신과 반목이 이어졌다. 영화진흥위원회는 그것의 중심지였다.

영화진흥공사와 영화진흥위원회

한국영화 진흥사업을 담당하고 있던 주무기구인 영화진흥공사를 개편해야 한다는 주장은, 영화진흥법 개정의 주요 명분이자 쟁점 중의 하나였다. 지난 1998년 당시 여당이었던 새정치국민회의는 영화

---

* 본 원고의 내용은 〈문화권력과 한국영화 10년〉 중 '영화진흥위원회' 관련 부분과 중복되는 부분이 있습니다.

진흥법을 포함하여 음반·비디오·게임물에 관한 법, 공연법 등 3개 법안의 제·개정을 추진하면서 ▲등급외 영화전용관 허용 ▲영화진흥위원회 설치 ▲등급외 등급의 신설 ▲영상물등급위원회 설립 등을 주요 과제로 내세웠다.

영화진흥 업무를 맡을 기구로 기존의 영화진흥공사 대신 영화진흥위원회로 대체하겠다는 것은 영화진흥 업무의 주체와 집행 방식을 바꾸겠다는 것이며, 민간 중심의 영화진흥기구와 등급분류기구를 설치함으로써 '문화의 시대에 맞는 산업 시스템'을 구축하기 위한 것이라고 밝혔다.

기본적인 명분에서는 크게 논란이 될 만한 부분은 없었다. 영화에 관한 어떤 종류의 규제든 가능한 한 폐지하거나 줄이고, 영화 관련 업무를 담당하는 기구를 민간화함으로써 자율성을 높이겠다는 것이 전적으로 틀렸다고 할 수는 없기 때문이다.

그런데도 법개정을 둘러싼 논란이 계속되었던 것은 표면적인 명분에도 불구하고 새로운 제도를 시행할 경우 그것이 법리적 타당성을 갖출 수 있는 것인지, 영화계 현실이나 사회적 여건에 맞는 것인지, 개정에 따른 실익은 확보할 수 있는 것인지에 관한 검토에서 실익을 얻기보다는 관념적 명분에만 지나치게 집착한다는 반대론이 컸고, 보다 근원적으로는 법개정 의도 자체에 대한 의구심이 가시지 않았기 때문이다. 제도의 실효성보다는 각종 기구나 단체의 구조를 개편함으로써 운영의 주도권을 장악하겠다는 정치공학적 의도를 숨기고 있는 것이 아니냐는 의문이었다.

영화진흥위원회는 기존의 영화진흥공사가 맡고 있던 업무를 그대로 승계하며 기능과 역할을 그대로 유지하게 된다는 점에서 명칭을 바꾸는 것 이상의 의미를 찾기 어려웠기 때문이었다.

영화진흥 업무의 대상과 방식

당시 영화진흥법 개정안에 나타난 영화진흥위원회의 업무는 영화진흥 기본 계획 등의 수립·변경에 관한 의견 제시 사항, 영화진흥기금의 징수 및 관리·운용에 관한 사항 등을 담고 있는데, 이는 기존의 영화진흥공사가 담당하고 있던 업무 내용과 별로 다르지 않았다. 다만 영화진흥위원회의 업무 중 유통·배급에 관한 사항, 한국영화 의무상영에 관한 사항 등이며, 위원회의 결정 시항이 제대로 지켜지고 있는지를 확인하기 위해 영화업자에게 필요한 자료의 제출을 요구할 수 있는 권한을 부여하고 있다.

영화진흥법이 의도하고 있는 기본 목적은 한국영화의 보호와 진흥·육성이다. 민간의 자율적 경쟁을 바탕으로 하기보다는 정부의 적극적 개입을 전제로 한 '국가지원형'이며, 영화진흥공사는 관련 업무를 집행하는 역할을 맡고 있다.

따라서 영화진흥 업무를 담당하는 기구는 업무 집행의 효율성과 안정성을 갖출 필요가 있으며, 그런 점에서는 위원회 형태보다는 공사 형태가 더 효과적이다.

다만 영화진흥공사가 그동안 영화산업 환경이 변화하는 데 따라 진흥기구로서의 역할을 다해 왔는가라는 점에 대해서는 비판의 여지가 많았던 것은 사실이다. 진흥 업무를 전담하는 전문기구로서, 변화에 능동적으로 대처하기보다는 사업기구적인 역할에 그쳤다는 지적을 피하기는 어렵다. 이는 영화를 포함한 영상사업 전체 구조 속에서 어떤 방향과 방법으로 영화정책을 펴나갈 것인지에 대한 연구·개발을 주도하는 싱크탱크로서의 기능이 상대적으로 취약했다는 것을 뜻한다. 영화정책의 운용 방향 설정 및 영화와 비디오·방송 등 뉴미디어 산업 간의 연계 확대 등과 같은 정책적 조정, 연구 기능이 취약했다는 뜻이다. 이같은 현상은 공사 자체의 문제라기보다는 업무 범위의 한계, 임직원의 잦은 교체와 비전문인 기용 등으로 인한 외부적 요인도 동시에 작용한 결과라고 할 수 있다.

영화진흥법 개정과 관계없이 영화진흥공사가 영화진흥 업무를 전담하는 중심기구로서의 기능과 위상을 회복하기 위해서는 기획 및 조사·연구 같은 업무를 중심으로 정책기구화할 필요가 있다는 지적은 여러 차례 나왔다. 영화진흥공사의 운영 모델로는 프랑스의 국립영화센터(CNC)를 제시하는 경우도 많았다. 1946년에 설립된 이후 프랑스 영화진흥 업무를 총괄하고 있는 국립영화센터는 강력한 권한을 가진 국가기구 형태로 운영되고 있기 때문이었다.

파행과 갈등

논란 끝에 결국 영화진흥법은 개정되었고, 영화진흥공사를 해산하고 새로운 영화정책 담당기구로서 영화진흥위원회를 설치하는 것이 법으로 확정되었다. 개정 과정에서 어떤 논란이 벌어졌든 새로운 과제는 영화진흥위원회가 정상적인 운영을 할 수 있도록 기구와 기능을 갖추는 일이었다. 개정된 영화진흥법은 영화진흥위원의 숫자를 10명으로 확정했고, 1999년 5월 29일자로 영화진흥위원회는 법적인 설립 근거를 확보할 수 있게 되었다.

그러나 영화진흥위원회는 출발부터 진흥위원 구성의 적법성 문제와 서둘러 법을 개정하는 과정에서 영화진흥위원회의 법인격을 부여하는 조항을 명시하지 않은 문제로 인해 파란을 겪었다. 개정 영화진흥법은 영화진흥공사의 자산과 시설을 포괄적으로 승계한다는 부칙 조항을 두긴 했지만, 영화진흥위원회의 법인격을 부여하지 못했다. 이 때문에 영화진흥위원회는 대외적으로 출범하고서도 설립 등기를 하지 못하는 파행적인 상태에 빠져들었다. 모든 법적인 대표권은 법적으로 해산한 영화진흥공사 사장이 가지고 있었고, 영화진흥위원회 위원장은 각종 사업에서 법률적 주체가 될 수 없었다. 한동안 영화진흥위원회는 법적으로 존재를 인정받지 못하는 임의기구나 유령단체 같은 처지로 파행을 계속하는 수밖에 없었다. 이 문제를 해결하기 위해서는 법을 개정해야만 했다. 결국 영화진흥법은 영화진흥위원회의 법인격을 명시하는 근거를 마련하기 위해 다시 개정해야 했고, 2000년 4월 28일 이후에 비로소 법인 설립 등기를 할 수 있었다. 법 개정을 주도한 측이나 주무부처에서 어처구니없는 실수를 자행한 것이다.

영화진흥위원을 어떻게 구성할 것인가의 문제는 더욱 민감하고 치열한 문제였다. 어떤 성향을 가진 인물들이 위원으로 구성되는가에 따라 운영의 주도권이 달라지기 때문이다. 당시 영화계는 영화인협회를 중심으로 한 주류적 영화인과, 이른바 진보적 개혁을 주장하는 소장파 그룹이 예민하게 갈등하고 있을 때였다. 정치적 상황 변화에 따른 주도권 다툼의 측면도 강하게 작용했다. 문화관광부는 그 상황을 감안하면서 균형적인 안정을 유지하려고 했으나 영화계의 대립과 갈등, 정치적 후광을 업은 소장 그룹들의 영향력이 더 크게 작용하는 현실은 그렇게 단순하지 않았다.

1999년 5월 29일, 새로운 영화진흥위원 10명 중 7명이 문화관광부 회의실에서 임명장 수여와 함께 첫번째 회의를 열고 위원장·부위원장을 선출했다. 3명이 불참했지만, 일단 회의 성립 요건은 갖추었다고 본 것이다.

그러나 회의에 참석하지 않은 3명의 위원 중 두 사람이 위원직을 수락한 사실이 없다고 입장을 밝히자 영화진흥위원회 구성의 법적 효력에 대한 시비가 불거졌다. 문화관광부나 회의를 주도한 측은 3명의 위원이 개인적인 이유로 회의에 불참한 것이라고 입장을 정리하고자 했지만, 2명은 위원직을 수락한 사실이 없다고 거듭 확인했다. 영화진흥법에는 영화진흥위원회는 문화관광부 장관이 위촉한 10명의 위원으로 구성한다는 사실을 명시하고 있지만, 두 명의 인사가 위원직 수락 사실이 없다고 입장을 밝힘에 따라 8명의 위원만으로 위원회를 구성한 셈이 되고 만 것이다. 결국 문서로 사실을 입증하지 못한 문화관광부는 곤경에 빠졌고, 영화진흥위원회의 법적 구성 요건 시비에 말려들 수밖에 없었다. 영화진흥위원회는 입법 미비로 법인 설립 등기를 하지 못하는 상황에 빠진데다 위원회 구성의 법적 요건 충족 여부라는, 보다 근원적인 문제까지 휘말린 것이다. 이 와중에 위원장으로 선임됐던 신세길 씨가 위원장직과 위원직을 모두 사퇴하는 일이 벌어졌다. 시간이 지날수록 위원회의 파행적 운영은 더 심해졌다. 위원회는 극히 일과적인 업무만 처리할 수 있을 뿐이어서 업무의 공백 상태도 불가피하게 지속될 수밖에 없었다.

결국 문화관광부는 두 명의 위원을 추가로 임명하고, 10명의 위원이 모두 참석한 가운데 위원장·부위원장을 새로이 선출하기로 방침을 정했다. 위원회 설립의 법적 시비를 근원적으로 해소하겠다는 것이다. 법적 출범으로부터 3개월 정도가 지난 9월 6일, 영화진흥위원회 회의실에서 10명의 위원이 모두 참석한 가운데 위원장·부위원장 선출 투표를 했다. 이전의 위원회 구성이 적법하다고 주장하는 측에서는 재신임 여부를 묻는 것이라고 했고, 새로 참여하는 위원들은 비로소 법적 요건을 갖추어 정상적인 선출을 하는 것인 만큼 이전의 모든 결정은 전혀 근거가 없는 것이라는 입장을 강조했다. 상임위원으로 재임하고 있는 문성근 부위원장은 재신임을 위해 부위원장직에서 사퇴하겠다고 했고, 영화인협회 김지미 이사장측은 법적 요건을 갖추지 못한 회의에서 이루어진 어떤 결정이나 선출도 효력을 갖지 못하는 것이므로 사퇴 운운하는 것은 근거가 없는 행동이라고 일축했다.

논란이 어찌됐던 사태가 더욱 복잡해진 것은 이날의 투표 결과. 박종국 위원장, 조희문 부위원장으로 결과가 확정되면서 사실상 영진위 운영을 장악하고 있던 문성근 위원과 그를 지지하는 위원들이 결과에 크게 반발했다. 투표 전에 결과가 어떻게 나오더라도 이를 인정하겠다는 다짐을 했었지만, 결과가 예상과 다르게 나오자(다시 선임되는 것으로 예상했던 듯하다) 결국 강경한 입장으로 돌아서고 말았다. 문성근(배우)·정지영(영화감독)·안정숙(한겨레신문 기자) 등 3명의 위원은 10월 중순 어느 날 기자회견을 열고, "문화관광부가 영진위 운영의 자율성을 침해하려 하고 있다"며 현재의 상황에서는 정상적인 활동을 하기 어렵다는 취지의 입장을 밝히며 위원직을 사퇴한다고 발표했다. 문화관광부가 이들의 사퇴서를 즉각 수리하지 않았기 때문에 위원회의 구성이 무너지지는 않았지만 정상적인 운영은 흔들리는 상태가 이어졌다. 문성근 위원을 지지하는 단체인 영화인회의 같은 곳에서는 영진위를 비난하는 성명이 잇따라 나왔다. 국회 문화관광위원회에서도 영진위 설립을 지지했던 국민회의 소속 의원들의 집중적인 성토도 이어졌다. 박종국·조희문 체제로는 개혁적 영화진흥 업무를 담당하기 어렵다는 힐난이 주류를 이루었다. 전체적인 분위기는 당시의 위원들을 모두(또는 대부분) 사퇴시키고 새로운 인물들로 위원회를 구성하겠다는 전략이 전방위적으로 강화되는 모양이었다. 그것을 주도하는 것은 문성근 위원과 그들의 측근들이었다. 중간 과정에서 어떤 일들이 벌어졌는지를 구체적으로 나열하는 것은 피하기로 하자. 결국 3명의 위원이 공개 사퇴한데 이어 김우광·채윤경 위원, 임권택 위원이 결국 위원직을 사퇴했고, 박종국 위원장도 위원장과 위원직을 사퇴하는 사태로 이어졌다. 위원으로 남아 있는 인물은 조희문 부위원장과 김지미·윤일봉 위원 등 3명뿐이었고, 업무는 마비 상태로 빠져들었다.

새로운 위원들의 보임과 이후의 사태

위원회의 파행에 큰 부담을 느끼고 있던 문화부는 2000년 1월에 공석이 된 7명의 위원을 새로 위촉하면서 문성근 전 위원과 입장을 같이하는 인물들로 모두 채웠다. 그러자 이번에는 사태의 추이를 지켜보고 있던 김지미·윤일봉 위원이 위원 선임이 일방적 입장만을 대변하는 구조로 몰려가는 것은 위원회의 정상적 운영을 포기한 처사라며 공개 사퇴를 천명했다. 결국 위원회는 입장을 같이하는 7명의 보선위원과 다른 입장을 가진 1명의 위원이 남은 상태에서 유길촌 위원을 새로운 위원장으로 선출했다. 위원회의 운영은 보선위원들이 주도하는 모양이 되었고, 모든 결정은 위원회 전체 회의에서 의결하면 확정적 효력을 가질 수 있는 구조를 확보했다.

구성의 내용이 어떻게 되든 대립적 입장을 보이던 두 그룹 중 한쪽이 일방적 주도권을 장악한 모양이었기 때문에 이전과 같은 논란은 없을 것으로 예상했다. 하지만 그것은 문제의 수습이 아니라 또 다른 파행의 시작이었다.

위원회의 결정이 합의제에 의한 다수결로 이루어지기 때문에 특정 사안의 시행 여부는 그것의 타당성에 대한 평가보다는 어떤 결정을 하는가에 따라 좌우될 수밖에 없었다.

새로운 위원회는 일반적 다수가 중심을 이룬 가운데 각종 지원제도의 운영 방식과 대상을 바꾸는 작업을 추진했고, 또 한편으로는 그때까지 부위원장직을 유지하고 있던 조희문 부위원장에게 사퇴를 종용했다. 이유는 부위원장 선출은 전임 위원들에 의해 이루어진 것이며, 새로운 위원들의 결정 사항이 아니기 때문에 부위원장으로 인정할 수 없다는 것이었다. 이에 대해 조희문 부위원장은 적법한 절차에 따라 이루어진 결과는 당연히 존중되어야 하며, 후임 위원들이 사퇴를 강요할 수 없는 것이라고 반론했다. 이 문제는 단순히 논란에 그치지 않고 위원회의 법인 설립 등기 과정에서 등기부에 임원 등재를 하는 과정에서의 인정 문제로 이어졌다.

등기부에 임원 등재를 하기 위해서는 당시 회의록의 적법한 효력이 인정되어야 하며, 회의에 참석한 전원이 날인한 공증 절차를 거쳐야 했다. 이 문제를 처리하는 방법은 두 가지가 있었다. 당시 회의에 참석했던 위원들이 공증 절차에 날인하는 것이고, 또 한 가지는 현재의 위원들이 추인하는 것이다. 그러나 당시 회의에 참석했던 전임 위원 중 문성근·정지영·안정숙 3인은 정당한 회의이기는 했지만 공증에는 협조할 수 없다며 거절했다. 새로운 위원들은 전임 위원회에서 이루어진 것이기 때문에 추인할 수 없다는 태도를 보였다.

더 나아가 새로운 위원들은 부위원장의 사퇴 종용이 뜻대로 이루어지지 않자 위원회 회의(2000년 5월 7일)에서 부위원장 불신임을 의결했다. 의결 이유로는 자신들이 선출한 임원이 아니며, 외부 활동으로 인한 겸직 금지 규정을 어겼으며, 위원회 법인 설립 등기를 방해했다는 세 가지를 제시했다. 강제로 축출하겠다는 폭력적 결정이었다. 그리고 이용관 위원을 새로운 부위원장으로 선출했다. 새로운 위원들이 위원회의 절대 다수를 차지한데 이어 위원장·부위원장 등 상임위원의 직위까지 장악한 모양이었다. 그들을 지지했던 영화인회의 등에서는 비로소 영화진흥위원회의 구성과 구조가 제대로 되었다는 취지의 성명을 내기도 했다.

과연 그랬을까. 아니었다. 우선 조희문 위원은 이같은 결정이 불법적 폭력이라고 선언하고 법률적 정당성 여부를 가려 달라며 서울 민사지법에 '부위원장직 불신결의 무효 확인' 소송 및 이용관 위원에 대한 '직무집행정지 및 직무대행자 선임 가처분' 신청을 냈다. 1년여의 심리를 기친 후 2001년 7월 27일에 법원은 '부위원장 선출은 원인무효'이며, '이용관의 직무는 정지한다'는 판결(결정)을 내렸다. 이 결정으로 이용관의 부위원장직 업무는 정지되었고, 그를 부위원장으로 선출했던 지지자들은 일대 혼란에 빠졌다. 그들의 도덕성이나 행정적 합리성은 치명상을 당할 수밖에 없었다.

'영화계의 개혁'을 강조하던 그들의 주장과 행동이 더욱 의심을 받게 된 것은 이용관이 부위원장직을 차지한 이후의 행동 때문이었다. 조희문 부위원장을 불신임으로 축출하고 행정권을 장악한 이후, 유길촌 위원장과 이용관 부위원장 또는 위원장과 나머지 위원들 간에 알력이 불거지기 시작했다. 대외적으로는 위원장이 위원회를 대표하기는 했지만 실질적인 권한이나 운영은 이용관 부위원장과 나머지 위원들이 장악하고 있는 구조였던 데서 생긴 갈등이었다. 이용관을 비롯한 이른바 '6인방'으로 불리는 6인 위원들은 그들의 뜻대로 사업을 집행하려 했고, 유길촌 위원장은 나름의 균형을 잡으려고 했다. 위원들이 위원장에게 사퇴를 종용하는 사태가 벌어지기도 했다. 이같은 상황에서 법원의 결정은 그들을 당혹시켰다. 유길촌 위원장과 대립적 갈등이 악화되고 있는 와중에서 이용관이 부위원장직을 잃어버리게 되자 결재 라인에서 완전히 배제되는 최악의 상황과 직면하게 된 것이다. 당혹한 그들은 위원들의 숫자를 앞세워 위원회를 장악하는 파행을 시작했다. 주요 안건에 대해서 위원들의 발의로 회의를 소집할 수 있다는 규정을 앞세워 수시로 회의를 소집하고 안건을 결정했다. 상임인 위원장의 권한이나 위상은 처참할 정도로 무너졌다. 그래도 한계가 있다고 생각한 그들은 노골적으로 위원장 축출 작업에 돌입했다. 부위원장직에 복귀하는 것이 불가능하다고 판단한 그들은 아예 위원장직을 차지하는 것이 필요하다는 데 내부적인 의견을 모은 것 같았다. 영화계의 외곽 단체들을 앞세워 위원장 사퇴 촉구 성명을 내도록 하여 압박을 가하는 한편, 위원장 불신임 조항을 정관에 명시하는 작업을 추진했다. 2001년 9월 18일에는 (사)스크린쿼터문화연대, (사)영화인회의 등 11개 단체의 명의로 '유길촌 위원장의 자진 사퇴를 권고한다'는 성명이 나왔고, 9월 27일에는 이용관·이용배·이은·김홍준·김승범 등 5인의 명의로 '영화진흥위원회 상임위원 불신임안 발의 및 위원회 전체회의 소집 요구'안이 영진위 사무국에 접수되었다. 영화진흥법에 임기를 보장하고 있는 상임위원(위원장·부위원장)을 정관의 규정으로 불신임할 수 있는지, 불신임 사유가 요건을 충족할 수 있는 것인지에 대한 논란을 차치한 채 정관상의 조항대로라면 재적위원 3분의 2 이상의 찬성으로 성립하도록 정하고 있기 때문에 7명 위원의 동의를 얻어야 한다. 이용관 등 6인 위원은 불신임 관철을 위해 백방으로 움직였지만, 결국 의결에 필요한 숫자를 확보하지 못했다. 같은 해 10월 11일자 회의에서 '유길촌 위원장 사퇴 촉구 결의안'을 발표하는 것으로 일단락되었다. '6인방'으로서는 실망스러운 결과였다. 이렇게 되자 이들은 다시 위원장 불신임 의결 정족수를 '재적위원 3분의 2'에서 '과반수'로 바꾸는 작업을 시도했다. 그들이 정한 정관 규정을 불과 몇 달 만에 다시 바꾸겠다는 것이었다. 결국 그 5월 13일자 회의에서 부결되기는 했지만, 위원장 축출에 대한 의지는 집요했다.

얻은 것과 잃은 것

위원회의 운영이 외형적으로는 합의제 체제를 갖추고 있지만, 내용적으로 일방적 다수가 주도권을 장악하게 되자 위원회 사업의 결정과 집행 부분에서 심각한 파행이 이어졌다. '그들'이 주장하고 원하는 것이면 무엇이든 할 수 있었고, 그 과정에서 영화계의 분열과 갈등·대립은 악화되었다. 정부는 영화진흥기금으로 문예진흥기금과 정부지원금 등을 합쳐 3년간 1천5백억 원을 지원하겠다고 밝혔고, 2000년부터 매년 5백억 원 규모의 집행을 시작했다.

극영화 제작 지원, 단체사업 지원, 독립영화 제작 지원 등 여러 가지 사업들이 제시되었고, 대부분은 원안대로 결정되었다. 이 과정에서, 민간 부문의 경쟁력이 활성화되고 있는 시점에서 제작비를 지원하는 직접 제작 지원 방식이나 투자 펀드 조성 참여의 적정성, 각종 단체사업 지원의 타당성과 효율성, 지원 대상 영화의 우선 순위 등 여러 가지 문제에 대해 반론이 제기되었으나 최종적인 결정 단계에서는 결국 원안대로 가고 마는 일이 반복됐다. 어떤 결정이든 그것이 합리적이길 바라는 외에는 다른 대안이 없을 정도의 상황이 계속되었다. 각종 지원의 경우도 실행 단계에서 소기의 성과를 내기라도 한다면 논란은 상대적으로 줄어들 수 있었지만 그에 대한 평가 역시 비관적이었다. 결과적으로 영화정책의 실효성 여부가 민간 부문과 조화를 이루지도 못하며, 방만한 운영이나 충분한 검토 없이 이루어지는 졸속적인 입안과 집행으로 인한 시행착오가 곳곳에서 드러났다. 제작 지원 대상작으로 선정된 영화 중에서 제대로 제작을 완료하는 경우는 2~3편을 넘지 못하고, 투자조합 운영이 제대로 성과를 내고 있는 증거는 찾기 어려웠고, 단체 지원의 성과 역시 지원금만 나갈 뿐 그 내용이나 결과는 지지부진했다. 결국 '영진위 돈은 먼저 차지하는 사람이 임자'라는 상황에서 나아가지 못하고 있었다.

지난 3년간 영진위의 파행적 운영은 표면적인 구호나 명분과는 달리 '이렇게 하면 안 된다'는 사실을 실증적으로 보여준 반면교사의 과정이나 다름없었다. 위원들의 구성을 어떻게 하는가에 따라 사업 운영의 방향이 크게 달라질 수 있다는 것을 확인하여야 했다. 사업의 대상, 우선 순위, 집행 방식의 결정 등 실무적인 문제뿐 아니라 이념적 문제들까지 연결되기 때문이다. 최근 우리 사회 각 분야에서 나타나고 있는 것처럼 이념적 인식에 따라 입장이 민감하게 교차하는 상황에서 위원회 방식의 기구 구성은 합리적 대안을 제시하기보다는 주도권 장악을 위한 치열한 각축의 장이 될 개연성은 크다.

위원회의 주도권을 장악한 위원들이 적법한 절차를 거쳐 선출된 부위원장에 대해 불신임을 의결하고 위원장에게 사퇴를 강요하는 상황이 벌어진 것도 결국 위원 구성의 문제가 위원회의 운영에 얼마나 큰 영향을 미치는 가를 보여준 양상들이다. 더 나아가 영화진흥위원회가 설립된 이후 국내 영화계가 위원들의 개별적 성향에 따른 친소, 같은 집단 내부에서조차 지원의 수혜 규모에 따른 이해 관계의 차이 등에 따라 사분오열하는 상태를 보이고 있는 것은, 위원회의 운영이 합리적 균형에 따라 이루어지는 것이 아니라 전략적 이해 관계에 따라 운영되고 있기 때문이다.

위원회가 갖는 또 한 가지 치명적인 문제점은 사업은 있되 책임은 지지 않아도 된다는 점이다. 위원회가 집행하는 대부분의 사업은 위원회의 결의에 따라 이루어진다. 각각의 위원들은 해당 사안의 결정에 참여하여 찬반 의견을 밝힐 수 있지만, 일단 다수결에 의해 확정될 경우 그것을 집행하는 주체는 법인인 '위원회'가 되는 것일 뿐 위원 각자의 책임은 발생하지 않는다.

극단적으로 잘못된 결정을 내리고, 그로 인해 막대한 손해가 발생한다 하더라도 그것은 '위원회'의 책임으로 귀속될 뿐 위원의 책임은 아니라는 뜻이다.

또한 위원회 회의에서 표결이라는 적법한 과정만 거친다면, 그것이 어떤 결정이었다 하더라도 외부적으로는 '민주적 결정'이라고 우길 수 있다. 설혹 누군가 그 결정이 잘못된 것이라 하더라도 그것은 내용에 대한 이의제기는 될 수 있을 뿐 형식 절차의 정당성까지 부정하지는 못하기 때문이다.

위원장 역시 임의로 사업을 집행할 수 없고, 위원회의 결의를 통해야만 집행이 가능하다. 주무부처에서 업무를 감사할 수 있지만, 이 경우 문제점이 드러난다 하더라도 실무자들에 대한 문책을 할 수 있을지 모르지만 정작 결정에 참여한 위원들에게 책임을 물을 수 없다. 한마디로 사업은 하되 그것에 대한 책임은 없다는 뜻이다. 설혹 위원회의 운영을 책임지고 있는 위원장에 대해 문책한다 하더라도 범죄적 행위만 아니라면 해당 직위에서 물러나는 것이 고작일 뿐이다.

이런 점들은 영화진흥 자금이나 행정적 운영을 주도 세력의 목표에

따라 마음대로 움직일 수 있으면서도 그에 따른 책임은 지지 않아도
되는 구조적인 요소들이다.

영화진흥위원회 운영 사례를 통해서 본 '위원회'의 문제점

문예진흥원을 위원회 구조로 바꾸어야 한다는 주상은 지난 김대중 정부 시절부터 간헐적으로 나왔다. 특히 영화진흥공사를 영화진흥위원회로 바꾼 1999년 이후부터 집중적으로 나타나기 시작했으며, 최근에 다시 논란의 대상으로 부각하고 있는 상태다.

미리 결론적으로 이야기한다면, 현재 문예진흥원은 기금을 여러 분야의 지원사업에 배분하는 운영의 주체이며, 이 과정에서 운영의 공정성, 기관의 책임 운영이 무엇보다 선행되어야 하는 기관이라는 점에서 위원회 체제로 전환하는 것은 개선이 아니라 개악이 될 가능성이 크다고 할 수 있다. 문예진흥원의 운영을 원활하게 하고, 지원의 대상과 범위를 새롭게 하는 문제는 분야별 심사 기능을 보완하고, 결과에 대한 평가를 강화하는 것으로도 충분히 가능한 일이며, 이미 그 같은 기능에 대해서는 특별한 문제점이나 지적 사항은 없는 상태다. 더구나 신임 원장까지 개혁적 진보 성향의 인물로 임명된 상태에서 기구의 전면적인 개폐를 주장하는 것은 당위성을 찾기 어렵다.

행정학 분야에서 이야기하는 위원회는 합의제 행정기구로서의 기능과 역할을 담당하는 것이지만, 문예진흥원처럼 여러 가지 진흥사업을 집행하고 그에 따른 기금의 운용을 관리해야 하는 사업기구로서의 역할을 담당해야 하는 경우에는 적합하지 않다고 본다.

현재 국내에서는 수많은 위원회가 있다. 문화 분야만 하더라도 영화진흥위원회·영상물등급위원회가 있고, 방송위원회도 있다. 그 중에서 특별히 주목받은 경우는 영화진흥위원회의 사례라고 할 수 있다. 정책 결정이나 특정 업무를 담당하는 합의제 행정기구로서의 역할보다는 영화진흥자금 집행, 서울종합촬영소 같은 제작 시설의 운영, 해외진흥 업무의 시행 등 영화의 제작과 유통, 지원과 각종 사업을 집행하는 사업기구로서의 역할을 더 크게 담당한 경우로는 최초의 형태이기 때문이었다.

문예진흥원을 '위원회' 방식으로 바꾸자는 주장은 아마도 영화진흥위원회를 모델로 한 것이 아닌가 생각되지만, 영화진흥위원회의 설립과 운영 과정에서 나타난 파행과 시행착오는 논의 과정에서 주목해야 할 사례가 아닐 수 없다.

영화진흥위원회의 설립 논의에서부터 설립 후의 운영 과정에서 나타난 시행착오나 구조적 문제점 등을 나열하면 다음과 같다.

무엇을 바꾸려 했는가

한국영화 진흥사업을 담당하고 있던 영화진흥공사를 개편해야 한다는 주장은 영화진흥법 개정의 주요 명분이자 쟁점 중의 하나였다. 지난 1998년 당시 여당이었던 새정치국민회의는 영화진흥법을 포함하여 음반·비디오·게임물에 관한 법, 공연법 등 3개 법안의 제·개정을 추진하면서 ▲영화진흥위원회 설치 ▲등급외 등급의 신설 ▲등급외 영화 전용관 허용 ▲영상물등급위원회 설립 등을 추진했다.

이를 계기로 영화계에서는 법개정의 타당성 여부를 둘러싸고 격렬한 논쟁을 벌였다. 몇 가지 쟁점 사항들은 시행 여부에 따라 영화정책의 방향이나 사회적 가치에까지 영향을 미칠 수 있는 것이기 때문이었다.

그 중에서 영화진흥 업무를 맡을 기구로 기존의 영화진흥공사 대신 영화진흥위원회로 대체하겠다는 주장은 영화진흥 업무의 주체와 집행 방식을 바꾸겠다는 것이어서 특히 논란의 대상이 되었다. 기본적으로는 법개정의 명분으로 내세운 정부의 간섭 배제, 영화 관련 업무 기구의 민간화를 통한 자율성 고양 등에 대해서는 이론이 없었다. 그런데도 법개정을 둘러싼 논란이 계속되었던 것은, 제도의 실효성보다는 각종 기구나 단체의 구조를 개편함으로써 운영의 주도권을 장악하겠다는 정치적 의도를 숨기고 있는 것이 아니냐는 의문이었다.

영화진흥 업무의 대상과 방식

당시 영화진흥법 개정안에 나타난 영화진흥위원회의 업무는 영화진흥 기본 계획 등의 수립·변경에 관한 의견 제시 사항, 영화진흥기금의 징수 및 관리·운용에 관한 사항 등을 담고 있는데, 이는 기존의 영화진흥공사가 담당하고 있던 업무 내용과 별로 다르지 않았다.

표에서 보듯 영화진흥공사와 영화진흥위원회의 기본적인 업무는 대동소이하다. 다만 영화진흥위원회의 업무 중 유통·배급에 관한 사항, 한국영화 의무상영에 관한 사항 등이며, 위원회의 결정 사항이 제대로 지켜지고 있는지를 확인하기 위해 영화업자에게 필요한 자료의 제출을 요구할 수 있는 권한을 부여하고 있는 점이 다른 정도라고 할 수 있다.

영화진흥법이 의도하고 있는 기본 목적은 한국 영화의 진흥·육성이다. 그러나 제정 당시의 기본 인식은 민간의 자율적 경쟁을 바탕으로 하기보다는 정부의 적극적 개입을 전제로 한 '국가지원형'이며, 따라서 영화진흥 업무를 담당하는 기구는 업무 집행의 효율성과 안정성을 갖출 필요가 있었다. 당시 진흥 업무는 영화진흥공사가 맡고 있었지만, 명실상부한 영화진흥 중심기구로서의 기능과 위상을 회복하기 위해서는 기획 및 조사·연구 같은 업무를 중심으로 정책기구화할 필요가 있다는 지적이 여러 차례 나왔다. 영화진흥공사의 운영 모델로는 프랑스의 국립영화센터(CNC)를 제시하는 경우도 많았다. 1946년에 설립된 이후 프랑스영화 진흥 업무를 총괄하고 있는 프랑스 국립

영화진흥공사 업무	(가칭) 영화진흥위원회 업무
제23조(사업) 공사는 다음 각호의 사업을 행한다. 1.한국영화의 진흥과 영화산업의 육성·지원을 위한 계획의 수립. 2.한국영화의 국외 진출 및 영화의 국제 교류의 지원. 3.영화 제작을 위한 융자. 4.영화의 진흥·발전을 위한 조사·연구. 5.영화 제작시설의 설치 및 운용. 6.영화인의 복리증진 7.기타 영화진흥사업에 관한 사업.	**제14조(위원회의 직무 등)** ①위원회는 다음 각 호의 사항을 심의·의결한다. 1.영화진흥기본계획 등의 수립·변경에 관한 의견 제시 사항. 2.위원회 운영 계획의 수립·시행에 관한 사항. 3.위원회의 규칙 제정·개정 등에 관한 사항. 4.서울 종합촬영소의 관리·운영에 관한 사항. 5.제5조 제2항의 규정에 의한 공동제작 영화의 한국영화 인정에 관한 사항. 6.제34조의 규정에 의한 영화진흥기금의 징수 및 관리·운용에 관한 사항. 7.한국영화 진흥 및 영화산업 육성 등을 위한 조사·연구·연수에 관한 사항. 8.영화의 유통 배급에 관한 사항. 9.한국영화의 수출 및 국제 교류에 관한 사항. 10.외국영화의 수입에 관한 사항. 11.한국영화의무상영제도의 시행에 관한 사항. 12.영화 관객의 불만 및 청원에 관한 사항. 13.기타 위원회가 필요하다고 인정하는 사항. ②위원회는 제1항의 규정에 의하여 심의·의결한 사항이 준수되고 있는지의 여부를 확인하기 위하여 영화업자 등에게 필요한 자료의 제출을 요구할 수 있다.

영화센터(Centre National De La Cinématographie. 약칭 CNC)는 1) 지원기금의 조성과 운영·관리 등과 관련된 경제 업무, 2)영화 관련 법령의 조사 연구 및 행정적 관리, 3)영화진흥 및 영상유산 보전과 관련한 업무 등을 구체적으로 담당하고 있는데, 강력한 권한을 가진 국가기구 형태로 운영되고 있기 때문이었다. 법을 개정하지 않고도 보완이 가능한 부분이었다.

그러나 결국 영화진흥법은 개정되었고, 영화진흥공사의 시설과 업무를 그대로 승계하는 영화진흥위원회 설립이 확정되었다.

영화진흥위원회의 설립과 파행

개정 과정에서 어떤 논란이 벌어졌던, 새로운 과제는 영화진흥위원회가 정상적인 운영을 할 수 있도록 기구와 기능을 갖추는 일이었다. 개정된 영화진흥법은 영화진흥위원의 숫자를 10명으로 확정했고, 1999년 5월 29일자로 영화진흥위원회는 법적인 설립 근거를 확보할 수 있게 되었다.

그러나 영화진흥위원회는 출발부터 파행이었다. 하나는 진흥위원의 구성을 어떻게 할 것인가라는 문제로 영화계는 파란을 겪어야 했고, 또 한 가지는 서둘러 법을 개정하는 바람에 영화진흥위원회의 법인격을 부여하는 조항을 명시하지 않는 치명적인 실수를 한 점이다. 결국 다시 영화진흥법을 개정하고서야 영화진흥위원회의 법인격을 부여할 수 있는 근거를 만들 수 있었고, 위원회 구성과 관련한 위원 선임 문제로 한동안 논란을 계속했다. 영화진흥위원회의 법인격을 부여하는 문제는 법리적 기술에 관한 문제였다고 할 수 있지만, 위원 구성 문제는 훨씬 민감하고 날카로운 사안이었다. 어떤 성향의 인물들로 구성되는가에 따라 영화진흥위원회의 성격, 운영 형태, 각종 사업의 방향에 직접 영향을 미칠 수 있는 사안이었기 때문이다.

당초 문화관광부는 영화진흥위원회를 구성하는 10인의 위원을 보수적 인사 3인, 진보적 인사 3인, 중립적 인사 4인의 비율로 구성하고자 했다. 영화진흥위원회가 합의제 기구로 바뀌었고, 위원들간의 원만한 논의와 결정을 거친다면 운영에 무리가 없을 것이라고 예상한 것이다. 그러나 운영의 실질적인 주도권은 진보적 경향에서 장악했고(위원장 신세길, 부위원장 문성근 체제), 이에 대해 보수적 입장을 견지하는 측에서는 위원회 구성의 법적 요건을 충족하지 못한 채 영화진흥위원회가 출범한 것은 부당하다고 주장했다(위원 임명자에게는 서류로 동의서를 받아야 하나, 7명만이 동의한 상태에서 위원회를 가동했다는 점). 논란 끝에 1999년 9월 6일, 10인의 위원이 모두 참석한 가운데 새로운 상임위원(박종국 위원장, 조희문 부위원장)을 선출하였으나, 이번에는 문성근·정지영 등 이른바 진보 세력측 위원들이 반발, 사퇴하는 상황이 벌어졌다. 그해 연말 무렵에는 조희문 부위원장, 김지미·윤일봉 위원 등 3인을 제외한 나머지 7인의 위원이 모두 사퇴하는 사태로까지 악화되었다.

위원회의 파행에 큰 부담을 느끼고 있던 문화관광부는 2000년 1월에 공석이 된 7명의 위원을 새로 위촉하면서 문성근 전 위원과 입장을 같이하는 인물들로 모두 채웠다. 그러자 이번에는 사태의 추이를 지켜보고 있던 김지미·윤일봉 위원이 위원 구성이 일방적 입장만을 대변하는 구조로 몰려가는 것은 위원회의 정상적 운영을 포기한 처사라며 공개 사퇴를 천명했다. 결국 위원회는 입장을 같이하는 7명의 보선위원과 다른 입장을 가진 1명의 위원이 남은 상태에서 유길촌 위원을 새로운 위원장으로 선출했다. 위원회의 운영은 보선위원들이 주도하는 모양이 되었고, 모든 결정은 위원회 전체 회의에서 의결하면 확정적 효력을 가질 수 있는 구조를 확보했다.

구성의 내용이 어떻게 되든, 대립적 입장을 보이던 두 그룹 중 한

쪽이 일방적 주도권을 장악한 모양이었기 때문에 이전과 같은 논란은 없을 것으로 예상했다. 하지만 그것은 문제의 수습이 아니라 또 다른 파행의 시작이었다.

위원회의 결정이 합의제에 의한 다수결로 이루어지기 때문에 특정 사안의 시행 여부는 그것의 타당성에 대한 평가보다는 어떤 결정을 하는가에 따라 좌우될 수밖에 없었다.

새로운 위원회는 일반적 다수가 중심을 이룬 가운데 각종 지원제도의 운영 방식과 대상을 바꾸는 작업을 추진하였고, 또 한편으로는 그때끼지 부위원장직을 유지하고 있던 조희문 부위원장에게 사퇴를 종용했다. 이유는 부위원장 선출은 전임위원들에 의해 이루어진 것이며, 새로운 위원들의 결정 사항이 아니기 때문에 부위원장으로 인정할 수 없다는 것이었다. 이에 대해 조희문 부위원장은 적법한 절차에 따라 이루어진 결과는 당연히 존중되어야 하며, 후임위원들이 사퇴를 강요할 수 없는 것이라고 반론했다.

결국 새로운 위원들은 부위원장의 사퇴 종용이 뜻대로 이루어지지 않자 위원회 회의(2000년 5월 7일)에서 부위원장 불신임을 의결했다. 의결 이유로는 자신들이 선출한 임원이 아니며, 외부 활동으로 인한 겸직 금지 규정을 어겼으며, 위원회 법인 설립 등기를 방해했다는 세 가지를 제시했다. 강제로 축출하겠다는 폭력적 결정이었다. 그리고 이용관 위원을 새로운 부위원장으로 선출했다. 새로운 위원들이 위원회의 절대 다수를 차지한데 이어 위원장·부위원장 등 상임위원의 직위까지 장악한 모양이었다. 그들을 지지했던 영화인회의 등에서는 비로소 영화진흥위원회의 구성과 구조가 제대로 되었다는 취지의 성명을 내기도 했다. 부위원장 불신임 결의는 법정 소송으로까지 비화했고, 1심과 2심에서 '불신임 결의는 무효'라는 판결로 마무리되었다.

그러나 위원회의 불안정한 운영은 멈추지 않았다. 다수의 위원들은 그들이 원하는 모양으로 위원회의 운영을 장악했으나, 다시 위원장과 부위원장 또는 위원장과 나머지 위원들 간에 알력이 불거지기 시작했다. 대외적으로는 위원장이 위원회를 대표하기는 했지만, 실질적인 권한이나 운영은 이용관 부위원장과 나머지 위원들이 장악하고 있는 구조였던 데서 생긴 불화였다. 유길촌 위원장 역시 전임 신세길 위원장과 마찬가지로 상징적 역할로 추대한 경우였지만 특정 사안에 대하여 독자 의견을 내는 경우가 잦아지면서 다른 위원들과 갈등하기 시작한 것이었다. 상황이 불안하다고 느낀 위원들은 위원장의 사퇴를 공개적으로 종용하기도 했고, 불신임 결의안을 상정하기도 했다. 그보다 앞서서는 위원회 정관에 위원장 불신임에 관한 조항을 넣어 일방적으로 통과시키기도 했다. 위원장을 불신임 결의하지는 못했지만 보궐 위원들이 선임된 2000년 1월부터 임기가 끝난 2002년 5월까지의 기간은 파행과 독선, 빗나간 자만, 시행착오로 얼룩진 파란의 연속이었다.

위원회의 의사 결정 과정

문제는 여기에서 그치지 않았다. 실제로 더 큰 문제는 위원회의 사업 결정과 집행 분야에서 나타났다. 정부는 영화진흥기금으로 문예진흥기금과 정부지원금 등을 합쳐 3년간 1천5백억 원을 지원하겠다고 밝혔고, 2000년부터 매년 5백억 원 규모의 집행을 시작했다.

극영화 제작 지원, 단체사업 지원, 독립영화 제작 지원 등 여러 가지 사업들이 제시되었고, 대부분은 원안대로 결정되었다. 이 과정에서 민간 부문의 경쟁력이 활성화되고 있는 시점에서 제작비를 지원하는 직접 제작 지원 방식이나 투자 조합 결성 참여의 타당성, 각종 단체사업 지원의 타당성과 효율성, 지원 대상 영화의 우선 순위 등 여러 가지 문제에 대해 반론이 제기되었으나 최종적인 결정 단계에서는 결국 원안대로 가고 마는 일이 반복됐다. 어떤 결정이든 그것이 합리적이길 바라는 외에는 다른 대안이 없을 정도의 상황이 계속된 것이다. 각종 지원의 경우도 실행 단계에서 소기의 성과를 내기라도 한다면 논란은 상대적으로 줄어들 수 있었지만 결과는 비판적이었다. 결과적으로 영화정책의 실효성 여부가 민간 부문과 조화를 이루지도 못하며, 방만한 운영이나 충분한 검토 없이 이루어지는 졸속적인 입안과 집행으로 인한 시행착오를 터 크게 드러냈다.

현실과 문제점들

이러한 경험적 과정을 통해서 드러난 영화진흥위원회의 문제점을 열거하면 다음과 같이 요약할 수 있다.

1. 위원 구성의 문제

위원들의 구성을 어떻게 하는가에 따라 사업 운영의 방향이 크게 달라진다. 사업의 대상, 우선 순위, 집행 방식의 결정 등 실무적인 문제뿐 아니라 이념적 문제들까지 연결된다. 최근 우리 사회 각 분야에서 나타나고 있는 것처럼 이념적 인식에 따라 입장이 민감하게 교차하는 상황에서 위원회 방식의 기구 구성은 합리적 대안을 제시하기보다는 주도권 장악을 위한 치열한 각축의 장이 될 개연성은 크다.

이념이나 입장이 다른 집단이 공동으로 참여할 경우 각각의 안건에서 대립할 가능성이 크고, 이를 피하기 위해 어느 한쪽 성향의 인물들로 구성할 경우는 관련 업계나 분야 전체가 분열되는 상황을 초래할 수도 있다.

또한 같은 성향의 위원들이라 하더라도 위원들간에 입장 차이가 발생할 경우 이를 조정할 수 있는 기능이 없으며, 자칫 위원들이 행정 실무에 개입하는 상황을 피하기 어렵다. 운영의 자율성을 높인다는 취지로 위원들에게 실질적인 권한을 분담시킬 경우에는 위원회의 운영이 분산될 가능성이 크고, 상임위원에게 권한을 집중시킨다면 위원들의 역할이나 위원회의 민주성을 위축시킨다는 반발이 제기될 수도 있다.

영화진흥위원회의 주도권을 장악한 위원들이 적법한 절차를 거쳐 선출된 부위원장에 대해 불신임을 의결하고, 위원장에게 사퇴를 강요하는 상황이 벌어진 것도 결국 위원 구성의 문제가 위원회의 운영에 얼마나 큰 영향을 미치는가를 보여준 양상들이다. 더 나아가 영화진흥위원회가 설립된 이후 국내 영화계가 위원들의 개별적 성향에 따른 친소, 같은 집단 내부에서조차 지원의 수혜 규모에 따른 이해 관계의 차이 등에 따라 사분오열하는 상태를 보였던 것은, 위원회의 운영이 합리적 균형에 따라 이루어지는 것이 아니라 전략적 이해 관계에 따라 운영되었다는 지적을 받고 있는 대목이다.

위원의 임명 권한을 문화관광부 장관이 독점하고 있는 현실에서는 어떻게 선정하더라도 위원회 구성의 공정성과 균형을 보장하기 어렵다. 이를 보완하기 위해서는 관련 단체나 분야의 회원들이 참여하는 추천이나 투표로 위원을 선출하는 등의 방식을 고려할 수 있다.

2. 사업은 있고, 책임은 없다

위원회가 집행하는 대부분의 사업은 위원회의 결의에 따라 이루어진다. 각각의 위원들은 해당 사안의 결정에 참여하여 찬반 의견을 밝힐 수 있지만, 일단 다수결에 의해 확정될 경우 그것을 집행하는 주체는 법인인 '위원회'가 되는 것일 뿐 위원 각자의 책임은 발생하지 않는다.

극단적으로 잘못된 결정을 내리고, 그로 인해 막대한 손해가 발생한다 하더라도 그것은 '위원회'의 책임으로 귀속될 뿐 위원 개개인의 책임은 아니라는 뜻이다.

또한 위원회 회의에서 표결이라는 적법한 과정만 거친다면 그것이 어떤 결정이었다 하더라도 외부적으로는 '정당한 결정'이라고 우길 수 있다. 설혹 누군가 그 결정이 잘못된 것이라 하더라도 그것은 내용에 대한 이의제기는 될 수 있을 뿐 형식 절차의 정당성까지 부정하지는 못한다.

위원장 역시 임의로 사업을 집행할 수 없고, 위원회의 결의를 통해야만 집행이 가능하다. 주무부처에서 업무를 감시할 수 있지만, 이 경우 문제점이 드러난다 하더라도 실무자들에 대한 문책을 할 수 있을지 모르지만 정작 결정에 참여한 위원들에게 책임을 물을 수 없다. 한마디로 사업은 하되 그것에 대한 책임은 없다는 뜻이다. 설혹 위원회의 운영을 책임지고 있는 위원장에 대해 문책한다 하더라도 범죄적 행위만 아니라면 해당 직위에서 물러나는 것이 고작일 뿐이다.

이런 점들은 영화진흥자금이나 행정적 운영을 주도 세력의 목표에 따라 마음대로 움직일 수 있으면서도 그에 따른 책임은 지지 않아도 되는 구조적인 요소들이다.

문예진흥원을 위원회 형태로 바꾸자고 주장하는 쪽은 영화진흥위원회의 운영 과정에서 나타난 여러 가지 구조적인 문제를 오히려 장점이라고 판단하고 있는 것이거나, 소박하게 민주적 합의 과정을 거쳐서 사업을 집행하는 것이 더 타당하지 않는가라고 생각할 수 있겠지만 어느쪽도 적절하지 않다. 어떤 의도를 전제하고 있는 것이라면 지나치게 성급하고 단선적인 발상이며, 소박하게 지지하는 것이라면 이해 관계가 예민하게 얽힐 수밖에 없는 문예진흥 사업의 현실과 어긋나는 주장이라고 할 수밖에 없다. 영화진흥위원회의 아픈 경험은 비싼 사례다.

노무현 정부 문화정책 4년의 평가

문화예술계는 잘못된 관행과 주도 세력을 청산하겠다는 의도를 내세운 '세력 교체' 작업이 조직적이며 지속적으로 이루어졌다. 그 결과로 정부 요직은 '시대적 과제'를 실행하기 위한 세력으로 교체되었고, 산하 기구나 단체들도 개편되었다. 그 과정에서 정책의 집행 주체가 누구인가를 가리는 일이 혼란스러운 경우를 드러내기도 했다. 노무현 정부의 문화정책 방향을 밝힌 '창의한국'은 입안 주체가 문화관광부로 명시되어 있지만, 자료의 내용을 분석해 보면 별도의 조직에서 작성한 내용을 문화관광부의 이름을 차용하고 있다는 정황을 여러 대목에서 드러낸다. 정부의 공조직과는 다르게 별도의 조직 또는 세력이 가동되고 있으며, 그들이 작성한 전략과 실행 계획이 정부정책으로 둔갑하고 있음을 드러낸 것이다. 문화가 정치적 목적을 실행하기 위한 명분이나 수단으로 동원되고 있다는 반증이기도 했다.

대통령의 파격적인 언행과 그것에 이어진 여러 가지 후속 작업, 문화계에 불어닥친 변화들은 서로 무관한 것일까. 한편으로는 정치적인 행위처럼 보이고, 또 다른 영역은 문화적인 영역처럼 보이지만, 참여 정부의 문화적 인식으로 본다면 하나의 계열에 있는 사안들이다. 역대 어느 정부보다도 문화와 예술은 중요한 전략으로 부각되었으며, 문화예술계의 핵심 인물들이 구상하는 인식과 전략은 그대로 정부의 정책으로 반영되었다.

그러나 그같은 변화를 시도한 측을 제외하고는 노무현 정부 시절의 지난 4년이 문화적으로 풍성해졌다고 인정하거나 동의하는 경우를 찾기 어렵다. 문화를 통한 혁명을 시도했지만 결과는 지극히 반문화적인 수준으로 떨어진 시기였다고 해야 할 것이다.

무엇을 하려 했는가 – 문화정책의 이념과 목표

2004년, 문화관광부가 발표한 '창의한국'은 노무현 정부의 문화정책 방향과 목표를 담은 '로드맵'이다. 그것도 임기내에 마무리하는 단기적 대책이 아니라 중장기 계획이다. 문화관광부는 이를 '중장기 비전'으로 규정하고, 이전 정권에서 시행했던 '문화정책'과 구분하고 있다. 문화의 개념과 대상을 획기적으로 전환할 필요가 있다는 것이다.

"문화 비전은 문화관광부 비전이 아니라 국가 전체의 문화 비전을 목표로 한다. 문화 비전은 사회를 구성하는 3대 축으로서 정치·경제·문화라고 할 때, 문화가 내포하는 다양한 정책 영역을 아우르는 문화 부문의 비전을 목표로 하는 것이다. 이러한 목표를 고려할 때 우리는 정부에서 통용되는 문화의 개념이 문화관광부가 관장하는 몇몇 영역에 한정되어 있는데다 분야별로 엄격히 나뉘어 있다 보니 이들간의 관계를 설정하거나 문화적 해결을 요하는 사회적 의제를 수렴할 수 있는 정책적 틀이 부재하다는 것을 발견하였다."

"역대 정부의 문화 부문 종합 계획은 새 정부가 지향하는 국정 방향을 반영하는 몇 가지 대원칙을 설정한 후, 여기에 부합하는 대표적인 사업들을 제시하는 연역적 방식으로 수립되었다. 그러다 보니 이전 정부에서는 핵심 사업을 제외한 나머지 사업들이 기존 방식대로 진행되어 중장기 계획이 설정한 가치가 정책 전반으로 확산되지 못하는 한계를 노정해 왔다.

　이러한 문제점을 직시하고, 우리는 정부가 관행적으로 추진해 왔던 기존 사업 및 계획에 대한 평가를 포함함으로써 새 정부가 지향하는 가치가 몇몇 핵심 사업만이 아니라 정책 전반으로 확산될 수 있도록 하는 데 역점을 두었다. 원칙에서 현장으로, 다시 현장에서 원칙으로, 그리고 원칙에서 단위 사업으로, 다시 단위 사업에서 원칙으로 순환하는 변증법적 방식을 통해 비전 작업을 구체화해 나갔다."

이같은 시각에서 드러나는 더 큰 변화는 문화의 개념을 새롭게 정의하고, 사회 각 분야를 포괄하는 핵심적인 영역으로 간주하고자 했다는 점이다. 문화를 정치·경제의 하위 영역으로서가 아니라 그것을 아우르는 궁극적 목표로서의 개념을 도입하고자 한 것이다.

　"이는 불가피하게 문화 부문 전체 영역에 대한 재검토와 재편을 필요로 한다. 문화 개념 자체에 대한 검토에서부터 시작하여 기존 정책 영역의 위상 설정, 새로운 정책 영역의 신설, 기존 및 새로운 정책 영역 간 관계 설정 등과 같은 문제는 현재 행정조직의 틀을 넘어서는 것이 될 수밖에 없다.

　그동안 우리는 문화를 예술이나 문화유산 등 특수한 영역으로 이해해 왔다. 역대 정부가 발표한 중장기 계획들 역시 이러한 협의의 문화 개념에 입각하여 문화예술·문화유산·문화산업을 주요한 정책 영역으로 설정해 왔다. 이러한 문화 개념에서는 관광·체육·청소년을 포괄하지 못하기 때문에 문화관광부는 단일 부처로서의 정체성에 항상 심각한 위협을 받아 왔다. 새로운 정부가 들어설 때마다 관광·체육·청소년을 어느 부처에 두는 것이 타당한가에 대한 논의가 되풀이되고 있는 것은 이러한 정체성의 위기를 단적으로 반영하는 것이다. 더 본질적인 문제는 개인·지역·국가의 발전과

직·간접적으로 연관되어 있는 문화적 과제들을 종합적으로 보지 못하게 한다는 점이다. 문화가 삶에 영향을 주는 제 영역을 정책 대상으로 설정할 수 없게 만듦으로써 문화적 접근이 필요한 건설교통을 비롯해 교육·노동·보건복지·여성·환경 등의 문제에 문화정책이 관여할 수 있는 여지를 없애 버리고, 부처간 협력의 필요성조차 인식되지 못하도록 만든다는 것이다."

기존의 문화정책이 '문화' 영역으로만 한정되어 있었으며, 문화관광부의 한정된 정책 범위에 머물고 있다는 점을 지적하고 있다. 협의의 문화 개념에 기반한 문화정책은 문화가 사회에 미칠 수 있는 다양하고 적극적인 기능을 축소함으로써 문화의 가치를 제대로 인식할 수 없게 만들었다. 궁극적으로는 개인·지역·국가의 발전에 문화가 기여할 수 있는 다양한 기회의 상실을 가져왔다. 유네스코는 각국이 발전 정책을 펴나가는 데 있어 문화를 고려하지 않음으로써 발생하는 문제들을 직시하고, '문화와 발전(culture and development)'이라는 문제를 오랫동안 고민해 왔다. 이 과정에서 세계 각국의 전문가들은 문화와 발전의 관계를 제대로 설정하기 위해서는 문화의 개념 자체가 확장되지 않으면 안 된다는 결론에 도달하였다. 문화정책에 관한 유네스코 국제회의(UNESCO world conference on cultural policies)에서는 문화에 대한 정의를 다음과 같이 내렸다.

"광의의 문화란 어떤 사회나 집단의 성격을 나타내는 독특한 영역, 물질적·지적·정서적 특성들의 총체적인 복합체라고 할 수 있다. 그것은 예술과 문자뿐만 아니라 삶의 양식, 인간의 기본권, 가치 체계, 전통, 믿음을 포함한다."

이같은 인식과 전제를 바탕으로 설정한 3대 추진 목표는 ▲창의적인 문화시민 ▲다원적인 문화사회 ▲역동적인 문화국가이며, 이를 다시 문화와 개인, 문화와 사회, 문화와 경제, 문화와 지역, 문화와 세계 등 5개 영역으로 구분해 모두 27개 항목에 걸친 추진 과제를 설정하고 있다.(표 참조) '문화비전 27대 과제'는 문화예술 교육을 통한 문화역량 강화, 학교체육 활성화를 통환 심신의 조화 발달, 문화활동 증진과 여가문화의 질 향상, 생활체육 활성화를 통한 국민 건강 증진, 창의적인 청소년 문화의 육성, 양성평등 문화 확립, 문화적인 노후생활 보장, 사회적 취약계층의 문화권 신장 등을 포함하고 있다. 크게 보아 문화·예술·청소년·체육·관광·문화산업·문화정체성·문화유산·전통·지역문화·남북교류·국제교류 등을 담고 있지만, 새로운 과제라기보다는 이미 논의된 것들을 다시 정리한 결과에 가깝다. 다만 '신행정수도 문화기획'처럼 이전의 정부에서는 구상할 수 없었던 사항을 추가한 부분 정도가 새로운 과제라고 할 수 있지만, 신행정수도는 헌법재판소의 위헌 결정으로 당초 의도와는 크게 달라져야 했다.

또 다른 차이라면 이전의 정부 문화정책이 다루고자 했던 주요 영

1. 문화예술 교육을 통한 문화역량 강화	14. 문화산업의 고도화
2. 학교체육을 통한 심신의 조화 발달	15. 관광산업의 전략적 육성
3. 문화활동 증진과 여가문화의 질 향상	16. 스포츠산업을 신성장 동력으로 육성
4. 생활체육 활성을 통한 국민 건강 증진	17. 지역문화 역량 제고
5. 창의적인 청소년 문화의 육성	18. 쾌적하고 아름다운 공간 환경 조성
6. 양성평등 문화 확립	19. 문화 시설의 균형적 확충과 운영 활성화
7. 문화적인 노후생활 보장	20. 국민에게 다가가는 문화정보 체계 구축
8. 사회적 취약계층의 문화권 신장	21. 지역문화의 역동적 활성화
9. 새 언어문화의 형성	22. 농어촌의 문화 환경 조성
10. 열린 민족문화로 다가서는 문화정체성	23. 신행정수도 문화기획
11. 문화유산의 보존과 전통의 현대적 계승	24. 국가의 문화적 이미지 향상
12. 예술의 창조적 다양성 제고	25. 국제교류 확대를 통한 문화 다양성 증진
13. 스포츠의 시스템 개편과 지속적인 경기력 향상	26. 동북아 문화 협력 강화
	27. 남북문화 교류 확대

역보다 훨씬 많은 부분을 대상으로 삼고 있다는 점이다.

이같은 이유는 문화가 정치나 경제의 하위 영역이 아니라 궁극적인 목표이자 정치·경제적 관점의 접근으로는 해소할 수 없는 문제들을 포괄했기 때문이라는 이유다. "우리는 문화비전을 수립하면서 문화를 고려하지 않은 발전이 파생시킨 다양한 사회적 문제들을 문화적 차원에서 해결할 수 있는 방안이 없는가에 대해 다각적인 논의를 전개하였다. 예를 들면 대구지하철 참사, 새만금 개발을 둘러싼 갈등, 송두율 교수의 방한과 남남 갈등, 이혼 급증으로 인한 가족의 해체, 이주노동자 차별, 장애인 시설의 실립을 반대하는 님비현상, 난개발 등. 이러한 문제들은 영역으로서의 문화에 포함되지 않지만, 단순히 정치적 또는 경제적 처방만으로는 해결되지 않는 이른바 문화적 처방을 요하는 사회적 의제라는 인식을 제기한다. 왜냐하면 이러한 문제들의 대부분은 성숙하지 못한 시민 의식, 윤리적 불감증, 차이를 인정하지 않으려는 획일주의, 남을 배려하지 않는 집단이기주의 등 급속한 사회 발전 과정에서 커켜이 쌓인 마음의 벽을 허물어야 하는 의식의 문제이기 때문"이라는 취지의 설명은 문화적 영역을 사회 전반으로 확산하려는 시도를 반영하고 있는 것이다.

하지만 그런 점을 감안한다 하더라도 '창의한국—21세기 새로운 문화의 비전'은 참여정부의 문화정책 방향과 비전을 제시한 의욕적인 로드맵으로 포장했지만 그 내용은 이미 거론되던 각종 논의와 제안을 짜깁기한 것으로서, 일관된 철학이나 문제 의식을 드러냈다고 보기는 어렵다. 이전 정부의 문화정책과 차별화한다고 했지만 콘텐츠의 질은 별로 달라진 것이 없다고 해야 할 것이다.

문화예술계의 재편과 조직화

노무현 대통령 재임 기간 동안 인사와 관련한 비난·비판·논란은 반복적으로 이어졌다. 이념적 지향점이 같지 않으면 배척하고, 철저히 동지화된 인물들만을 배치하려 했다. 이념적 코드가 맞는 인물들만을 고집한다 하여 '코드 인사' 그 과정에서 노출될 수밖에 없는 인적 자원의 한계로 인하여 측근들을 능력, 여론의 반응과는 상관없이 반복적으로 여러 직책에 임명하는 사례가 반복됨에 따라 '회전문 인사' '돌려막기 인사'라는 말도 나왔다. 그러나 대통령이나 그 측근들은 정책적 실효를 거두기 위해서는 같은 이념을 가진 측근들을 기용하는 것이 당연한 일이라는 주장으로 인사 방식을 고집했다. 논란이 생길 때마다 '인사권은 대통령의 고유 권한'이라는 주장을 앞세웠다. 비판을 제기하는 측에 대해서는 '기득권을 지키기 위한 수구적 반발'로 몰아세우려 했고, 그럴수록 무슨 일이 있어도 청산해야 하는 반정권적 행위로 간주하는 태도를 드러냈다.

문제는 대통령과 그 주변 인물들과의 친소 또는 이념적 동질성을 우선한다는 그 자체보다도 검증되지 않은 인물, 역량이 부족한 인물, 여러 가지 이유로 결격 사항이 있는 인물들을 기용함으로써 정책의 실패, 사회적 반목과 갈등·분열로 이어지는 경우가 반복되었다는 점이다.

문화예술계도 마찬가지였다. 노무현 정부는 문화관광부 장관에 영화감독 출신의 이창동을 임명한 것은 문화예술계의 구도를 바꾸기 위한 선언이나 다름없었다. 외형적으로는 이창동이 행정적 경험은 없다 하더라도 소설가·영화감독 등의 상당한 경력을 갖고 있었다는 점에서 현장의 문화예술인을 문화행정의 수장으로 기용한다는 파격적 시도라는 모양새를 갖추려 했던 것으로 보였다.

그러나 이어지는 상황은 그런 명분이나 기대와는 전혀 다르게 나타났다. 문화부 산하 여러 문화예술단체의 장이나 주요 임원 등에 대해 조직적인 개편이 뒤따른 것이다. 이같은 상황이 현실화될 것이란 징조는 그보다 앞서 나왔다. 문화연대에서 중심적인 활동을 하고 있던 원용진·강내희 등은 문화예술계의 구도를 근본적으로 바꾸어야 한다는 주장을 제기한 것이다.

이같은 정세 인식과 정책 방향 변화, 그리고 재정투자에 대해서는 대체로 동의하는 편이다. 이에 몇 가지 사안들이 추가될 필요가 있다.

우선 정세 인식에서 문화적 역량 강화가 필요하다는 인식이 추가되어야 한다. 새로운 감수성을 가진 인간의 등장을 목도하고 있으며, 월드컵에서 확인한 바 있다. 새로운 감수성을 가진 사회 구성원의 등장은 단순히 바라만 볼 사안이 아니라 사회적 에너지로 승화시킬 필요가 있는 자원으로 인식되어야 한다.

다른 한편으로 기획의 중요성에 대한 인식이 요청된다. 이는 모든 정책 영역에 필요한 부분인데 중장기적 전망을 세우는 것뿐만 아니라, 늘 새롭게 변하는 정세에 신속히 대처해 실행 계획의 지속 여부, 완급 조절 등을 결정하는 싱크탱크를 각 정책 부문에 갖추어야 함을 의미한다. 추가되어야 할 정세 인식은 참여에 대한 욕구의 증대라 하겠다. 이는 단순히 문화 향유의 기회를 더 달라는 차원이 아닌 문화기획에의 참여라는 보다 능동적인 요구를 의미한다. 각종 문화 인프라 운용에 자신들이 참여할 수 있게 해줌으로써 그 효율성을 더 높일 수 있으며, 지역에 맞는 문화 프로그램을 운영할 수 있고, 민주주의 훈련이라는 효과까지 얻을 수 있다. 일반 대중의 문화기획에의 참여뿐 아니라 창작자·산업종사자의 정책 참여 또한 강력하게 요청되고 있다. 그들은 더 이상 문화정책의 대상으로 존재하려 하지 않고 정책 참여자의 지위를 요청해 왔다. 균형 잡힌 소통을 통한 다양성의 강화 또한 추가되어야 할 정세 인식이다. 소통매체의 편중을 불식하여 다양한 정보를 접할 수 있게 할 필요가 있다.

추가되는 정세 인식에 맞추어 몇 가지 정책 방향이 도출될 수 있다. 첫째 문화교육의 강화, 둘째 문화기획, 디자인의 중요성 인식, 셋째 문화민주주의의 강화, 넷째 문화예술 지원기구의 민주화, 다섯째 적극적인 소통정책을 통한 다양성 강화 등이 그것이다. 이같은 정책 방향은 예산책정뿐만 아니라 문광부 및 관련 단체 내 조직 개편을 요청하게 된다. 뿐만 아니라 조직 내 소통을 위한 프로그램의 수정 혹은 개발도 요구된다.

민주사회에서의 문화정책 기조는 "민주적 이념과 가치들에 대한 사회적 동의를 확보하고, 그것들을 부단히 재생산하여 개인적·집단적 실천, 행동 양식, 제도, 조직의 필수적 조건으로 유지시키려는 모든 공공정책"이어야 한다. 문화정책에서 민주적 이념들의 확보는 당연한 기조가 될 수밖에 없다. 따라서 창조성과 다양성, 자발성, 자유성, 합리성, 상상력, 기회의 개방과 균등 분배, 차별 철폐 등등의 가치가 충분히 도모되고 발휘될 수 있도록 정책을 감안해야 한다. 이 보편적 정책 지향점은 문화 관련 부서가 존재하는 이유와도 통할 것이다. 이와 함께 한국이 처한 항상적 특수성이 있다. 그렇다면 이 보편적, 특수한 지향점이 전체 문화 지향점에 퍼지도록 하고, 정세와 관련 있는 하부 지향점이 정해져야 할 것이다. 하부 지향점은 현재 우리가 처해 있는 정세를 기반으로 할 수밖에 없는데, 현재 제안되고 있는 문화정책은 그런 점에서 일정 정도 문제를 노정하고 있다. 정세를 지나치게 안온하게 문화적으로만 파악하거나, 정세의 원인을 제거한 채 일시적인 정세로 파악해 내거나, 우리가 쉽게 그 정세를 대처할 수 있을 거라는 낙관론 등에 기대고 있는 부분이 있기 때문이다.

이와 같은 문화정책 방침에 맞춘 추진 전략으로는 다양성 제고를 위한 문화채널 다양화 전략, 문화 개념의 확장을 통한 일상 문화 관련 기구의 확충, 문화인력 양성을 위한 문화조건 확대, 문화향유 인프라 구축 등으로 이어져야 할 것이다. 뿐만 아니라 정책의 효율적 집행을 위한 조직의 개편이나 신설이 필요하고, 그를 운용하기 위한 프로그램도 필요하다. 이같은 새로운 정책의 수립, 집행, 그리고 그를 위한 소통은 글월로 표현되기 어려운 정도의 갈등도 수반하게 마련이다. 관행대로 움직이려는 구심력과 그를 타파하려는 원심력은 늘 서로를 당기며 팽팽한 줄다리기를 할 수밖에 없다. 문제는 지금까지 해왔던 줄다리기와는 달리 그 경기에 동침하는 주체들이 많아져 도대체 힘의 쏠림이 어디로 튈지 잘 모른다는 데 있다.

구경만 하기에는 문화 동네 줄다리기의 승부는 너무도 중요하다. 글을 적는 내내 관행적 구심력에 긴장을 줄 수 있는 원심력에 어떤 주체들이 덤벼들까를 고민해 보았다. 정책담당자들인 문화행정 공무원들이 쉽게 구심력에서 힘을 떨구지 않을 거라는 생각을 하면서도 '혹시…'라는 생각도 잠깐 가져 보았고, 원심력 주체들을 더 끌어모으기 위해서라도 문화운동이 더 가열차야 할 것 같다는 생각도 해보았다. 그 어느쪽이든 예상이 쉽지 않았던 것은 지금 우리 모두는 매우 중요한 국면에 놓여 있고, 중차대한 세계사적 흐름 속에 던져져 있다는 사실 때문이었다.(원용진, 참여정부의 문화정책 방향)

원용진의 주장은 문화예술계의 조직 개편에 대한 구상이 참여정부 초기부터의 구상이었다는 사실을 드러낸다. 같은 날 강내희 문화연대 집행위원장은 민예총·문화연대·스크린쿼터문화연대 주관으로 열린 '국가정책의 새로운 패러다임으로서의 문화민주주의'라는 주제의 토론에서 "새 정부에서는 그동안 예총처럼 기득권을 누린 단체들은 발을 못 붙이게 하고, 민예총 같은 진보 개혁 세력을 대거 전진 배치해 개혁을 이루게 해야 한다"고 주장해 문화예술계 안팎에서 논란을 일으켰다.

결국 이같은 주장은 단순한 문제제기 차원의 주장으로 그치지 않았다. 후속 인사에서 특정 단체나 집단에 속한 인물들이 문화예술 단체나 기구에 임명되기 시작한 것이다. 이른바 진보 진영의 인물들이 현장을 주도하는 현상이 가시화한 것이다. 민족문학작가회의(작가회의) 이사장(본 원고에 인용하는 인물의 직책명은 임용 당시를 기준으로 함—필자주) 현기영 씨가 문예진흥원 원장에 임명되었고, 사무총장에는 강형철 작가회의 상임이사, 문예진흥원행정혁신위원회에는 한국민족예술인총연합(민예총) 일일문화정책뉴스 담당편집자 안성배 씨와 작가회의 소속 회원인 시인 김형수 씨가 위원으로 기용됐다.

문화관광부 산하단체인 한국문화관광정책연구원장에는 이영욱 문화개혁시민연대(문화연대) 정책위원회 부위원장이, 문화관광부 내 자문기구인 문화행정혁신위원회에는 박인배 민예총 기획실장, 문화연대 문화개혁 감시센터 소장을 지낸 심광현 한국예술종합학교 영상원장이 각각 임명되었다. 문화관광부 장관 정책보좌관에는 이영진 작가회의 문화정책위원장, 김종선 노무현을 사랑하는 문화예술인들의 모임(노문모) 간사가 각각 임명되었다.

이어 4월에는 한겨레신문 논설주간을 지낸 정연주 씨를 KBS 사장에 임명했으며, 한국방송광고공사 사장에는 김근 전 연합뉴스 사장을, 감사에는 남영진 전 '미디어 오늘' 사장 겸 편집인을 임명했다. 7월에는 한국영상자료원에 진보 성향의 영화평론가 이효인 씨가 임명되었다. 영상자료원장은 외견상 공모제 형식을 취했으나, 심사위원 7인 중 4명이 문화연대와 연관된 인물로 구성되어 사실상 특정 인물을 내정한 것이나 다름없는 상태에서 공모 심사가 이루어진 경우였다. 문화예술계는 물론 관련 업계·학계 등에서 우려와 비판의 지적을 잇따라 내놓았지만 상황을 되돌리지 못했다. 문화계의 주도 세력을 대대적으로 바꾸어야 한다고 주장했던 강내희 문화연대 집행위원장, 강찬

석 문화연대 문화유산위원장, 이영욱 전 문화연대 부위원장 등 문화연대 참여 인물들은 문화재청의 문화재위원회 위원으로 임명되었다.

이런 가운데서 국립국악원장에 민족음악인협회 이사장 출신의 김철호 씨를, 국립현대미술관장에 민예총 이사장 출신의 김윤수 씨를 각각 임명했다.

점증하던 문화예술계 내부의 비판과 반발은 2003년 9월 19일 연극계에서 활동하던 인사들이 중심이 되어 발표한, 문화예술단체장들에 대한 편파적 인사와 문화예술진흥법 개정에 항의하는 '연극인 100인 성명'으로 표면화되었다.

원로 극작가 차범석 예술원 회장, 연출가 정진수 성균관대 교수, 배우 권성덕 전 국립극단장 등 연극인들은 "최근 문화관광부 소속 예술 관련기관 및 단체장들을 한국민족예술인총연합(민예총)이라는 특정 소수 조직의 구성원 일색으로 인선하고 있는 정부의 조치에 대해 깊은 우려를 감출 수 없다"고 밝히며, "예술계의 질서를 정치권력을 이용해 인위적으로 재편하려는 숨은 의도가 담겨 있는 것은 아닌지 의구심을 떨칠 수 없다"고 지적했다. 문화예술단체장 인사가 이념적 편파성과 코드에 따른 정략적 조치의 일환이라는 사실을 정면으로 지적한 대표적 사례였다. 이들은 또 한국문화예술진흥원을 '한국문화예술위원회'로 바꾼다는 개정안 입법 예고와 관련 "민간 예술인의 활동마저 특정 세력으로 지배케 하려는 의도가 숨어 있는 것은 아닌지 우려한다"고 밝혔다. 이들의 성명은 '전국대학 국악과교수 포럼'이 국립국악원장 임명 무효를 주장하고 나선 데 이어 나온 것이었다.

이같은 인사 파문을 더욱 고조시킨 요소는 독임제 행정기구로 존속하던 문예진흥원을 민간 주도의 '문화예술위원회' 체제로 바꾸겠다고 밝힌 부분이다. 문예진흥기금 등의 재원을 관장하며 영화나 방송 등을 제외한 문학·미술·음악·무용·연극 등의 장르에 지원 사업을 펴고 있던 문예진흥원은 규모나 위상, 지원의 범위 등에서 대표적인 예술 지원기구로 활동하고 있던 터였다. 그런 문예진흥원을 위원회 체제로 전환하겠다는 것은 조성된 재원과 지원 행정·조직 등을 그대로 유지하며 운영 주체를 새롭게 전환하겠다는 시도로 받아들이는 시각이 우세했다. 정부안대로 될 경우 참여 위원(11명)의 성향에 따라 특정 세력이 지원금을 독식할 수 있다는 우려가 높았기 때문이다. 연극계에서 집단적인 항의 성명을 발표한 것은, 문화예술위원회 출범이 단순히 지원기구의 체제를 개편하는 수준이 아니라 문화예술계의 구도를 완전히 개편하려는 전략적 시도로 본 것이다. 이같은 우려는 문예진흥원이 한국문화예술위원회로 개편되면서 현실화되었다.

문화예술계의 이같은 비판과 반발에도 불구하고 '코드 인사'는 계속됐다. 2006년 8월, 임기가 만료된 국립현대미술관장과 국립국악원장에 전임 관장과 원장을 재임명했다. 연임한 것이다. 이어 한국영상자료원장에는 한겨레신문사의 계열매체인 영화주간지 씨네21의 편집장 출신 조선희 씨를 임명했으며, 국립극장장에는 신선희 서울예술단 단장이 반대 여론을 제치고 임명되었다. 이보다 앞서 영화진흥위원회 위원장에는 한겨레신문 기자 출신의 안정숙 씨가 선출되었다. 위원장을 선출한 9명의 위원은 민예총이나 문화연대와 같은 '코드' 인물들이었다. 신선희 국립극장장과 안정숙 영화진흥위원회 위원장은 유력한 여당 국회의원과 가족 관계에 있었다.

이같은 인사의 후유증은 문화예술계뿐만 아니라 정부 내에서도 나왔다. 2006년 8월, 유진룡 문화관광부 차관은 한국영상자료원 원장과 아리랑 TV 사장 인선 문제와 관련해 청와대 등의 여러 경로에서 압력을 가하고 있다며 현직에서 사퇴하는 사태가 벌어진 것이다. 그는 두 기관의 인사 문제는 부분적인 사안에 지나지 않으며, 그보다 더 많은 경우에서 인사와 관련한 압력이 나타나고 있다는 발언으로 파문을 일으켰다. 그가 밝힌 인사 압력의 구체적인 실체나 진위 여부는 논란 속에 희석되어 버렸지만, 문화예술계의 인사에 정부 주무부처의 독자

주요 문화예술단체 소속 인물들의 분야별 활동 현황

단 체	주요 인물
노문모 (노무현을 사랑하는 문화예술인들의 모임)	이창동(전 문화관광부 장관), 김종선(전 문화관광부장관정책보좌관, 광복60주년 추진위 기획전문위원), 정남준(서울예술단 기획팀장), 심광현(문화행정혁신위원회 위원), 김정헌(문화예술위원회 상임위원), 이효인(전 한국영상자료원 원장), 김혜준(영화진흥위원회 사무국장), 김동원(영화진흥위원회 위원), 이상우(문화예술위원회 위원)
민족문학작가회의	현기영(전 한국문화예술진흥원 원장), 강형철(전 한국문화예술진흥원 사무총장), 송기숙(아시아문화중심도시조성위원회 위원장), 강연균(아시아문화중심도시조성위원회 추진위원), 이영진(문화중심도시조성 추진기획단 단장)
민예총	박인배(문예진흥원 이사, 한국문화관광정책연구원 비상임위원), 임정희(문예진흥원 이사), 박종관(예술위원회 위원), 김윤수(국립현대미술관 관장)
문화연대	전효관(예술위원회 위원), 심광현(한국예술종합학교 전 영상원장), 이영욱(한국문화관광정책연구원 원장), 원용진(영화진흥위원회위원), 이동연(한국예술종합학교 전통예술원 교수)

한국문화예술위원회 및 소위원회 위원 소속 단체별 구성

구 분	위원회	소위원회		
		다 원	지 역	국 제
예총	최완규 (한국음악협회 부이사장) 심재찬 (前한국연극협회 부이사장)		나호열 (정책연구위원)	
민예총	김정헌(前민예총 이사) 강준혁 (민족음악인협회 자문위원) 박종관 (민족극협회부 이사장)	김소연 (민예총컬처뉴스 편집장)	박종관(민족극협회부 이사장) 김기봉(지역문화예술위원장) 서영수(부산민	박인배(민족극운동협회 이사)

			예총 사무국장)	
기초예술 연대	심재찬 (前공동집행위원장)			
문화연대	김정헌(공동대표) 전효관 (문화교육센터소장) 박신의 (문화사회연구소 자문위원)	이원재 (공동사무처장) 전효관 (문화교육센터 소장)	전고필 (광주전남 문화 연대 운영위원) 지금종 (지역문화위원 회 위원장)	박신의 (문화사회연구 소 자문위원)
민족작가 회의				김형수 (사무총장)
미술인회의	박신의 (정책연구센터 소장)	김준기(이사)		박신의(정책연 구센터 소장)
기타	김병익, 김현자, 한명희, 김언호	박준흠, 이규석, 원영오	이종인, 함한희, 이춘아, 박승희, 양미경	김성원, 최준호, 주재연, 김세준, 허권, 김채현, 양성원

(소속 단체에 따라 중복 분류)

적인 판단과 결정이 아니라 외부의 압력이 크게 작용하고 있다는 현실을 드러내는 계기가 되었다.

결국 문화예술계의 기관단체에 대한 인사는 이른바 진보 계열의 인물들이 정권의 지원을 배경으로 삼아 대대적인 개편을 시도하는 과정으로 이어진 것이다.

그후의 변화들 – 문화예술계 구도의 개편과 세력화

문예진흥원은 결국 한국문화예술위원회(문화예술위)로 바뀌었다. 2005년 8월에 출범한 문화예술위는 11명의 위원으로 구성되고, 장르별 소위원회를 두어 지원 업무를 심사하는 구조를 갖추고 있다. 문화예술위로 전환을 시도할 때 문화예술계가 우려한 것은 업무의 내용이 아니라 위원회의 구성 변화에 따른 지형 변화였다. 위에서 언급한 바와 같이 문화예술위 위원 구성은 문화연대·민예총 등에 소속된 인물들이 중심을 차지하고 있다. 관련 단체에 소속되지 않은 경우라 하더라도 이념적인 공유를 하고 있다는 점에서 안배적 차원에서 참가한 인물을 제외하고는 사실상 같은 코드의 인물들로 구성되어 있는 실정이다. 문화예술위의 지원 규모 변화는 현실로 나타나고 있다. 문화예술계를 대표하고 있는 한국예술총연합회(예총)와 민족예술인총연합회(민예총)에 대한 지원 규모가 변하고 있는 점, 여러 장르 중에서 문학 부분에 대한 지원이 현저하게 편중되고 있는 점, 문화예술위 소속 위원과 소위원회 소속 위원들이 기금을 수혜하는 사례가 빈발함으로써 심사제도의 도덕성 및 공정성에 대한 논란이 간단없이 제기되고 있다. 몇 가지 문제를 정리하면 다음과 같다.

□ 예총·민예총 등 단체 지원에 대한 문제
－예총에 대비하여 민예총 지원비가 점차 늘어나고 있는 것이 최근의 경향, 2005년도의 경우 두 단체 모두 5억 8천만 원을 지원받음. 이는 민예총은 2004년 대비 65% 증가, 예총은 0.85% 삭감된 것.
－이 두 단체의 규모(회원수 예총 120만, 민예총 10만)에 비하면 부적절할 뿐 아니라 사업비 지원까지 합하면 민예총이 앞서고 있는 상태.

□ 문학 지원사업에 편중
－타장르에 비해 문학 분야 지원 사업비가 지나치게 불균형. 예술창작 지원 예산의 25%를 문학에 할당. 또한 기초예술과 함께하는 문화 나눔사업(167억 원)은 이 달의 우수 문학도서 보급 및 문예

지 게재 우수작품 선정 지원(합계 52.2억 원), 전통예술 대중화 세계화 지원(30억 원) 및 관객개발 지원(80억 원)으로 구성되어 있는데, 이는 문학 편중 현상으로 볼 수 있음(정부 감사 지적 사항).

- 모든 예술의 기초 장르로서 문학에 대한 지원을 확대하는 것은 바람직하나, 그 원인이 민족작가회의의 권력에 의한 것임은 부정적. 문화예술위원회 소위원회에는 총 11명 중 민족작가회의 소속 위원이 6명이나 되는 것이 현실.

□ **위원회 위원, 소위원회 위원들의 기금수혜**
- 위원(13억 원), 소위원(9억여 원) 관련 직접 지원이 이루어졌고, 관련 단체 지원까지 합하면 70억 이상(박찬숙 의원 발표).
- 심의위원의 친인척이 지원한 경우, 해당 위원회에서의 의사 결정에 참여하지 않게 하는 각서를 서면으로 확보해 두는 제도가 시행되고 있음에도 불구하고 이런 결과가 나옴.

□ **별도 공모사업**
- 별도 공모사업이 지나치게 많아짐. 언제 어떻게 하는지 일반 예술인들이 정보를 얻기가 쉽지 않음. 일부 사업은 자체 형식으로 추진하고 있어 일반 예술인들이 접근할 수 없는 사업임(예, 시각예술 기획사업).
- 이들 사업이 기금사업으로서 적정한 사업인지 검증되거나 동의되지 않은 상태에서 위원회 해당 분야 위원이 계획하면 추진되는 사업이 공정성이나 기금사업의 정체성, 기금의 흐름(지원 집행)이 왜곡될 가능성 다분함.
- 2006년도 문예진흥기금사업 별도 공모사업 총 298억 원.

□ 정부산하기관 경영 평가에서 연기금 운영기관 16곳 중 영화진

흥위원회 14위, 문화예술위원회 16위. 특히 문화예술위원회의 지원심의 공정성 부분 D⁺.

또 다른 현상은 유사한 법령의 제정이 잇따르고, 그에 따라 새로운 조직이 만들어지고 있는 현상이다. 2004년 12월, 문예진흥법이 개정되어 한 달 뒤인 2005년 1월 27일에 공포된 개정 문화예술진흥법은 오랫동안 문화예술진흥의 기본법 역할을 해왔다. 그러나 같은 시기에 문화예술교육 지원법이 별도로 제정되었고, 현재도 기초예술진흥법, 지역문화예술진흥법, 문화기본법, 예술산업법, 전통예술진흥법 등이 동시다발적으로 추진되고 있다.

넓게 보면 관련 문화예술을 진흥시키고자 하는 긍정적인 의도라고 할 수 있으나, 유사한 법률이 중복적으로 제정되고 있는데다 제정 이후 이 법들이 또 다른 규제로 작동할 수 있는 여지도 커지고 있다. 더 큰 문제는 새로운 기관의 신설이 계속되면서 특정 분야의 인물들을 위한 의도적인 전략이 아닌가라는 의구심도 자아내고 있다.

□ 규제 요소의 발생

– 문화예술교육지원법→문화시설에 교육 전문인력 배치 의무화, 시설 평가 의무화 등을 명시하고 있음.

– 문화기본법→문화영향평가제를 추진함으로써 지역정부나 기업들의 활동에 제약을 줄 수 있으며, 또한 계량 평가가 어려운 문화예술의 속성을 고려할 때 불필요한 제도임.

□ 기존 법령과의 차별성 부족

– 또한 이미 제정되어 있는 법률과 별다른 차별성을 갖고 있지 않아 제정의 의미 자체가 없을 수 있으며, 또한 이로 인한 인력 및 재정의 낭비를 초래.

－문화기본법이나 기초예술진흥법은 그 속성상 이미 헌법에 명시되어 있거나 문예진흥법·공연법 등에서 수정, 포괄할 수 있는 부분을 단순 반복할 우려가 있으므로 법제정에 대해 좀 더 다양한 시각에서 검토할 필요가 있음.

ㅁ 새로운 기관의 설립으로 인한 비효율 및 위인설관의 문제
－문화예술교육지원법 → 문화예술교육진흥원, 지역문화예술교육지원센터, 지역문화예술교육지원협의회.
－전통예술진흥법 → 전통예술진흥원.

이같은 문제들은 결과적으로 문화예술계의 구도를 전복적으로 변화시키는 데는 크게 기여하고 있지만 정작 문화예술 진흥과 인간적 삶을 고양시키는 기반으로서의 문화를 진작시키는 문화를 창조하고 개발하는 일과는 더욱 멀어지고 있다. 문화와 예술이 일반 국민들의 일상에 근접하는 것이 아니라 특정한 이념을 위한 수단화, 목적을 실현하고 지속시키기 위한 세력 기반으로 오용되고 있는 것이다.

평가

노무현 대통령이 이끌고 있는 참여정부 문화예술정책의 가장 큰 변화는 이전의 우리 사회가 불기피하게 유보하거나 무시했던 문화예술의 보편적 가치와 중요성을 새롭게 부각한 점이다. 정치나 경제의 하위 장르가 아니라 우리 사회와 국민의 삶을 받치는 기본 영역으로 위상을 회복하려 한 것이다.

그러나 문화예술 분야의 중요성을 강조하고, 각종 정책과 사업을 구상할수록 문화와 예술은 본래의 영역을 벗어나 정치적 사안으로 변

질되는 모순을 피하지 못했다. 노무현 정부에서의 문화예술은 여러 가지 구호와 명분에도 불구하고 이념적 코드를 확장하고, 세력화하며 기존의 가치와 체제를 전복적으로 대체하는 것에 집중해 왔다. 정치적 전략과 같은 궤적을 그리고 있는 것이다.

지역의 균형 발전이라는 명분에도 불구하고 수도 이전, 각종 지역 개발 계획 등은 고도의 정치적 행위로 받아들여졌다. 광주를 문화수도로 만들겠다는 이른바 '광주문화도시' 건설 계획은 국토의 균형 발전이라는 대명제의 타당성에도 불구하고 의사 결정 과정, 실효성, 투자비 대비 기대효과 등에서 여러 가지 논란을 제기하고 있지만 '아시아 문화도시 조성에 관한 특별법'까지 제정해 장기 계획으로 추진하고 있다. 대통령 공약 사항으로 제시되었던 사안이 실제 사업으로 연결된 대표적 사안 중의 하나이지만, 광주 지역이 갖는 현실 정치에서의 무게를 감안한다 하더라도 사업의 결정과 추진 과정, 사업의 내용과 실효성, 재원 조달의 적정성 등 중요 사항들이 충분한 논의와 검토 없이 추진되고 있다는 지적을 극복하지 못하고 있다. 우리 사회에서는 유례가 없는 새로운 사업을 구상하는 것인데도 문화적 프로세스는 무시된 채 정치적 판단과 결정이 또 다른 압박 요소로 작용하고 있는 것이다. 사업을 먼저 선언하고, 그것에 필요한 하드웨어를 구축하고, 다시 필요한 콘텐츠를 구상하는 방식의 '역발상'은 반문화적 양태라고 하지 않을 수 없다.

문화예술계의 이른바 코드 인사의 문제를 제기하는 것도 대통령의 통치 이념이나 정책적 동질성을 공유하는 인물들을 배치하는 그 자체가 아니라 그같은 결정이 담고 있는 인사의 폐쇄성, 문화예술의 위상에 대한 전복, 다양성과 차이를 인정하는 것을 중요한 문화적 가치로 내세우면서도 일방적인 가치만을 강조하는 이념적 편협성 등이 공격적인 요소로 나타나고 있기 때문이다. 우리 사회가 지난 4년 동안 끊임없이 요동치고 갈등했던 이유도 반문화적 경직성, 이념적 편향성이 작용했기 때문이다.

최근에는 이념적 성향을 공유했다고 자부하던 이른바 좌파적 진보 계열 내부에서도 현실 정세에 대한 인식과 평가의 차이로 인한 대립과 분열 현상이 나타나고 있다. 노무현 대통령에 대한 비판과 공격이 공공연하게 드러나고 있으며, 대통령이 이를 다시 반박하고 비난하는 태도를 보임으로써 내부 갈등의 양상을 드러내고 있다. 문화예술계에서도 이같은 양상은 비슷하게 나타나고 있다.

한미 FTA 협상 과정에서 한국영화 상영 의무일수를 제도적으로 보장했던 스크린쿼터 일수를 연간 146일에서 절반인 73일로 축소하자 스크린쿼터문화연대 등은 노무현 정부에 대해 비판적 적대감을 보이기 시작했으며, 정부가 문예진흥기금 폐지를 추진하며 문예진흥기금을 민간자금화하는 방안을 제시한 데 대해서도 문화예술위를 비롯한 문화예술계 내부에서 강력하게 반발하고 있다. 지난해 11월 30일, '문예진흥기금의 민간자금화 반대 및 예술재원 대책 촉구를 위한 범문화예술계 비상대책회의'는 "민간자금화의 이름으로 자행되는 사실상의 문예진흥기금 폐지를 강력 규탄한다"는 제목의 성명서를 발표한 것은 그같은 갈등이 표면화한 사례로 꼽을 수 있다.

결국 참여정부의 문화예술정책은 이념적 과잉에 갇힌 채 우리 사회의 기반을 혁명적으로 개조하기 위한 수단으로 전락시킴으로써 문화와 예술의 위상을 정치화시키고 말았다는 비판에서 벗어나기 어렵다. 공산혁명 직후 영화산업을 국유화하고 모든 문예 활동을 이념선전 수단으로 동원하고자 했던 러시아 상황이나 나치 정권 시절의 문화 정책과 별로 달라 보이지 않는다.

역설적으로 이 점은 개인의 창의성과 공동체적 자유와 품위와 연대감을 살릴 수 있는 건강한 문화와 예술의 회복이 중요한 과제라는 것을 제시하는 것이기도 하다.

이념과 선동의 레드카펫을 걷다
- 문화혁명을 향한 한국영화정책 10년

    국민의 정부 5년과 참여정부 5년의 기간 동안 영화는 치열했다. 국민들이 보기에 한국영화는 오락이었고 문화였고 예술이었지만, 그것을 주도한 쪽에서는 무기였고 전략이었으며 수단이었다.

    '한국영화 진흥'은 영화 운동을 지원하기 위한 수단으로 변질하였고, '표현의 자유' 확대는 기존의 가치와 인식을 전복하는 빌미로 동원되었으며, '스크린쿼터 수호'는 한국영화 보호의 명분을 업은 채 반미 선동의 명분이 되었다.

    '지원은 하되 간섭은 하지 말라'는 문화정책의 새로운 모토와 '민간자율화'의 구호는 같은 이념과 행동을 공유하는 인물과 조직을 공고하게 양성화하기 위한 전략을 포장하는 수사로 끌려다녔다.

    영화진흥위원회는 그같은 전략과 실행을 주도하는 기지 역할을 하였고, 기구의 개편과 확대를 거듭하는 과정에서 조직과 인력은 더욱 보강되었다. 법률의 보장을 받는 국가기관이 행정적 권한과 예산을 조직화된 단체에게 합법적으로 지원하고, 관련 단체는 그것을 기반삼아 조직과 활동을 더욱 강화하는 일이 반복되었다. 그 과정에서 기존의 단체나 집단의 활동은 가시적으로 위축되고, 새로운 조직과 세력이 영화계의 전면으로 나서는 양상은 시간이 지날수록 확산되었다.

    김대중 정부와 노무현 정부로 이어진 10여 년간 정치권력 교체에 따라 필연적으로 뒤따르는 주도 세력의 변화를 반영하는 것이란 측면을 감안하더라도, 연속적인 일관성을 유지하는 범주 안에서의 중심세력 교체라는 차원을 넘어 기존 가치와 체제를 소멸시켜 버리고, 그 위에다 전혀 새로운 이념과 가치를 갖는 체계를 세워야 한다는 강박증이 난무했다. 문화는 전선화(戰線化)했고, 영화계는 그 전위(前衛)였으며, 영화진흥위원회는 기지(基地)였다. 문예진흥원을 위원회 방식의 한국문화예술위원회로 개편할 때에도 영화진흥위원회 사례가 성공 모델로 제시되었을 정도다.

지난 1999년 5월 28일에 출범한 영화진흥위원회의 1기 3년은 갈등과 파행·대립의 연속이었다. 우리 사회가 겪었던 이념적 갈등과 대립, 적대와 편가르기·분열의 모습을 그대로 응축한 것이나 다름없을 정도로 명분과 구호, 선동과 파행이 넘쳐났다. 한국영화가 유례없는 전성기를 누리고 있는 사이, 그 이면에서는 유례없는 파행과 시행착오, 예산의 독단적인 집행이 이루어졌고, 그로 인한 극단의 불신과 반목이 영화계 전반으로 확산되었다.

그러나 2기, 3기로 이어지는 과정에서 영화진흥위원회는 사실상 주무부처인 문화관광부의 관리와 통제로부터 벗어나 정책과 예산을 독자적으로 집행할 수 있는 위상을 확보했고, 위원회의 결의를 거치기만 하면 필요한 분야와 대상에게 집중할 수 있는 권한도 확보했다. 결국 영화진흥위원회는 출범 8여 년을 맞는 현재 정부나 영화계 어디로부터도 견제받지 않는 기구로 존속하며 한국영화 진흥보다 문화예술의 이념화·도구화 작업을 강화하며, 그것에 필요한 조직화 작업을 계속해 나가고 있는 중이다.

정치적 전략으로 출발한 영화진흥위원회

한국영화 진흥사업을 담당하고 있던 주무기구인 영화진흥공사를 개편해야 한다는 주장은 영화진흥법 개정의 주요 명분이자 쟁점 중의 하나였다. 지난 1998년 당시 여당이었던 새정치국민회의는 영화진흥법을 포함하여 음반·비디오·게임물에 관한 법, 공연법 등 3개 법안의 제·개정을 추진하면서 ▲등급외 영화전용관 허용 ▲등급외 등급의 신설 ▲영상물등급위원회 설립 ▲영화진흥위원회 설립 등을 주요 과제로 내세웠다. 그 중에서 핵심은 영화진흥위원회 설립이었다.

그러나 법개정 시도는 영화계의 반대에 부딪혔다. 법개정 시도가 실익은 없이 관념적 명분에만 지나치게 집착하고 있으며, 보다 근원적으로는 각종 기구나 단체의 구조를 개편함으로써 운영의 주도권을 장악하겠다는 정치적·이념적 의도를 숨기고 있는 것이란 지적이 나왔다. 영화진흥위원회는 기존의 영화진흥공사가 맡고 있던 업무를 그대로 승계하며 기능과 역할을 그대로 유지하게 된다는 점에서 명칭을 바꾸는 것 이상의 의미를 찾기 어려웠고, 영상물등급위원회 역시 기존의 공연예술진흥협의회(공진협)가 맡고 있던 등급분류 업무를 그대로 승계하는 것이기 때문이었다.

당시 영화법 개정은 새정치국민회의 소속 의원들이 주도하기는 했지만, 법의 내용과 방향을 기획하고 설정한 것은 현재 영진위 사무국장으로 재직하고 있는 김혜준을 비롯하여 정지영·문성근 등을 비롯하여 국회전문위원이었던 홍승태, 문화관광위 소속 의원이었던 최재승·신기남·최희준·길승흠·이협 등의 의원보좌관들이었다.

논란 끝에 영화진흥법이 1999년 2월 8일자로 개정됨으로써 영화진흥공사를 해산하고 새로운 영화정책 담당기구로서 영화진흥위원회를 설치하는 것이 법으로 확정되었다. 10명의 진흥위원으로 구성하며 1999년 5월 29일자로 출범한다는 내용을 담았다.

그러나 영화진흥위원회는 설립되기 전부터 진흥위원을 누구로 선임할 것인가를 두고 파란을 겪었다. 영화진흥위원을 어떻게 구성할 것인가의 문제는 더욱 민감하고 치열한 문제였다. 어떤 성향을 가진 인물들이 위원으로 구성되는가에 따라 운영의 주도권이 달라지기 때문이다. 당시 영화계는 영화인협회를 중심으로 한 주류적 영화인과, 이른바 진보적 개혁을 주장하는 소장파 그룹이 예민하게 갈등하고 있을 때였다. 1998년 11월에 결성된 '충무로 포럼'은 배우 문성근·명계남, 영화사 기획시대 대표 유인택, 한국영화연구소 실장 김혜준 등이 주도하며 기존 영화계와 영화인들을 비판하고 새로운 판짜기를 시도했다. 산발적으로 움직이던 소장파 그룹들이 공개적인 세력으로 등장하는 계기였다. 1차적인 목표는 영화진흥위원회를 확보하는 것이다. 이듬해 4월 20일, 서울 종로 YMCA 강당에서 열린 제4차 포럼에서 독립영화협회는 '영화진흥위원회 구성에 대한 한국독립영화협회의 제언'이라는 자료를 통해 "한국영화의 개혁과 진보적 방향 수립을 막고 있는 영화인들과 관련 인사들이 있다"며, 이들이 영화진흥위원이 되어서는 안 된다고 주장했다. 이 자료에서 거명한 인물은 강대진(전국극장연합회 회장)·김지미(한국영화인협회 이사장)·윤일봉(영화진흥공사 사장)·신봉승(대종상 심사위원, 전 공연윤리위원회 부위원장)·최하원(전 영화진흥공사 전무) 등 5인과 '그외 검열의 칼날을 휘둘렀던 한국공연예술진흥협의회 관련 인물들'이었다. 또한 이 자리에서는 새로운 영화진흥위원으로 적합한 인물을 투표로 추천하는 이벤트도 함께 벌였다. 배우 문성근, 감독 정지영, 부산국제영화제 집행위원장 김동호 등이 대표적인 인물로 꼽혔다. 하지만 문화부 차관을 역임하고, 공연윤리위원회 위원장, 영화진흥공사 사장 등 이른바 구시대의 대표적 상징이라고 비난하던 기관의 장까지 두루 역임한 김동호에 대해서는 어떠한 비난도, 배척도 없었다.

배제 인물로 거명된 당사자들은 물론 관련 단체들은 격노했지만 조직적인 세력화를 통해 영화진흥위원회를 장악하고, 영화계의 주도권을 교체하겠다는 계획을 가진 세력들은 흔들리지 않았다. 영화인협회는 문성근·정지영의 제명을 결정했으나 실질적인 영향은 거의 없었다.

갈등과 논란은 계속되었지만 문화관광부는 신세길·문성근·정지영·안정숙·김지미·윤일봉·임권택·김우광·채윤경·조희문으로 구성된 영화진흥위원 10명을 선임했다. 문화부로서는 분야와 세대, 직능과 계보를 최대한 고려한 선임이었다. 1999년 5월 29일, 새로운 영화진흥위원 10명 중 김지미·윤일봉·임권택 3인이 불참한 가운데 나머지 7명이 문화관광부 회의실에서 임명장 수여와 함께 첫번째 회의를 열고 위원장 신세길, 부위원장 문성근을 선출했다. 3명이 불참했지만 일단 회의 성립 요건은 갖추었다고 본 것이다.

파행과 혼란

그러나 파란은 그치지 않았다. 법률적인 적법성 여부가 두 가지 측면에서 드러났다. 하나는 회의에 불참했던 김지미·윤일봉 2명이 위원직을 수락한 사실이 없으며, 따라서 영화진흥위원회의 구성은 법률이 정한 기준을 충족하지 못했기 때문에 원천적으로 무효라는 주장을 제기한 것이다. 문화관광부나 회의를 주도한 측은 3명의 위원이 개인적인 이유로 회의에 불참한 것이라고 입장을 정리하고자 했다. 임권택 감독은 단순 불참이라고 확인했지만, 김지미·윤일봉 2명은 위원직을 수락한 사실이 없다고 거듭 확인했다. 당시 영화진흥법이 명시한 영화진흥위원회 구성은 "문화관광부 장관이 위촉한 10명의 위원으로 한다"는 사실을 명시하고 있었지만, 2명이 위원직 수락 사실이 없다고 입장을 밝힘에 따라 8명의 위원만으로 위원회를 구성한 셈이 되고 만 것이다. 결국 문서로 사실을 입증하지 못하는 문화관광부는 영화진흥위원회의 합법적 위상을 보장하지 못했다.

또 다른 문제는 서둘러 법을 개정하는 바람에 영화진흥위원회의 법인격을 부여하는 조항을 누락함으로써 새로운 기구의 법률적 지위를 확보하지 못한 것이다. 개정 영화진흥법은 영화진흥공사의 자산과 시설을 포괄적으로 승계한다는 부칙 조항을 두긴 했지만 영화진흥위원회의 법인격을 부여하지 못했다. 이 때문에 영화진흥위원회는 대외적으로 출범하고서도 설립 등기를 하지 못하는 파행적인 상태에 빠져들었다. 모든 법적 대표권은 이미 해산되어 실체가 사라진 영화진흥공사 사장이 가지고 있었다. 영화진흥위원회 위원장은 각종 사업에서 법률적 주체가 될 수 없었다. 한동안 영화진흥위원회는 법적으로 존재를 인정받지 못하는 임의 기구나 유령 단체 같은 처지로 파행을 계속하는 수밖에 없었다. 이 문제를 해결하기 위해서는 법을 다시 개정해야만 했다. 결국 영화진흥법은 영화진흥위원회의 법인격을 명시하는 근거를 마련하기 위해 개정 절차를 거쳤고, 1년여가 지난 2000년 4월 28일 이후에야 비로소 법인 설립 등기를 할 수 있었다. 법개정을 주도한 측이나 주무부처에서 어처구니없는 실수를 자행한 것이다.

영화진흥위원회는 입법 미비로 법인 설립 등기를 하지 못하는 상황에 빠진데다 위원회 구성의 법적 요건 충족 미비라는, 보다 근원적인 문제를 극복하지 못함으로써 표류하는 가운데 위원장으로 선임됐던 신세길이 위원장직과 위원직을 모두 사퇴하는 일이 벌어졌다. 예상하지 못했던 논란이 곤혹스러운데다 업무의 실질적인 조종은 문성근 부위원장이 좌지우지하는 상황에서 위원장으로서의 역할에 치명적인 한계가 있다는 것을 확인한 데 따른 입장 정리였다.

위원회의 파행적 운영은 불가피했다. 법률적 위상은 모호해졌고, 일과적인 업무 외에는 어떤 일도 처리할 수 없었다. 처리한다 하더라도 효력의 논란을 피할 수 없었다. 이 와중에 김혜준이 정책실 연구원으로 임용되었다.

결국 문화관광부는 두 명의 위원을 추가로 임명하고, 10명의 위원이 모두 참석한 가운데 위원장·부위원장을 새로 선출하는 절차를 거치겠다는 입장을 확인하는 것으로 수습에 나섰다. 위원회 설립의 법적 정당성 시비를 근원적으로 해소하겠다는 것이었지만, 사실상 원점에서부터 출발하는 셈이었다. 1999년 9월 6일, 영화진흥위원회 회의실에서 10명의 위원이 모두 참석한 가운데 위원장·부위원장 선출 투표를 했고, 박종국 위원장, 조희문 부위원장을 결정했다.

사실상 영진위 운영을 장악하고 있던 문성근 그룹은 크게 당황했고, 반발했다. 투표 전에는 결과가 어떻게 나오더라도 이를 인정하겠다는 다짐을 했었지만 결과가 예상과 다르게 나오자 문성근·정지영·안정숙 등 3명은 기자회견을 열고, "문화관광부가 영진위 운영의 자율성을 침해하려 하고 있다"며 현재의 상황에서는 정상적인 활동을 하기 어렵다는 취지의 입장을 밝히며 위원직을 사퇴한다고 발표했다. 그러고는 "영화진흥위원회를 반드시 되찾겠다"고 천명했다. 문성근 위원을 지지하는 단체인 영화인회의 같은 곳에서는 영진위를 비난하는 성명을 잇따라 내놓았고, 국회에서는 영진위 설립을 지지했던 국민회의 소속 의원들의 집중적인 성토도 이어졌다. 박종국·조희문에 대한 매도가 주류였다.

단순히 비난에 그치지 않고 새로운 위원 선임을 통해 영화진흥위원회를 장악하려는 시도가 뒤따랐다. 당시의 구성 위원들과는 입장이 다르고, 통제권 밖에 있다고 판단한 문성근 등은 위원들의 사퇴 압박을 전방위적으로 강화했다. 결국 김우광·채윤경·임권택 3인이 위원직을 사퇴했고, 박종국 위원장도 위원장과 위원직을 사퇴하는 사태로 이어졌다. 남아 있는 인물은 부위원장 조희문·김지미·윤일봉 위원 등 3명뿐이었고, 업무는 마비 상태로 빠져들었다.

위원회의 파행에 큰 부담을 느끼고 있던 문화관광부는 2000년 1월에 공석이 된 7명의 위원을 새로 위촉하면서 문성근 전 위원과 입장을 같이하는 인물들로 모두 채웠다. 그러자 이번에는 사태의 추이를 지켜보고 있던 김지미·윤일봉 두 사람이, 새로운 위원 선임이 일방적 입장만을 대변하는 구조로 몰려가는 것은 위원회의 정상적 운영을 포기한 처사라며 공개 사퇴를 천명했다. 결국 위원회는 입장을 같이하는 7명의 보선 위원과 다른 입장을 가진 1명의 위원이 남은 상태에서 유길촌 위원을 새로운 위원장으로 선출했다. 위원회의 운영은 보선 위원들이 주도하는 모양이 되었고, 어떤 결정이든 위원회 전체 회의에서 의결하면 확정적 효력을 가질 수 있는 구조로 바뀌었다.

새로 보임된 위원들은 부위원장직을 계속 유지하고 있던 조희문을 축출하기 위한 압박을 강화했다. 상임위원으로 계속 남아 있는 구조에서는 내부적인 전략의 노출, 실행 계획의 차질이 불가피했기 때문이었다. 전 회의에서 의결한 부위원장은 자신들이 선출한 결과가 아니기 때문에 인정할 수 없다는 명분을 내세우며 사퇴를 종용했다. 그 일이 여의치 않자 그들은 2000년 5월 7일에 열린 위원회 회의에서 부위원장 불신임을 의결했다. 직책의 해임을 결정한 것이다. 자신들이 선출한 임원이 아니며, 외부 활동으로 인한 겸직 금지 규정을 어겼고, 위원회 법인 설립 등기를 방해했다는 세 가지를 해임 이유로 제시했다. 법률적으로도, 규정으로도 할 수 없는 일을 오로지 다수결에 의한 결정이라는 이유로 강행한 것이다. 뒤이어 이용관을 새로운 부위원장으로 선출했다. 새로운 위원들이 위원회의 절대 다수를 차지한 데 이어 위원장·부위원장 등 상임위원의 직위까지 장악한 모양이었다. 그들을 지지했던 영화인회의 등의 외부 단체에서는 비로소 영화진흥위원회의 구성과 구조가 제대로 되었다는 취지의 지지 성명을 내기도 했다.

그러나 논란은 끝나지 않았다. 강제적인 불신임 의결은 법적 분쟁으로 비화되었기 때문이다. 조희문은 이같은 결정이 부당하게 진행된 폭력이라고 선언하고 적법 여부를 가려 달라며 '부위원장직 불신임결의 무효 확인' 소송 및 이용관 위원에 대한 '직무집행정지 및 직무대행자 선임 가처분' 소송을 제기했다. 2001년 7월 27일에 법원은 "부위원장 선출은 원인무효"이며, "이용관의 직무는 정지한다"는 판결을 내렸다. 이 결정으로 이용관의 부위원장 지위와 업무는 원천적으로 소멸되었고, 그를 부위원장으로 선출했던 측들은 일대 혼란에 빠졌다. 그들의 도덕성이나 행정적 합리성은 치명상을 당할 수밖에 없었다.

'영화계 개혁'을 강조하던 그들의 주장과 행동이 공허한 명분에 불과했다는 것을 더욱 분명하게 드러낸 것은, 이용관이 부위원장직을 차지한 이후 유길촌 위원장을 축출하려는 시도를 집요하게 시도한 부분이다. 실질적인 권한이나 운영은 이용관을 비롯한 나머지 위원들이 장악하고 있었지만 행정적으로는 위원장이 최고책임자였고, 각종 사업마다 각각의 승인이 있어야 실행에 들어갈 수 있었기 때문에 여러 가지 사안에서 의견을 달리하는 위원장의 태도는 예상치 못한 방해 요소였다. 이용관을 비롯한 이른바 '6인방'으로 불리는 6인 위원들은 그들의 뜻대로 사업을 집행하려 했지만 유길촌 위원장은 나름의 균형을 잡으려고 한 것이다. 위원장이 독자적인 의견을 내며 결재를 미루는 것은 곧 그들의 결정을 무력화하는 것이거나, 심각한 차질을 초래하는 것으로 받아들였다. 6인 위원들은 회의에서 공공연히 위원장을 비난하고 조롱하는 일을 반복했고, 사퇴를 종용하는 일도 서슴지 않았다.

이같은 상황에서 나온 법원의 결정은 그들을 크게 당혹시켰다. 유길촌 위원장과 대립적 갈등이 악화되고 있는 와중에서 이용관이 부위원장직을 부정당하게 되자 행정적 관리권을 완전히 잃어버리는 최악의 상황과 직면하게 된 것이다. 당황한 그들은 위원들의 숫자를 앞세워 위원회를 장악하는 또 다른 파행을 시작했다. 위원장이 회의 소집을 거절하는 태도를 보이자 위원들의 발의로 회의를 소집할 수 있다는 위원회 규정을 앞세워 수시로 회의를 소집하고 안건을 결정했다. 위원장의 권한이나 위상은 철저하게 무시당했다. 의결 사항이 집행되지 않으면 위원장을 다그쳤다. 그래도 한계가 있다고 생각한 그들은 노골적으로 위원장 축출 작업에 돌입했다. 부위원장직에 복귀하는 것이 불가능하다고 판단한 그들은 아예 위원장직을 차지하는 것이 필요하다는 데 내부적인 의견을 모은 것 같았다. 영화계의 외곽 단체들을 앞세워 위원장 사퇴 촉구 성명을 내도록 하여 압박을 가하는 한편, 위원장 불신임 조항을 정관에 명시하는 작업을 추진했다. 2001년 9월 18일에는 (사)스크린쿼터문화연대·(사)영화인회의 등 11개 단체의 명의로 "유길촌 위원장의 자진 사퇴를 권고한다"는 성명이 나왔고, 9월 27일에는 이용관·이용배·이은·김홍준·김승범 등 5인의 명의로 '영화진흥위원회 상임위원 불신임안 발의 및 위원회 전체회의 소집 요구' 안을 영진위 사무국에 접수했다. 부위원장 불신임이 부당하다는 판결을 겪고도 다시 위원장을 불신임하겠다고 나선 것이다. 그만큼 상황이 다급하고 심각해졌다는 반증이었다.

정관상의 조항대로라면 정관의 개정은 재적위원 3분의 2 이상의 찬성으로 성립하도록 정하고 있었기 때문에 7명의 위원의 동의를 얻어야 했다. 이용관 등 6인 위원은 불신임 관철을 위해 백방으로 움직였지만 결국 의결에 필요한 숫자를 확보하지 못했다. 같은 해 10월 11일자 회의에서 '유길촌 위원장 사퇴 촉구 결의안'을 발표하는 것으로 일단락되었다. '6인방'으로서는 실망스러운 결과였다. 이렇게 되자 이들은 다시 위원장 불신임 의결 정족수를 '재적위원 3분의 2'에서 '과반수'로 바꾸는 작업을 시도했다. 6명의 동의만으로 의결이 가능하도록 하겠다는 것으로, 자신들이 의결한 정관 규정을 불과 몇 달 만에 다시 바꾸겠다는 것이었다. 그들이 합의로 추대한 위원장을 축출하려는 시도는 그만큼 집요했다.

제1기 위원회는 이같은 파란과 파행을 거듭하며 3년의 임기를 마쳤다. 2002년 5월 29일에 새로 구성된 제2기 위원회는 1기의 논란을 의식한 듯 철저하게 코드 인사로 구성했다. 이때는 노무현 정부가 들어섰고, 문화관광부는 이창동 감독이 장관으로 취임했다. 대통령 선거에 큰 영향을 미쳤던 노사모 조직을 구성하고 이끌었던 문성근·명계남 등은 정치적인 입지를 과시할 만큼 큰 영향력을 확보한 상태였다. 민예총·문화연대 같은 단체들이 문화부의 정책 결정에 깊이 관여하고, 그들의 생각이 곧 정책이 되는 시기이기도 했다. 영화진흥위원을 일방적인 코드 인사로 구성하는 것은 아무런 문제도 아니었다. 부분적인 반대 의견이 있다 하더라도 무시하면 그만이었다. 3기 위원회에서 영화진흥위원장으로 선출된 안정숙은 1기 위원회에서 위원으로 참여했다 중도에 사퇴한 경우였지만 아무런 문제가 되지 않았다. 영화사업자는 진흥위원이 될 수 없다는 법률적 제한이 있는데도 영화사 명필름 대표였던 이은, 튜브엔터테인먼트 대표 김승범의 경우는 위원으로 임명되었다. 3기 위원회에서는 명필름(후에 MK픽처스로 변경) 대표이자 이은의 부인이었던 심재명이 다시 위원으로 임명되고, 이은은 회사 대표로 복귀했다.

이념에 동원된 영화진흥위원회의 진흥정책

최근 한국영화의 사회적 여건은 크게 변했다. 산업적으로 급성장했고, 배급·유통·교육 등 여러 분야의 인프라도 괄목할 만한 수준으로 개선되었다. 민간의 역량은 정부의 그것을 앞서가고 있는 상태이며, 자생적 경쟁력도 상당하다. 이같은 변화는 1990년대 후반에 이르러 가시화되기 시작했으며, 2000년대로 접어들면서는 폭발적인 수준으로 확대되었다. 공교롭게도 영화진흥위원회의 출범 시기와 상당 부분 겹친다.

'영화진흥'의 개념과 대상은 논란의 여지가 있기는 하지만, 대체로 산업적 자생력과 경쟁력을 갖추는 수준으로 안정시키는 것이며 문화적으로 보편성을 갖추는 것이라고 설정할 수 있다. 실제로 영화계가 정부에 요구해 온 것도 그같은 수준에 이를 수 있도록 지원해 달라는 내용이 주류를 이루었고, 정부 역시 그것을 목표로 삼았다. 1962년, 영화법 제정 이후의 영화진흥정책은 '보호와 육성'을 실현하기 위한 지원에 초점을 맞추었다. 민간의 역량이 크게 부족하며, 이를 보완하기 위해서는 정부의 적극적인 지원 외에는 다른 대안이 없다는 인식을 전제로 한 것이다. 1990년대 들어서 영화법을 정부의 적극적인 지원을 의무화하는 영화진흥법으로 대체해야 한다는 주장이 큰 명분으로 등장했던 것은 그같은 인식의 반영이다. 이때의 진흥 대상과 방법은 비교적 단순했다. 제작에 필요한 자금을 지원해 주고, 인력 양성과 교육, 기반 시설의 확충 등 인프라에 대한 물리적 확충을 하는 것으로 가능했다.

그러나 한국영화의 산업화가 가시화되고 자생적 경쟁력이 높아지는 상황에서는 기존 방식의 지원은 명분도 효율도 확보하기 어렵다. 정부의 적극적인 지원을 전제로 하는 영화정책을 실행하는 기구로 등장한 영화진흥위원회는 출발부터 변화한 한국영화계 현실과 어긋날 수밖에 없었다.

그런데다 영화진흥위원회의 운영을 장악한 주도 세력들은 영화의 산업적 자생력보다 이념적 운동성을 더 강조했다. 독립영화와 예술영화의 가치를 특별히 강조하며 교육과 훈련·실천을 중요한 목표로 설정하고 있는 것은 그같은 인식의 반영이다.

지난 1999년부터 2006년에 이르는 기간 사이에 영화진흥위원회가 추진한 '진흥사업'의 대상은 '영상산업'과 '영화문화' 분야로 대분할 수 있지만, 구체적인 내용 측면에서는 비주류 독립영화의 제작·유통·배급에 대한 전방위적인 지원, 영화를 이용한 운동의 확산을 위한 교육과 연대, 조직적 네트워킹을 강화하는 것에 집중하고 있다.(표1, 표2 참조)

2002년 5월 9일, 서울 세종로의 구 동아일보 사옥(일민미술관) 5층 200여 평을 전용시설로 임대해 운영하고 있는 영상미디어센터(미디

[표1] 영화진흥위원회 사업 구분표

	키워드	제작	교육	배급	학술, 정책	인프라 구축
영상산업	다양성 & 창조산업 육성	상업영화 제작 지원	영화 인력 배출 교육	예술영화관 사업 지원	학술연구 지원	제작환경 개선
		예술영화 제작 지원	영화인 재교육	한국영화 배급 지원	영상산업 활성화방안	배급환경 개선
		애니메이션 제작 지원				
영상문화	참여 & 영상미디어 교육	독립영화 제작 지원	소외계층 미디어교육	독립영화 전용관사업	미디어교육 커리 및 교재개발	미디어센터 사업 지원
		공동체개발 제작 지원	독립제작자 재교육	시네마테크 전용관사업	미디어교육 활성화방안	공공기술지원센터구축
		독립애니 제작 지원	영상미디어 교육사업	독립영화 배급사업	독립미디어 정책개발	미디어교육 지원센터

[표2] 영화진흥위원회 분야별 세부사업 내용

\u200b	영상산업 분야 사업 내용		영상문화 분야 사업 영역		
영 역	구 분	사업 내용	영 역	구 분	사업 내용
제 작	상업영화 제작 지원	■극영화개발비 지원 ■극영화시나리오 공모 ■영화제작비 물권담보 융자사업 ■한국영화투자전문 조합 출자 및 투자	제 작	독립영화 제작 지원	■독립영화 제작 지원 ■학생 및 독립영화 후반 작업 지원 ■공공영상 기술 지원, 현물투자 지원 확대
	예술영화 제작 지원	■예술영화제작지원 ■방송용영화제작지원		공동체개발 프로젝트	■공동체개발 프로젝트사업 ■주제가 있는 제작 지원
	애니메이션 제작 지원	■애니메이션시나리오 공모		독립애니 제작 지원	■독립애니메이션 제작 지원

		■장편애니메이션 개발 및 제작 지원			■대학창작애니메이션 제작 지원 ■공공애니메이션 제작 지원
교 육	영화 인력 배출 교육	■한국영화아카데미 운영 활성화	교 육	소외계층 미디어 교육	■찾아가는 미디어 교육 ■소외지역 모바일미디어버스 프로젝트
	영화인 재교육	■영화인 교육사업을 통한 전문성 강화 ■영화 제작 현장 전문 기술인력 양성사업		독립제작자 재교육	■독립영화인 재교육 사업 ■종합촬영소의 영상 체험교육센터 활성화
				영상미디어 교육사업	■영상미디어 교사 교육
배 급	예술영화관 사업 지원	■예술영화전용관 확보 ■아트플러스 운영 지원 ■상영관 시설 물권담보 융자	배 급	독립영화 전용관 사업	■디지털영화 마케팅 지원 ■독립미디어 아카이브 구축
	한국영화 배급 지원	■예술영화 마케팅 지원 ■한국영화 의무상영 지원		시네마테크 전용관 사업	시네마테크 사업 지원
				독립영화 배급사업	■디지털 직접영사 배급 지원 ■서울독립영화제 지원 ■공공영상 DVD 제작 및 배급 지원 사업
학 술·경 제	학술연구 지원	■통계조사 및 정보화 ■영화정책 연구 ■남북 영화 교류사업	학 술·경 제	영상미디어 교육 커리 및 교재개발	■영상미디어교육 전략연구 ■영상미디어교육 교재개발
	영상산업 활성화 방안	■시나리오 DB 구축, 운영 ■온라인영화 유통시장 개선 ■영상 제작 활성화를 위해 지역 영상위와 공동사업 추진		영상미디어 교육 활성화 방안	■영상미디어교육 교사용 교재개발 및 워크숍 ■영상미디어교육을 위한 독립영화 가이드 발간 ■영상미디어교육 지원 사업—장비 제공

					및 컨설팅
				독립미디어 정책개발	■독립미디어 활성화를 위한 정책 연구 ■디지털 환경에서의 미디어 공공성 연구
인프라 구축	제작 환경 개선	■아카데미 및 종촬 시설 구축사업 ■현상, 녹음 등 전문성 강화 ■종합영상기술 지원 기능 강화	인프라 구축	미디어센터 사업 지원	■미디 액트 운영 지원 ■지역미디어센터 설립 활성화 지원 ■미디어센터 운영 전문가 교육
	배급 환경 개선	■영화관 입장권 통합전산망 운영업무		공공기술 지원센터 구축	■제작에 필요한 각종 기술정보 제공 ■공공영상 전용 장비 구축 및 서비스
해외 진흥		■아시아필름산업 네트워크 사업 ■국제영화제 참가 및 출품 지원 ■우수 영화필름 복원 ■국제 공동 제작 활성화사업 등			
기타		■영화단체사업 지원 ■영화인 복지증진사업 ■아시아지역 국가와의 인적 교류와 기술 교류 및 지원			

액트)는 영화진흥위원회의 진흥정책 운영 방향을 가시적으로 드러내고 있는 상징이다. 미디액트는 '시민 영상 창작' '독립영화 제작 활성화' '퍼블릭액세스 활성화'를 목표로 하며 관련 교육 프로그램을 운영하고 있다. 영상을 이용한 미디어 운동을 지향하고 있는 것이다. 설립 이후부터 지난해 연말까지 미디액트 운영에 지원한 액수가 62억 7천여만 원에 이르고 있으며, 지역 미디어센터 설립 지원에도 6억 원

[표3] 연도별 영화진흥사업비

1999	2000	2001	2002	2003	2004	2005	2006	총 계
12,088,846	56,233,865	36,214,062	31,118,042	34,387,914	34,491,963	28,493,997	30,792,285	263,820,974

(단위: 1천 원)

을 지출했다. 주류 영화산업과는 근본적으로 개념과 방향·대상을 달리하는 영화 운동에 대해 영화진흥기금이 소요되고 있는 것이다. 이외에도 독립영화, 애니메이션의 제작 보급을 위한 지원, 예술영화관 지원 사업 등을 합쳐 문화다양성 증진 부문 사업에 지출한 총사업비는 538억 3천여만 원 수준이다. 설립 이후부터 지난해 연말까지 영화진흥위원회가 집행한 총사업비 2,638억 원의 5분의 1 수준에 이른다. 그러나 영화정책 연구, 학술 지원 사업, 스크린쿼터문화연대의 스크린쿼터 활동 지원을 비롯한 영화단체 지원 사업, 한국영화 해외 진출 사업 등의 분야에서도 같은 인식을 반영하며 이루어지는 지원이 포진하고 있는 것을 감안하면 지원 사업의 대상과 규모는 절반을 넘는 수준이다.(표4 참조)

현재 영화진흥위원회를 주도하고 있는 측의 정책적 방향은 영화진흥위원회 이전의 영화정책이 규제 위주로 운영되었고, 그로 인한 자율성과 다양성이 심각하게 훼손되었다는 인식적 전제에서 출발하고 있다. 국민의 정부와 참여정부로 이어진 지난 10여 년, 즉 영화진흥위원회가 설립된 이후에는 민간이 주도하는 자율적 참여, 산업적 경쟁 구조에서는 승자만이 모든 것을 독점함으로써 경쟁에서 밀려나거나 아예 경쟁 자체에 참여조차 할 수 없는 배제와 소외 그룹을 만들어 낼 수밖에 없는 구조를 정책적으로 보완한다는 논리다. 이런 문제를 해소하기 위해서는 어떤 형태로든 정부의 개입이 불가피하며, 영화진흥위원회는 영화를 비롯한 영상 분야의 정책을 맡고 있다는 것이다. 다음과 같은 주장은 정부의 개입, 영화진흥위원회의 정책적 당위를

[표4] 영화진흥위원회 진흥 사업 영역별 예산 내역 (1999~2006)

대분류	중분류	중중분류	소분류
정책 기능 강화와 제도 개선 4,065,122	정책 연구 기능 강화 2,148,459	영화정책 연구 2,148,459	정책개발 및 제도 개선 연구 137,090
			국내 영화산업 연구 286,200
			해외시장 연구 240,600
			영화 기술정책 연구 30,600
			포럼 및 현안 연구 39,000
		영화산업 통계 기초 조사 296,951	월별 통계 및 결산 55,200
			해외통신원 운영 133,200
			영화관객 성향 조사 108,551
		학술 지원 사업 750,000	출판 지원 사업 338,000
			연구 지원 사업 349,000
			우수논문 공모 지원 사업 63,000
		발간 서비스 368,018	영화연감 발간 및 온라인통계 구축 70,880
			한국영화 동향과 전망 발간 262,370
			한국시나리오선집 34,768
		근로 환경	한국영화 동향과 전망 발간

			100,000	100,000
	제도 개선 1,916,663	복지 1,816,663	영화인복지재단 출연 240,000	
			영화인복지재단 지원 1,576,663	
인력 양성 8,510,851	인력 양성 8,510,851	정규 교육 7,067,851	한국영화아카데미 정규 교육 7,067,851	
		현장 영화인 교육 1,213,000	현장 영화인 교육 1,193,000	
			디지털영화 제작 교육 지원 20,000	
		아카데미 운영 200,000	AFA 운영 200,000	
		장학 프로그램 운영 30,000	한국영화아카데미 아시아장학 프로그램 30,000	
영화산업 진흥 150,461,501	국내 영화 산업 진흥 150,461,501	기획개발 지원 296,951	극영화 시나리오 공모 사업 500,000	
			애니매이션 시나리오 공모 사업 320,000	
			한국영화 시나리오 마켓 180,000	
			극영화 개발비 지원 사업 1,005,890	
			장편 애니메이션 개발 지원 사업 731,500	
			남북 영화 교류 사업 277,745	
		투자융자 지원 800,000	투자조합 출자 48,500,000	
			물건담보융자 사업 67,699,018	

			판권담보융자 사업 800,000
		제작 지원 2,600,000	장편 애니 제작 지원 사업 1,600,000
			공동영화 제작 지원 1,000,000
		영화산업 합리화 3,332,194	영화관 입장권 통합전산망 운영 3,307,975
			영화산업합리화 및 선순환 구조 확보 사업 24,219
		벤처 시설 14,020,853	벤처 시설 운영 14,020,853
		기타 10,494,301	영화단체 지원 사업 8,640,528
			스크린쿼터 준수 활동 지원 1,321,273
			아테영화제 개최 지원 532,500
문화 다양성 증진 53,830,972	다양성 영화 지원 53,830,972	제작 지원 38,042,860	예술영화 제작 지원 18,390,000
			예술실험영화 선정 지원 100,000
			독립영화 제작 지원 1,927,930
			독립디지털 장편영화 제작 지원 410,000
			HD 방송영화 제작 지원 8,000,000
			전북뉴시네마 제작 지원 4,000,000
			독립/공공애니 제작 지원

			824,930
			대학창작애니 제작 지원 사업 390,000
			영화 다양성을 위한 마케팅 지원 사업 1,576,663
		마케팅 지원 2,270,000	다양성을 위한 마케팅 지원 사업 2,270,000
		배급상영 지원 2,656,030	독립영화 DVD 제작 배급 지원 144,000
			서울독립영화제 주최 및 지원 841,030
			독립애니메이션영화제 개최 지원 80,000
			시네마테크 운영 사업 1,557,000
			영상콘텐츠신디케이션 사업 34,000
		상영관 설치 운영 지원 3,989,994	아트플러스시네마테크워크 사업 3,623,758
			자체 예술영화관 설치 운영 사업 366,236
		미디어센터 지원 6,872,088	미디어센터 운영 활성화 사업 6,272,088
			지역미디어센터 설립 지원 600,000
		네트워크 구축 362,110	한국영화 국제네트워크 사업 69,250
			아시아영화 네트워크 사업 292,860
			국제영화제 참가 지원 사업 1,294,926

한국영화 해외 진출 확대 9,537,253	한국영화 해외 진출 확대 9,537,253	홍보, 출품 지원 등 4,715,976	국제영화제 출품 지원 사업(비예산) 0
			한국영화종합홍보시스템 사업 1,735,290
			국제영화제견본시|kofic정보센터 운영 1,385,760
			우리문화홍보 지원 사업 300,000
		기획, 제작 지원 등 1,416,941	재외동포 영화인 시나리오/독립영화 공모전 및 저예산영화 제작 지원 110,000
			국제공동제작 활성화 사업 58,119
			자막 번역 및 프린트 제작 지원 사업 1,248,822
		배급 지원 1,674,218	한국영화 권역별 기획 순회 상영 660,251
			한국영화 쇼케이스 사업 183,000
			우수 한국영화 외국어 자막 DVD 제작 배포 580,000
			우수 한국영화 자막 상영 사업 153,947
			해외 진출 우수 한국영화 네가필름 복원 사업 97,020
		인력 양성 163,000	아시아영화 전문가 양성 프로그램 복원 사업 73,000
			글로벌 역량 개발 캠퍼스 사업 90,000

		포상 9,537,253	국제영화제 진출 포상 지원 1,205,008
인프라 구축 운영 및 기술 지원 37,415,275	시설 구축 운영 24,526,261	시설 구축 22,945,583	영상 제작 기반 시설 구축 사업 17,295,583
			디지털시네마 제작 기반 구축 사업 1,350,000
			애니메이션 센터 조성 4,300,000
		시설 운영 1,580,678	세트 제작 현물 지원 사업 1,580,678
	기술 개발 및 지원 2,528,319	기술 개발 1,216,535	영상 기술 개발 사업 1,216,535
		기술 지원 1,311,784	학생영화 후반 작업 지원 사업 1,311,784
	한국영화 해외 진출 확대 9,537,253	종찰 시설 조성 및 구축 사업 7,426,695	편의 시설 구축 사업 426,695
			춘사관 건립 사업 7,000,000
		체험 시설 및 편의 시설 운영 2,934,000	영상체험교육센터 조성 1,700,000
			영상체험 시설 운영 1,234,000
263,820,974	263,820,974	263,820,974	263,820,974

(단위: 1천 원)

(자료: 영화진흥사업백서 1999~2006, 영화진흥위원회)

포장하는 논리를 반영하고 있다.

국가의 개입이 비난의 대상이 되는 것은, 국가의 문화 참여라는 원칙이 아니라 그 방향과 방법에 대한 것이다. 프랑스의 문화인들이 정리한 바 있듯이, 국가의 문화 참여는 (1)영속성과 지속성, (2)

국가의 법적 기능, (3)중앙정부와 지방정부의 협력, (4)문화예술 직업교육, (5)문화행정과 평가, (6)혁신과 연구, (7)조정자로서 '문화적 예외'의 실천, (8)사회정의와 다원주의의 수호 등의 당위성과 장점을 갖고 있다. 바꿔야 할 것은 스타일과 행정의 개념이지, 선의를 가진 합리적인 개입이 결코 아니다. (김혜준-한국의 영화진흥정책, 어떻게 계획되고 집행되어 왔는가, 영화진흥사업백서, 2007)

실행만 있고 책임은 없는 위원회 체제

영화진흥위원회의 운영은 외형적으로는 합의제 체제를 갖추고 있지만, 내용적으로 구성의 주도권을 가진 측의 의도대로 움직이는 구조다. 더구나 지금처럼 주무부처는 물론 국정 수반인 대통령까지 코드적인 동질성과 연대를 유지하고 있는 현실에서는 균형적 현실감을 담보한 수준의 정책을 개발하고 집행하는 대신 이념적 목표를 추종하기 위한 전략적 정책이 등장하더라도 이를 견제할 수 있는 방법을 찾기 어렵다. 여론이 필요하다면 네트워크로 연결된 외곽 단체들을 동원함으로써 명분을 확보할 수 있으며, 비판적 주장에 대해서는 방해 세력으로 매도하는 일도 얼마든지 가능하다.

그럼에도 현재와 같은 이념 지향적 영화 운동을 조장하고 확대하기 위한 전략적 영화정책은 한국영화의 자생력 에너지를 키우고, 문화적 다양성과 건강성을 고양하는 데 기여하기 어렵다. 산업적 동력을 차별화의 원인으로 지목하거나, 이념적 운동성을 지고의 가치로 설정할 가능성은 더 커진다.

위원회가 갖는 또 한 가지 치명적인 문제점은 사업은 있되 책임은 지지 않아도 된다는 점이다. 위원회가 집행하는 대부분의 사업은 위원회의 결의에 따라 이루어진다. 각각의 위원들은 해당 사안의 결정에 참여하여 찬반 의견을 밝힐 수 있지만, 일단 다수결에 의해 확정될 경우 그것을 집행하는 주체는 법인인 '위원회'가 되는 것일 뿐 위원 각자의 책임은 발생하지 않는다.

극단적으로 잘못된 결정을 내리고, 그로 인해 막대한 손해가 발생한다 하더라도 그것은 '위원회'의 책임으로 귀속될 뿐 위원의 책임은 아니라는 뜻이다. 또한 위원회 회의에서 표결이라는 적법한 과정만 거친다면 그것이 어떤 결정이었다 하더라도 외부적으로는 '민주적 결정'이라고 우길 수 있다. 설혹 누군가 그 결정이 잘못된 것이라 하더라도 그것은 내용에 대한 이의제기는 될 수 있을 뿐 형식 절차의 정당성까지 부정하지는 못한다.

위원장 역시 임의로 사업을 집행할 수 없고, 위원회의 의결을 통해야만 집행이 가능하다. 주무부처에서 업무를 감사할 수 있지만, 이 경우 문제점이 드러난다 하더라도 실무자들에 대한 문책을 할 수 있을지 모르지만 정작 결정에 참여한 위원들에게 책임을 묻기 어렵다. 설혹 위원회의 운영을 책임지고 있는 위원장에 대해 문책한다 하더라도 범죄적 행위만 아니라면 해당 직위에서 물러나는 것이 고작일 뿐이다. 사업은 하되 그것에 대한 책임은 없다는 뜻이다. 이런 점들은 영화진흥자금이나 행정적 운영을 주도 세력의 목표에 따라 마음대로 움직일 수 있으면서도 그에 따른 책임은 지지 않아도 되는 구조적인 요소들이다.

영화진흥위원회는 이념적 목표를 실천하기 위한 수단으로 설립되었고, 실제 운영 과정에서도 그같은 성향을 여과 없이 드러냈다. 정부적 기구와 예산이 같은 이념과 행동을 공유하는 개인과 단체, 사업에 동원되고 있는 것이다. 영화진흥위원회가 실현하고자 하는 것은 영화를 동원한 문화혁명이 아닌가?

한국영화: 문화와 운동, 정치의 경계

1. 촛불과 문화예술계 지형

2008년, 이명박 정부의 등장은 문화예술계의 좌파 세력들에게는 치명적인 상황처럼 보였다. 우파 정권으로의 교체로 인해 김대중·노무현 정부를 거치는 동안 구축해 놓은 조직과 세력, 운동의 주도권을 모두 상실하거나 심각하게 위축될 것이라는 경계심이 이들에게 가득했다. 새정부의 유인촌 문화부 장관은 취임하자마자 문화예술계의 이념적 편향성을 극복하려는 듯 강한 문제제기를 했다. 행정을 다루는 기관, 단체의 대표를 교체하려는 시도를 했고, "전(前)정부에서 임명된 기관장은 이념과 철학을 달리하는 상황에서 함께 일하기 어려우므로 스스로 물러나는 것이 자연스럽다"라는 취지의 발언을 했다. 상식적으로, 현실적으로 틀린 말은 아니었다. 김대중 정부나 노무현 정부에서는 이념적 성향이 다르다고 낙인찍으면 가혹할 정도로 무자비하게 내쳤고, '내 편'이라면 자격 유무를 가리지 않고 임명했던 전례가 생생하던 터였다.

그러나 유장관의 이 발언에 대해 좌파들은 즉각적으로 반발하며 공세를 퍼부었다. "문화예술을 이념의 잣대로 재단하려는 거냐" "임기가 보장된 기관장을 바꾸는 것은 불법"이라는 등의 명분을 내걸며 장관을 성토했다. '알아서 물러나라'는 직·간접적 제안은 완강하게 거부당했다. 김정헌 문화예술위원장, 김윤수 국립현대미술관장, 김철호 국립국악원장, 황지우 한국예술종합학교(이하 한예종) 총장 등을 이런 저런 이유를 들어 임기 전에 해임했지만, 대부분 법정 공방으로 이어 져서, 결국 '부당한 해임'이라는 판결이 내려지는 경우가 많았다. 문화예술위원장의 경우 김정헌 씨가 승소하여 한 기관에 두 명의 기관 장이 동시에 존재하는 모양이 빚어졌다. 정부는 물론 사회 각계에서 도 이 문제가 어떻게 마무리될지에 관심이 집중되었다. 반대 세력 쪽 에서는 호재였고, 설명하고 수습해야 하는 쪽에는 악재였다. 여론이 들끓는 것처럼 보이자 장관은 "그게 그런 뜻이 아니고…"라며 우물쭈 물 물러섰고, 장관의 행정추진력은 흔들리기 시작했다. 몇 가지 산발 적인 반격만으로도 정부 관계자가 허약하게 우왕좌왕하는 모습을 보 이게 됨으로써, 우파정부의 이념적 지향이나 정책 실행 의지가 빈약 하고 허술하기 이를 데 없다는 사실을 드러냈다.

정부의 존재마저 위태롭게 만들었던 광우병 촛불시위는 좌파 세력 의 결집력과 가공할 실행력을 과시했다. 촛불시위는 선동과 불법으 로 시종일관했지만, 이명박 정부는 우파적 이념을 실천할 의지도 힘 도 없이 무력한 패닉 상태에 빠졌을 뿐이다. 시위의 중심에는 좌파 문 화·예술인들이 있었다. 방송이 바람을 잡고, 각종 미디어들이 소란을 확산시켰으며, 홍보영상은 인터넷·휴대전화 등을 통해 무차별로 돌 아다녔다. 가수들은 노래로, 개그맨은 재담으로, MC들은 집회행사 사회로, 배우들은 대중적인 이미지로 품을 팔았다. 밤마다 경찰저치 선을 흔드는 시위 한편에서는 공연과 퍼포먼스가 참가자들을 선무(宣 撫)했다. 몇몇 우파 언론이나 단체들에서 시위의 불법·폭력성을 개탄 하고 정부의 무력함을 한탄했지만, 시위대의 기세를 막지는 못했다.

촛불시위가 정치적으로 어떤 파급을 미쳤는지, 득실이 무엇인지를 평가하는 것은 여러 시각이 있을 수 있겠지만 문화적으로는 좌파 세 력의 실체와 조직적 영향력을 확인하는 계기였다.

2. 한국영화계의 변화

우파정권이라고 믿었던 이명박 정부가 3년여를 넘기고 있지만, 이념 지형으로 본다면 문화예술계는 좌파가 주도권을 완전히 장악하고 있는 상황이다. 여론조작 등의 활동이 여전히 끊이지 않고 있으며, 필요할 때, 필요한 곳에서 조직과 네트워크는 항상 가동한다. 우파의 이념적 공유, 조직, 실행은 상대적으로 느슨하거나 무력한 수준이다. 담론을 이끌거나 이슈를 만드는 일에 둔감하며, 젊은 세대와의 교류나 교육도 빈약하다.

영화계는 문화예술계에서 좌파가 주도권을 장악한 대표적 분야다. 스타급 감독이나 배우, 시나리오 작가, 음악가, 제작자, 기획자들 중에서 좌파적 성향을 보이는 사례는 많다. 민노당 가입을 공개적으로 과시한 경우도 있고, 조직적인 연대나 협력에 참여함으로써 좌파정치권에 대해 가시적 지원을 드러내는 경향도 강하다. 각종 기관이나 단체·동아리 등을 통해 네트워킹을 강화하고, 교육과 홍보를 통해 저변을 확장하는 데도 적극적이다. 미디어, 정치권과의 조직화와 연계도 강력하다. 전략적으로 필요하거나 유리한 이슈를 생산하고, 이를 가공하고 확대하는 채널도 조직적이고 체계적이다. 정책적 사안이나 특정 안건을 공론화하여 여론조작을 할 필요가 있다고 판단하면, 어느 좌파 시민단체나 언론이 문제제기를 하는 모양새를 취한다. 일단 비난 성명이나 기사가 하나 뜨면, 곧 다른 매체들이 이를 확대 전파한다. 인터넷·블로그·SNS 등 동원할 수 있는 매체라면 무엇이든 가리지 않는다. 이것이 영화계의 좌파 이슈가 공공여론으로 가공되는 과정이다. 이렇게 가공된 여론은 국회 상임위에서 다시 논란의 재료가되고, 의원실의 보도자료, 좌파 언론의 기사로 거듭 반복되면서 '영화계-시민단체·언론-정치권-언론-영화계-'로 이어지는 긴밀한 네트워킹과 조직적 순환고리가 형성된다. 적대적인 상대에게는 수단방법을 가리지 않고, 자기네 편이라면 어떤 방법을 동원해서라도 보호하고 지원하려 한다. 좌파 세력권으로 전입하거나 투항하는 추종자들에게는 '배급'과 '보호'의 시혜가 베풀어지고, 비판하거나 적대하는 존재에 대해서는 '공격'과 '응징'이 거듭된다. 강고한 조직력을 갖춘 좌파 세력은 주변의 인물들에게 '우리 편이 될 것인지' 혹은 '적대적인 존재로 남을 것인지'를 강요한다. 스스로 가담하거나 투항하는 쪽에서는 '맹원(盟員)의 증명' 또는 자부심을 위해 열성적인 지지자로 나서게 되고, 이념에 별다른 관심이 없거나 우파적 가치를 지지하는 경우에는 위축되거나 회피하는 태도로 취할 수밖에 없어 중심부에서 밀려난다.

한국영화는 지난 10여 년 사이 비약적으로 발전했다는 평가를 영화계 안팎에서나 국내외적으로 받고 있다. 제작 환경이나 작품 수준, 국제간 교류 등 어느 측면으로 보더라도 쉽게 확인할 수 있다. 언젠가부터 한국영화가 미국영화 흥행을 압도하기 시작했고, 1천만 관객을 넘은 영화도 여러 편 나왔다. 올해 칸 국제영화제에서 이창동 감독은 비평가 주간, 봉준호 감독은 황금촬영상 부문의 심사위원장으로 위촉되었다. 홍상수·김기덕 감독은 비중 있는 게스트다. 베를린·베니스 국제영화제에서도 한국영화나 영화인들에 관심을 보인다. 웬만한 국제영화제에서 수상하는 일도 드물지 않다. 수상 경력이 없다면 오히려 이상할 정도다. 아무리 먼 나라에서 열리더라도 일단 국제영화제라면 감히 범접하기 어려운 대상처럼 여기던 시절이 불과 몇 년 전의 일이었던 것에 비하면 격세지감이다.

이창동 감독이 노무현 정부에서 문화부 장관을 지내며 좌파문화 정책을 주무했던 경력이나, 봉준호 감독이 민노당원이라는 사실을 드러내도 공개적으로 비판하고 비난하는 목소리는 찾기 어렵다. 공공연히 친북이나 종북을 외쳐도 비판은 고사하고 대놓고 언급하기도 어려운 현실에서 이들은 자신들이 뛰어난 영화인으로 대우받는 것을 당연하게 여길 뿐이다. 혹시라도 그들의 지나친 이념적 성향을 비판하기라도 한다면, 또 자신들이 지원이나 대우에서 조금이라도 차별받았다고 느낀다면 이들은 '아직도 색깔론' '문화예술의 다양성과 창의성을 부정하는 수구 보수의 만행'이라며 날을 세운다. 이창동을 감독으로 설정한 작품 〈시〉가 영화진흥위원회 지원 심사에서 탈락하자 전 정권 인사에 대한 보복이라며 여론시위를 벌인 일, 독립영화 계열의 단체가 단체지원 사업에서 탈락하자 불공정 심사라며 소송까지 벌인 일이 그런 경우들이다.

2010년 2월, 영화진흥위원회가 독립영화협회에 위탁 운영하던 광화문미디어센터와 독립영화전용관의 사업자를 교체하자 독립영화계가 총궐기하다시피 하여 비난과 항의를 쏟아냈다. 심사위원 구성, 새로 선정된 사업자의 자격, 영화진흥위원회의 정책 방향 등 조금이라도 관련 있다고 여겨지는 사항이라면 무차별 시비의 대상으로 삼았다. 연계한 단체들의 동조 성명, 집단시위가 이어졌고, 인터넷언론·주간지·일간지 등의 각종 미디어에는 비난 기사가 이어졌다. 독립영화관에 대해서는 영화 배급, 상영을 거부한다는 결의까지 내놓았다. 영화를 상영하는 것과 사업자 선정 문제는 별개라며 영화를 배급하겠다는 감독이나 제작자에 대해서는 위협도 서슴지 않았다.

시네마테크협의회가 운영하는 전용극장 서울아트시네마의 운영자를 공모제로 선정하겠다고 한 문제도 비슷한 과정을 겪었다. 종로의 허리우드극장 자리에 있는 서울아트시네마는 시네미테그협의회가 지난 2002년부터 운영하고 있으며, 영화진흥위원회의 지원금으로 대부분의 운영비를 충당하고 있다. 한국 시네마테크협의회에는 강릉 시네마테크(강원), 광주 시네마테크 영화로 세상보기(광주), 대구 시네마테크(대구), 문화학교 서울(서울), 서울 시네마테크(서울), 퀴어 아카이브(서울), 시네마테크 부산(부산), 시네마테크 서울(서울), 시네필 전주

(전북), 청주 씨네 오딧세이(충북), 영화사진-시네마테크사업팀(서울), 제주 씨네 아일랜드(제주), 대안영상문화발전소 아이공(서울) 등 13개 단체가 가입하고 있다. 여러 지역에서 시네마테크 활동을 하는 단체들의 연합조직이다.

'시네마테크의 친구들 영화제'는 이곳에서 열리는 행사 중에서 가장 규모가 크고 관심도 높은 행사다. '시네마테크의 친구들'은 시네마테크 활동을 후원하는 영화인들의 모임이라고 할 수 있는데, 박찬욱·봉준호·최동훈·김지운·김혜수·고현정·안성기·하정우 등의 감독과 배우를 비롯해 시나리오작가·평론가 등 150여 명이 이름을 걸고 있다. 영화계에서 활동하고 있는 웬만한 인물들이라면 거의 다 포함하고 있다고 할 수 있다. '시네마테크의 친구들 영화제'는 이들이 추천하는 영화를 모아 감상하고, 관객들과 대화를 진행한다. 지난 2006년부터 매년(1~2월) 열리는 이 영화제는 각 분야의 영화인과 관객들이 근접하는 행사로 주목받는다.

이 행사 외에도 올해 5월에는 '서울아트시네마 개관 9주년 기념영화제'(5.10~22), '제3회 러시아유라시아 영화제'(5.24-29), 독립영화 작품을 소개하는 '인디스토리 쇼케이스-금요단편극장' '작가를 만나다-박정범의 〈무산일기〉' 같은 프로그램을 운영했다.

지난 2007년 4월부터 매월 진행하고 있는 '영화·희망·나눔 영화인 캠페인'이란 프로그램은 사회·문화 소외계층과 함께 영화를 보고 이야기를 나눈다는 취지를 내세우고 있다. 한국 시네마테크협의회와 씨네21·아름다운재단·여성영화인모임·영화인회의·영화제작가협회·한국독립영화협회가 공동으로 진행하는 형태다. 지난 1월에는 볼리비아 광산마을 초롤케에 살고 있는 여성 광부 3명의 지난(至難)한 일상을 담은 〈초롤케의 딸〉(감독 박미선, 2007)이란 다큐멘터리를, 3월에는 동성애를 소재로 한 김조광수 감독의 단편영화 세 편을 각각 상영했다.

시네마테크 활동은 1980년대 재야의 영화 운동과 연결되어 있다. 민주화 바람이 사회 각계로 퍼지는 과정에서 영화도 운동의 한 부분을 차지했다. 칠레·볼리비아 등 남미 각국의 정치 변혁과 민중 운동을 다룬 영화들이나 비제도권에서 만든 단편영화들을 눈에 뜨이지 않도록 조심스럽게 학습하듯 모여서 관람하고 토론하는 모임이 한두 곳씩 생겨났다. 당시만 하더라도 지금처럼 영화를 구하기가 쉽지 않았기 때문에 몇 번씩 복사를 거치는 과정에서 화면을 알아보기도 어려울 정도로 흐려진 비디오 영상을 교재로 삼았지만, 그런 영화를 본다는 것 자체로 특별한 연대감과 자부심을 가질 정도였다. 영화 모임은 보기 힘든 영화, 제도권에서 금지하는 영화를 볼 수 있었다는 점에서 영화 운동의 상징처럼 통하기도 했다. 지금은 영화에 대한 제도적인 규제는 사실상 사라졌고, 어떤 영화든 어렵잖게 볼 수 있는 환경으로 변했지만, 영화를 통한 연대와 운동의 흐름은 여전히 유지하고 있다.

지난해, 영화진흥위원회가 한국 시네마테크협의회에 수의 계약으로 운영 지원을 하던 방식을 바꾸어 공모제로 전환하겠다는 방침을 정하자 협의회는 물론 영화제작가협회·영화인회의·독립영화협회 같은 단체들, 각 분야의 영화인들이 집단으로 항의하는 사태가 벌어졌다. 공모제는 협의회를 배제하려는 위장 전략이며, 시네마테크 사업의 특수성을 이해하지 못하는 반문화적 만행이라는 주장을 쏟아냈다. 어떠한 변화도 거부하며, 지금까지 해오던 지원을 독점적 지정 위탁 방식 그대로 해달라는 것이었다. 독립영화협회가 운영하던 미디어센터, 독립영화전용관 사업자 선정에 반발했던 것과 같은 식의 반발이었다. 특정한 영화단체가 정책기관과 대립하는 모양새였지만, 내용적으로는 조직과 세력을 갖춘 영화 운동단체의 힘이 정치적으로 얼마만큼 확산될 수 있는가를 확인할 수 있는 경우였다.

공공지원이 시네마테크 운동이 흔들릴 수 있다고 판단한 때문인지, 후원과 지원을 통한 새로운 시네마테크전용관 건립을 위한 모금을 펴고 있다. 스타급 배우와 감독이 출연한 어느 맥주회사의 CF는 '이 광고의 출연료는 시네마테크전용관 건립기금으로 사용한다'는 자막을 붙이고 있다.

부산국제영화제는 국내에서 열리는 국제영화제 중에서 규모나 인지도가 가장 높다. 한국영화의 성장과 발전을 과시하는 상징적인 행사로 주목받고 있다. 연간 예산만도 100억 원 수준에 이른다. 문화정책을 담당하고 있는 정부나 민간·영화계 등에서는 가장 성공한 프로그램으로 꼽기도 한다. 문화예술계에서 차지하는 위상도 비례해서 높다. 부산 지역의 행정기관이나 정치인·문화계 인사들은 영화제 주최측과 교류하기를 원하며, 지속적으로 지원하고 육성해야 한다는 입장을 보인다. 이처럼 부산국제영화제는 국내에서 열리는 문화예술 행사 중에서 대표적인 행사로 부각되고 있는 만큼, 영화제를 구성하며 이끌고 있는 인물들의 발언권이나 영향력도 그만큼 크다. 유감스럽게도 언론은 부산국제영화제가 얼마나 화려하고 풍성한지를 알리는 데는 열심이지만, 영화제의 구성과 운영은 제대로 하고 있는지에 대해서는 침묵하다시피 외면하고 있다.

영화진흥위원회(영진위)는 문화관광부 산하의 공공기관이다. 영상물등급위원회·한국영상자료원과 함께 영화계 3대 기관 중의 하나이지만, 각종 지원 사업을 수행하며 관련 예산을 집행하고 있다는 점에서는 영화계 유일의 지원기관이자 대표적인 조직이기도 하다. 영화발전기금을 재원으로 삼아 연간 450억 원 내외의 사업을 집행하는데, 예술영화 제작 지원·독립영화 제작 지원, 인력 양성 사업, 단체 사업 지원 등을 포함한다. 민간 차원에서 이루어지는 상업영화 제작을 제외하고는 각종 지원 사업에 관한 한 거의 모든 분야를 망라하고 있다. 1999년 5월, 영화진흥공사를 폐지하고 위원회 체제로 새롭게 설립된 기관이다. 김대중 정부 시절에 만들어진 이후 영진위의 운영을 누가 맡는가는 영화계의 중요한 관심사였다. 영화계 갈등의 진원처럼 알려

졌지만, 영진위의 주도권을 장악하고자 했던 좌파 영화인들의 공세가 실제적인 원인이었다. 이명박 정부 들어 강한섭 위원장을 임명했지만 1년여 만에 사퇴했고, 뒤이어 들어간 조희문 위원장은 임명권자에 의해 해임당하는 파란이 발생했다. 강한섭·조희문 위원장이 재임하는 기간 동안 영진위는 온갖 논란에 휩싸였다. 성명과 시위, 언론의 비난, 야당 국회의원들의 추궁과 질타가 쓰나미처럼 이어졌다.

민주노동당 문화예술위원회는 강위원장의 사표 수리와 관련해 논평을 발표하고, "정당한 근거나 대책 없이 3기 영진위를 무조건 폄하하며 이전 협약의 내용과 사업의 연속성도 무시하고 노사 간 대화를 줄기차게 요구하는 노조의 요구를 묵살하던 4기 영진위의 비민주적 운영 방식은 반드시 시정되어야 한다"고 주장했다. 민주노동당 문화예술위원회는 특히 "이번 (기획재정부의 공공기관) 평가 결과를 두고 '비협조적인 노조 때문'이라는 변명을 고집해서는 안 된다"며, "문화부는 문화예술계의 주요 화두인 '좌파 적출식 코드 인사'를 관철시키려 할 것이 아니라 한국영화계의 미래 전망을 중심으로 사고하는 창조적인 운영을 고민해야 한다"고 지적했다. (오마이뉴스, 2009년 7월 2일자)

2010년 3월 현재, 한국영화의 미래를 고민하는 중심축인 영화진흥위원회(이하 영진위)는 여러 가지 면에서 심각한 문제점을 노출하고 있습니다. 영진위는 영상미디어센터와 독립영화전용관 사업자를 선정하는 과정에서 해당 사업 주체의 사업 성과와 정책에 대한 세밀한 평가 없이 무리하게 공모를 진행해서 파행을 이미 예고했습니다. 두 사업에 대한 공모 선정 과정에서 불거진 여러 가지 의혹과 문제점이 국회와 언론을 통해 속속 드러나고 있지만, 정작 공모를 책임지고 있는 영진위는 '문제 없음'이라는 추상적이고 주관적인 답변만을 개진할 뿐 구체적인 답변을 회피하고 있습니다. 2010년 2월 1일부터 영상미디어센터와 독립영화전용관의 운영단체로 선정된 단체들 또한 독립영화 감독들을 비롯한 영화계의 다양한 구성원으로부터 신뢰를 얻지 못한 상태에서 공간을 정상화시키지 못하고 있는 것이 지금의 현실입니다. (영화진흥위원회 정상화를 촉구하는 1천 영화인 선언)

정병국 문화부 장관이 새로운 위원장을 임명하자 언제 그랬느냐는 듯 영화계가 조용해졌고, 영진위는 제 할 일을 하는 기관이라는 평가를 받고 있다. 좌파 영화계가 적대한 인물을 연달아 낙마시키고, 자신들이 추천한 인물이 위원장에 임명됨으로써 다시 영진위의 주도권을 찾아왔다고 자축하고 있기 때문이다.

3. 한국 좌파 영화 운동의 계보

영화는 대중을 상대로 한다. 집단 관람의 효율성과 시청각적 이미지 표현의 직접성과 강렬함은 어느 매체도 따라가기 어렵다. 오늘날은 텔레비전이나 인터넷 같은 새로운 매체들이 무한대로 확장되면서 영화의 위계적 지위는 상대적으로 약화된 것이 사실이지만, 적어도 20세기를 주도한 것은 영화라고 할 만하다. 아널드 하우저가 '20세기는 영화의 시대'라고 선언했던 것은, 시청각적 영상이 사회 변혁의 수단으로서 강력한 효과를 발휘할 수 있다는 가능성을 보았기 때문이다. 소비에트 공산 혁명을 이끈 레닌이 바라본 영화는 그야말로 '혁명을 위해 탄생한 매체'였다. 영상이 재현하는 사실성, 이야기의 설득력, 똑같은 내용과 형식을 가진 프린트를 필요한 만큼 만들 수 있는 복제 능력, 휴대와 이동, 상영의 편의성 등은 이전의 어느 매체도 보여주지 못했던 특성이었다. 짜르(Czar) 체제를 무너트리고 사회주의 이념을 내세웠던 혁명 주체들이 보기에 영화는 부르주아 계급을 위해 동원된 경력이 없었다. 이전의 문학·음악·미술 같은 전통 장르의 예술들은 귀족 계급을 위해 봉사한 역사가 길었지만, 영화는 그 점에서는 혈통적으로 순수했기 때문이다. 레닌이 '영화는 혁명을 위해서 태어났다'고 선언한 중요한 배경이다. 한국영화계에도 좌파 영화 이념이 등장한 시기가 몇 차례 있었다.

1920년대 카프영화

첫번째는 일제강점기인 1930년을 전후한 무렵, 카프 문예운동이 거세게 닥쳤던 때다. 카프(KAPF: Korea Artista Proletaria Federatio, 조선프로레타리아예술가동맹)의 등장은 1919년 3·1운동 발발 이후 일제의 식민지 정책이 유화적 문화정치로 전환하면서 사회적 통제가 비교적 완화되는 추세와 러시아 공산혁명의 영향으로 사회주의 사상이 국제적으로 확산되는 것과 맞물린다. 1925년 8월 결성된 카프는 문화·예술 활동을 사회주의 혁명의 실천 수단으로 삼고자 하는 문인들이 중심을 이루어 활동을 펴나갔다. 카프의 인식이 영화로 확산된 것은 1927년, 조선영화예술협회라는 단체가 결성되면서부터였다. 설립 당시만 해도 안종화·이경손 같은 참가자들이 의도하는 것은 영화 제작 환경을 개선하고 수준 향상을 위한 정기적인 토론회나 비평 모임을 갖자는 것이었다. 이념적 지향이나 활동과는 거리가 멀었다. 그러나 이 협회가 활동의 확장으로서 연구부를 설치하고, 1기 연구생들을 모집하면서 단체의 성격은 급변했다. 카프 연극부에서 회원으로 활동하던 임화·박영호·김유영·서광제·강호·조경희 등이 가입하면서 주도권이 바뀌었다. 사회주의 이념을 신봉하던 이들은 협회의 주류였던 안종화·이경손·이우 등을 축출하는 한편, 협회를 카프에 가입시켰다

(1927년 9월). 사회주의 이념을 실현하며 민중의 계급 해방을 실천하는 데 영화만큼 유용한 매체가 없다는 인식하에 비평과 제작 활동을 지향했다.

영화비평은 당시 〈아리랑〉 〈풍운아〉 등을 감독하고 동시에 출연하여 대중적 영웅으로까지 부각되고 있던 나운규의 영화를 '민중 의식이 없는 무개념의 영화'라는 취지로 격렬하게 비난했다. 윤기정·서광제 등이 주도한 영화비평은 이념을 잣대로 하는 계급 운동의 필요성과 그것을 실현하기 위한 수단으로서의 영화를 강조했는데, 건설적 비평이라기보다는 의도적으로 논란을 유도하기 위한 비난에 가까웠다. 곧 영화인들로부터 "실행할 역량은 전혀 없으면서, 관념적인 망상이나 늘어놓는다"는 반박에 부딪혔다. 카프계열의 영화비평가들은 자신들이 내세우는 주장의 정당성을 확보하기 위해서, 그리고 영화의 올바른 역할이 무엇인가를 보여주기 위해서 구체적인 작품을 만들 필요가 있었다.

하지만 영화 만들기는 쉽지 않았다. 이념이 무엇을 지향하든간에 영화를 제작하기 위해서는 막대한 자본과 기술적 역량, 창의적 재능이 필요했고, 제도적 절차를 거쳐야 했지만 어느 하나도 만만한 것이 없었다. 어려운 과정을 겪은 끝에 김유영(金幽影, 본명 金榮得, 1908~1939) 연출의 〈유랑〉(流浪, 악덕 지주의 소작인 착취, 1928), 〈혼가〉(昏街, 고향을 등진 독립투사들의 이야기, 1929), 〈화륜〉(火輪, 3·1운동 후 노동자와 자본가의 계급 투쟁, 1931), 그리고 강호(姜湖, 본명 姜潤熙, 1946년 월북, 1908~1984)가 감독한 〈암로〉(暗路, 일제 수탈과 장기간의 농업 공황으로 황폐화된 농촌 실상, 1929), 〈지하촌〉(地下村, 한강 다리 밑 빈민 노동자의 삶, 1930) 등이 완성되기는 했지만, 좌파 영화인들의 주장을 확산시키기보다는 내부적으로는 갈등과 반목을 자초하였고, 외부적으로는 일제의 영화 검열이 강화되는 계기를 가져왔다.

당시 노동계의 실태를 반영하는 노동영화를 제작하고, 일제에 항거

하는 저항 운동을 확장하는 수단으로 동원하려 했으나, 조선총독부의 검열 과정에서 제약을 받은 부분을 감안하더라도 영화의 수준은 낮았다. 특히 카프 계열 내부로부터의 비판은 신랄했다. 김유영·서광제 등이 만든 〈화륜〉에 대해 임화(林和, 1908~1953)는 "이데올로기적으로 불성실하며 관객의 비속한 취미에 영합하려는 상업주의의 노골적 발로"라고 단언하며 거칠게 비판했다. 결국 카프 영화계는 카프 영화부, 카프에서 이탈해서 만든 신흥영화예술가동맹으로 나뉘었다가 다시 이합집산의 과정을 거쳐 김유영·서광제 등이 중심이 된 '서울키노'와 임화가 중심이 된 '청복(靑服)키노'로 나뉘는 등 노선을 둘러싼 갈등과 대립이 격화된다. 실제 예술 활동은 하지 못한 채 정치 조직으로 성격이 바뀐 카프의 활동이 추진력을 잃어가는 데다 일제의 감시 강화, 좌파 영화인들간의 분열과 갈등의 격화로 좌파 영화 활동은 급격히 쇠퇴한다.

해방기의 조선영화동맹

두번째 시기는 해방과 대한민국 정부 수립까지 기간 동안이다. 해방을 맞은 영화계는 빈약하고 혼란스러웠다. 시설은 조선영화제작주식회사가 소유하고 있던 것들이 남아 있었지만 누가, 어떻게 운영해야 할지 갈피를 잡을 수 없었고, 필름을 비롯한 각종 재료는 극도로 부족했다. 이같은 상황에서 영화계를 정비하고, 조직의 체계를 갖추어야 한다고 나선 것이 조선영화건설본부(영건)였고, 곧이어 조선프로레타리아영화동맹(프로영맹)이 결성되었다. 영화건설본부 쪽은 영화계에서 활동하던 인물이 중심을 이루었고, 프로영맹은 영화 경력이 거의 없는 인물들이 주로 참여했다. 이념적으로는 프로영맹이 좌파적 경향이 더 강했고, 영건은 현실 문제에 더 관심이 많은 듯했지만 좌파 성향이라는 점은 크게 다르지 않았다. 하지만 두 단체는 곧 조선영화동맹이라는 새로운 단체에 통합되고, 대한민국 정부가 수립될 때까지 영화동맹은 영화계를 주도하는 세력으로 떠올랐다. 좌파 세력이 영화계를 장악하고, 여론을 주도했던 시기였다.

　해방과 남북 분단, 신탁통치와 군정, 정부 수립 등 정치적 격동 과정에서 좌우익의 이념 대립과 대결 구도는 격화되었다. 찬·반탁의 소용돌이가 나라 전체를 휩쓰는 가운데, 반탁에서 찬탁으로 돌아선 좌익 진영은 미소공동위 개최와 임시정부 수립에 대비하여 사회 각 분야별로 조직적 세력화를 시도한다. 1946년 2월 15일 민주주의민족전선(이하 민전)의 결성은 좌파 세력의 전면 등장이나 다름없었다. 민전은 곧이어 2월 24일에 문화단체들을 중심으로 조선문화단체총연맹(이하 총연맹)을 결성하는데, 영화동맹은 총연맹의 하위조직으로 참여했다.

　민전은 당시 정세를 '진보적 민주주의 혁명'을 완수해야 할 단계로 파악했으며, 총연맹은 그에 따라 민주주의 민족 문화의 건설을 천명하는 선언과 강령을 채택했다. 영화동맹은 민전과 총연맹의 노선이 지향하는 교시적 선언에 따라 진보적 민주주의 건설을 위한 수단으로서 민족영화의 발전과 완성을 천명하면서, 좌파 영화정책들을 제시하게 되는데, 상위 조직이 지시하는 이념적 지향에 따라 하부 조직이 실행하는 구조를 드러낸 것이다. 성립 당시 중앙과 지방 조직을 함께 갖춘 영화동맹의 전국 조직원은 716명이었고, 가입한 단체는 제작·배급·흥행·기술·연구 분야의 39개였다. 영화동맹은 전국적인 조직망을 갖추었을 뿐만 아니라, 영화건설본부와 프로영화동맹으로 이원화되어있던 영화계 조직을 통합함으로써 외형적으로나 이념적으로 좌파 조직의 통합과 주도권을 장악하게 된 것이다. 영화동맹을 대체하거나 견제할 수 있는 조직은 없었다. 영화감독들이 모인 영화감독구락부 같은 모임이 있기는 했지만, 느슨한 친목단체 수준이었을 뿐 정치 지향의 활동을 할 만한 조직도 이념도 갖추지 못했다.

영화계를 통합한 영화동맹은 이동영사 활동, 출판사업, 서클 조직, 영화강좌 개설, 지부 설치 등을 통해 조직과 활동을 확장해 나갔다. 1946년부터 1947년 사이에 여러 곳에서 열린 '영화강좌'는 각본·기술·연기·음악 등 제작에 소요되는 기술적인 요소들뿐만 아니라 '영화정책론' '영화기업론' '영화 역사' '민주주의 해설' 등 사회주의 이념에 근거한 이론들도 포함하고 있다. 강좌 개설 외에도 '기념영화주간' 행사(3·1절 기념 영화주간, 메이데이 기념 영화주간, 6·10만세 투쟁 기념 영화주간, 8·15기념 영화주간, 세계명작 영화주간 등)도 적극적으로 진행했다. 영화동맹은 이같은 과정을 통해 영화 운동의 이론 확립과 내부 역량 강화 등을 시도했고, 영화계 현안에 대한 정치적 대응을 확대함으로써 정치적 주도권을 확장해 나갔다. 민족전선과 총연맹의 정치적 이념과 노선을 영화 운동에 적용함으로써 영화계를 정치적 전위로 활용하고자 한 것이다. 영화동맹이 영화인들을 규합하고, 조직적인 전위로서의 위치를 확보해 나가는 과정에서 중요한 명분으로 삼은 것은 미국 주요 영화사들이 공동으로 참여하여 영화 배급을 하고 있는 중앙영화배급사(중앙영배)[1]의 시장 독점 문제를 강력하게 비판하는 독과점 반대 운동, 군정청 포고 제68호와 제115호에 의거한 영화 제작 허가제와 검열제를 철폐해야 한다는 '영화법 폐지 운동' 같은 것들이었다. 영화동맹 입장에서는 이것이 단순히 행정적 통제가 아니라 좌파 조직의 확장과 역량 강화를 방해하기 위한 군정청의 전략적인 조치라고 보았다. 실제로 미군정은 좌익계열들이 영화를 선전과 교육에 이용하려는 것에 대해 주목하며 규제 입장을 유지했다. 소련영화는 상영 자체를 막았다. 조선영화동맹이 주최하는 '항일투사

---

1) 제2차 세계대전 종전 후 미 육군성과 국무성, 미국영화수출협회(MPEA)가 상호 협력하여 일본 도쿄에 설치한 미국영화배급회사(CMPE). 한국에는 1946년 4월에 설치했다.

유가족 위안 영화주간' 행사(1946. 3. 10~14, 제일극장)에서 상영하려던 〈윈나진주〉[2]라는 소련영화의 상영을 금지시킨 데 이어, 38선 이남 지역에서는 소련영화 상영을 전면적으로 금지시키고 상영중인 소련영화에 대해서는 모두 압수 조치했다.[3]

이후 남한 지역 내에서 소련영화가 상영되는 것은 금지되었다. 군정청의 포고령이 발효된 이후 공보부의 검열을 거치지 않은 영화에 대해서도 압수했다.[4]

영화를 통해 대중 선전과 교육, 정치 세력 강화를 겨냥한 좌파 영화계의 의도는 이같은 조치로 심각한 타격을 받을 수밖에 없었다. 특히 영화동맹은 포고령 제115호 중 영화의 허가제를 명시한 제3조를 문제삼았고, 그 중에서도 15인 이상의 관객이 모인 경우라면 입장료 유무와 상관없이 영화를 상영할 수 없도록 하는 공연 제한 규정에 대하여 집중적으로 반발했다. 이 제한으로 인해 일반 영화관은 물론 학교·직장·단체·농어촌 지역 등 모든 상영 장소에서의 영화 상영이 위법 소지를 안게 되었기 때문이다. 영화 대중화 운동의 일환으로 상설 영화관이 없는 산간벽지까지 이동영사대를 파견, 〈해방뉴스〉〈민족전선〉 등의 영화를 상영하던 영화동맹 입장에서는 사실상 영화 상영을 봉쇄당하는 것이나 다름없었다. 이동영사대 등을 동원하여 공장이나 농어촌 지역을 찾아다니며 영화 상영을 통한 이념 선전에 주력하던 좌파 영화동맹의 활동은, 미군정의 판단으로는 문화 활동으로 위장한 불온한 정치 활동이라고 보았다.

---

2) 비엔나 進駐. 제2차 세계대전이 끝난 후 오스트리아 비엔나에 미국·영국·프랑스·소련이 주둔군으로서 진주하였는데, 〈윈나진주〉는 소련군이 진주하는 과정을 기록한 영화로 추정된다.

3) 〈조선일보〉, 1946년 3월 12일자.

4) 〈한성일보〉, 1946년 5월 5일자는 검열을 거치지 않아 압수된 영화가 명동극장·서울극장·장안극장·제일극장 등 9개소에서 12편에 이른다고 보도하고 있다.

영화동맹은 포고령 제115호가 조선영화의 민주적 재건을 저해하고 영화 상영의 자유를 압박하는 것이라며 법령의 철폐를 주장하였지만, 내용적으로는 좌익 영화 운동이 심각하게 위축될 것을 우려한 전술적 판단이 더 크게 작용했다. 영화동맹은 포고령 철폐를 요구하며 발표한 성명에서 "영화뿐만 아니라 일체의 예술 문화는 그 발표의 자유를 향유해야 한다" "미군정은 조선의 문화에 관하여는 반미적 경향이 있는 것에 한하여 제재 혹은 간섭할 수 있는 것이니 동법령이 성립될 수 없다" "동법령은 무허가 상영 영화를 몰수한다고 하였는데, 이것은 언어도단이다"라고 지적히며 반발했다.

나아가 영화동맹은 영화를 국영화(國營化)해야 한다는 주장을 확산시키는데, 국영화 주장은 영화동맹의 서기장을 맡고 있던 추민(秋民)이 주도했다. 국영화 단계에서 추진해야 할 주요 사업은 다음의 다섯 가지를 제안하고 있다. (1)영화산업에 소요되는 기재와 설비는 국가적 견지에서 수입·수출하며 교재·문화·계몽·기록영화 및 극영화의 제작에 힘쓴다. (2)배급은 외래자본과 국가경제 사이의 조절을 기하고 민족 문화를 앙양할 수 있는 기획정책으로써 시행할 것이며, 상설영화관을 건설하고 운영한다. (3)이론기술자를 확보하고 양성하기 위하여 영화과학연구소를 설치하고, 영화인(예술가, 기술가)을 외국에 파견한다. (4)사영(민간산업)에 대하여는 기술적인 조치를 강구하고 문화적으로나 기획적으로 국가에서 적극 지도하고 장려한다. (5)전문적인 영화학교를 설립하고, 학교·직장·공장·농촌과 산간지역, 어촌마다 영화 시설을 갖춘다. 영화동맹의 영화 국영화 제안은 레닌이 러시아 혁명 이후 영화 제작 일체를 국영화했던 것과 같은 맥락이다.

80년대-무기로서의 영화 운동

세번째로 좌파 영화 운동이 등장한 것은 1980년대에 이르러서다.

1979년 박정희 대통령의 갑작스런 서거 이후 전두환 정권이 등장하자, 영화계에서는 권위주의 정권에 저항하고 타격을 줄 수 있는 운동을 파상적으로 펴나갔다. 서울대학교의 영화 동아리 '얄라성'의 등장 이후 여러 대학에 영화 동아리가 설치되었고, 소규모 영화 클럽도 이름을 걸었다. 1970~80년대 칠레·볼리비아 등에서 일어났던 정치 지형의 변화를 미국의 정치 공작으로 몰아세우며, 노동자·농민 등 인민대중은 제국주의 권력에 혁명으로 맞서야 한다는 주장을 담은 종속이론, '영화는 혁명을 위한 총칼의 역할을 하여야 한다'는 제3영화론 같은 개념들이 영화 운동의 명분으로 동원되면서 국내에서는 '열린 영화' '작은 영화' '대안영화' 같은 용어들이 확산되기 시작했다. '독립영화'는 산발적으로 통용되던 여러 형식과 운동의 명칭을 통합한 것이라고 할 수 있다.

〈피바다〉 〈꽃파는 처녀〉 같은 북한영화를 대학가에서 상영하고, 광주사태를 소재로 한 〈오! 꿈의 나라〉 같은 16mm 영화를 제작하여 마을회관, 대학의 동아리 사무실, 단체의 모임 장소 등 상영이 가능한 곳이면 어디든 상영을 시도했다. 북한영화나 심의 절차를 거치지 않은 영화를 공개적으로 상영하려는 시도는 국가보안법·형법·영화법 등이 금지하고 있다는 점에서 이 제도를 조롱하거나 무력화하는 것이며, 정권의 정당성을 흔들고자 하는 것이었다. 막지 않으면 법과 제도가 무력화되는 것이고, 막으면 이를 부당한 통제와 억압으로 돌려 새로운 투쟁 명분을 확보하게 된다. 영화법 폐지, 영화진흥공사 폐지, 공연윤리위원회 폐지, 검열 반대 등 영화 제작과 상영에 조금이라도 규제적인 요소는 무엇이든 폐지를 주장했고, 동시에 정부는 무제한적인 지원과 육성을 책임져야 한다는 요구를 내세웠다. 영화진흥법 제정, 영화진흥위원회 설립, 국립영화학교 설립, 제작 지원과 유통 지원 등은 반드시 실현해야 할 과제로 내세웠다.

1980년대의 영화 운동은 '충무로'로 일컫는 기존 영화계가 중심을 이루고 있었고, 영화 운동에 참가하는 중심은 대학이었기 때문에 강건한 주류에 대해 외곽의 운동권이 시비를 거는 형태처럼 보였다. 90년대에는 외곽에 있던 그룹들이 영화계 제작 현장에 나가는 경우가 감독뿐만 아니라 시나리오·촬영·편집·녹음·음악 등 여러 장르에 걸쳐서 차츰 생겨났다. 영화산업 환경이 변하면서 대기업 자본이 영화제작에 나선 것도 영화계 변화에 큰 영향을 미쳤다. 투자 개념이 도입되면서 기존의 제작 자본과 시스템은 급속하게 밀려났고, 영화 경력이 없는 인력들이 진입하는 사례도 크게 늘어났다. 과거 영화계를 움직이던 도제시스템이나 위계 개념은 약화되었고, 새로운 감성과 기획력을 가지고 투자자본을 유치할 수 있다면 제작자가 될 수 있었다. 이들이 기획하고 제작하는 영화가 증가하면서 새로운 영화 인력들은 별다른 견제나 충돌 없이 영화계로 진입할 수 있었다.

무엇보다도 김대중 정권의 등장은 좌파 영화 운동 세력들에게 이전과는 다른 환경을 만들어 주었다. 비주류에서 움직이던 영화운동가들이 권력의 운영자가 되고, 정책의 중심에 진입하게 되면서 그들의 구상과 주장은 실행이 되었다. 영화법을 영화진흥법 체제로 바꾸고, 영화진흥공사를 영화진흥위원회로, 공연윤리위원회를 영상물등급위원회로 개편했다. 영화정책 운용에 필요한 권한과 행정력, 예산의 배분권을 갖게 되었다는 것을 뜻한다. 영화계에 새로운 단체와 조직이 만들어지고, 정부가 수립된 이후 처음으로 좌파 정권이 등장하면서 정치를 비롯하여 사회 각 분야에 충격적인 변화가 나타났던 것처럼 문화·예술계 역시 같은 변화를 겪게 된다. 노무현 정권 5년은 좌파 문화예술의 전면 등장이 과도기적 현상이 아니라 주류 세력으로 고착하는 단계로 만들었다. 기관과 단체·조직에는 그들이 임명했거나 추천한 인물이 자리를 잡았고, 법령이나 제도·규정은 그들의 입장을 보호하고 유지할 수 있는 방패로 작용했다. 노무현 정권이 끝났을 때, 문화예술계의 지형은 완전히 좌편향 일색으로 변해 이들이 사실상 중심을 차지했다.

4. 한국영화, 중심의 가치와 조화를 위하여

오늘의 한국 사회는 단순히 이념적 지향만을 전제로 가치를 판단하고 대립하거나 적대하기가 어려울 정도로 다원화 단계로 바뀌었다. 문화예술이 다양성과 자유로운 표현을 바탕으로 한다는 점을 감안하면 지금의 변화는 거쳐야 할 과정이기도 하다. 그러나 중요한 것은 중심의 가치가 무엇인지를 명확히 하며, 그 바탕 위에서 견제와 균형·조화를 실현해 나가는 일이다. 문화예술계는 이념적으로 치열하지만 그것을 넘어서려는 노력은 찾기 어렵다. 정치는 의도하든 그렇지 않든 협상하고 조정해야 할 상대가 있고, 지지하는 유권자들의 평가와 선택을 받아야 하는 선거 과정이 있지만, 문화예술 영역은 개인이 주체이고 가치 중심적 행동이 강하다. 조직화가 어려울 것 같으면서도 어울리고 뭉치는 성향을 곳곳에서 드러낸다.

문화예술계 전부가 이념적으로 좌파라고 단정할 수는 없다. 설령 좌파적 가치를 가진다 하더라도 그것만으로는 비난할 수도 규제할 수도 없다. 그러나 문화예술계의 좌파 성향이 조직화되고 세력화하여, 대한민국의 자유민주주의적 정체성을 부정하는 집단적 힘으로 작용하는 것은, 문화예술 창조에 필요한 다원주의적 환경을 자기 검열·집단 검열을 통해 파괴하는 것이다. 영화계는 영화는 물론 인력, 조직, 이념적 지향까지 대대적인 변화를 겪었다. 사실상 좌파적 이념이나 조직을 견제하고 대응할 만한 중심이 없는 상태이고, 앞으로도 그 현상은 더욱 강화될 것이 분명하다.

한국영화는 문화의 중심에 들어와 있고, 사회적인 영향력도 그만큼 커졌다. 놀라운 발전처럼 보이지만 사회적으로 어떻게 기능하고 있는

지, 어떤 생각과 방향으로 운영되고 있는지를 살펴보는 것은 언제나 필요한 일이다. 영화가 전달하는 힘과 결집의 영향력은 초기부터 부각된 요소이지만, 미디어 환경이 극도로 다양화하고 있는 오늘날에도 그 힘은 막강하다. 더구나 영화는 아무리 강한 주장을 해도 '영화'라는 인상에 희석되며, 오히려 개성 있는 표현으로 주목받기까지 한다. 특히 한국영화가 성장을 계속하며 문화의 중심 역할을 하고, 국제적인 교류를 확대하고 있다 하더라도 우리 사회에서 어느 위치에서 어떤 역할을 하고 있는지는 주의 깊게 보아야 한다. 영화는 문화이고, 운동이며, 정치이기 때문이다.

[14]

상품이 된 이념
-한국영화 속의 그림자들

영화는 밤늦은 카페에서 섹시한 모습으로 혼자 술잔을 앞에 둔 젊은 여자 손님 같다. 괜히 말이라도 걸어 보고 싶고, 잘하면 말을 건네는 이상의 어떤 일도 만들 수 있을 것이란 생각을 할 수도 있다. 1895년 12월, 프랑스 파리에서 처음 대중 상영을 시작한 이후 영화는 인기 있는 대중매체로 주목받았다. 교육받지 않은 사람들도 쉽게 볼 수 있었고, 똑같은 내용을 여러 곳에서 반복적으로 보여주는 것도 가능했다. 글이나 말로는 할 수 없는 표현도 간단히 보여줄 수 있었다. 1910년대가 되자 영화는 어떤 매체보다도 강력한 영향력을 확보했다. 대중은 쉽고 재미있는 구경거리에, 예술가들은 독특한 표현 기능에, 정치가들은 뛰어난 선전 기능에, 흥행사들은 엄청난 상품가치에 민감하게 반응했고, 저마다 원하는 방향으로 영화를 이용하고자 했다.

권력의 입이 되다

미국은 거대한 흥행 상품으로 만들어 산업화했고, 소비에트 공산혁명을 이끈 레닌은 국유화를 통해 혁명의 선전수단으로 삼았으며, 유럽의 예술가들은 예술적 표현 실험에 몰두했다. 극장이나 공회당·광장 같은 곳은 물론이고 급히 만든 가설무대에서도 해가 지고 세상이 어두워지면 영화는 마술 같은 환상으로 사람들을 홀렸다. 갈수록 영화는 섹시해졌고, 더 많은 사람들이 넋을 잃고 모여들었다. 그 과정에서 영화는 의도적으로, 또는 의도하지는 않았지만 결과적으로 이념을 전달하는 대표적인 매체가 되었다. 영화의 역사는 누가 그것을 더 효과적으로 장악하며 주도하는가의 게임이나 다름없었다.

액션영화의 주인공들은 항상 그의 적(들)과 싸운다. 중간 과정이 아무리 엎치락뒤치락하더라도 주인공은 마지막 부분에서 승리한다. 제2차 세계대전을 배경으로 한 영화들에서는 주로 독일군이 적으로 등장하며, 세계 평화를 다루는 영화들에서는 우주에서 날아온 에일리언이나 UFO 같은 존재들이다. 〈에일리언〉의 여자 전사 리플리는 우주 괴물들과 사투를 벌인다. 시리즈로 이어지는 후속편에서도 변함없다. 〈터미네이터〉의 인류 생존자들은 기계인간 터미네이터들과 싸운다. 1편이 흥행에서 대성공을 거두자 2편에서는 1편과 똑같이 생긴 터미네이터가 인류의 보호자로 변신한 뒤 다른 터미네이터와 대결한다.

서부영화들에서는 오랫동안 인디언을 서부 개척자들을 위협하는 난폭한 적으로 설정했다. 존 포드 감독의 대표작으로 꼽히는 〈역마차〉(1939)에 등장하는 인디언들은 얼굴에 전투화장을 한 채 괴성을 지르며 역마차를 뒤쫓는다. 그들은 이름도 없고, 감정도 없는 존재들이며, 어느 부족인가를 정확하게 구분하지도 않는다. 그저 '인디언'들일 뿐이다. 간혹 인디언이 비중 있는 역할을 맡는 경우라도 실제 인디언 배우가 등장하는 것은 드물고, 백인 배우들이 분상을 한 채 인디언 역할을 하곤 했다. 〈제로니모〉의 척 코너스, 〈아파치〉의 버트 랭카스터 같은 경우들이다. 인디언들이 저마다 이름을 가지고 있으며, 나름의 전통과 문화를 가지고 있다는 사실을 인정하는 것은 〈작은 거인〉이나 〈늑대와 춤을〉 같은 영화들에 이르러서였다.

적은 언제나 '공공의 악'

1962년에 첫 작품 〈살인번호〉(Dr. No)를 시작으로 지금까지 이어지고 있는 007 시리즈는 제2차 세계대전 이후 세계가 자유진영과 공산진영으로 나뉘어진 상황에서 등장한 '적'들의 변천사나 다름없다. 영국의 비밀 정보기관 MI 5에 소속된 007 제임스 본드는 자유 세계를 지키는 무적의 영웅이자 바람둥이며 멋쟁이기도 하다. 그가 맞서는 적들은 기본적으로 소련의 비밀정보기관 KGB의 요원이거나, 비밀스럽게 조종을 받는 범죄 조직의 킬러들이다. 첫 작품의 주인공 노박사나 2편 〈위기일발〉(국내에서는 이 영화가 먼저 개봉하고, 〈살인번호〉가 두번째로 개봉했다)의 킬러 그랜트는 KGB의 지령을 받고 움직이는 악의 세력들이다.

3편인 〈골드핑거〉의 악당 골드핑거나 4편 〈선더볼 작전〉의 애꾸눈 라르고, 5편 〈두 번 산다〉의 블로펠드 등은 비밀 범죄 조직 스펙터의 조직원들로 설정되지만, 스펙터 역시 은밀하게 KGB의 영향력 아래 있다는 것을 감안하면 악의 근원은 여전히 소련이다. 냉전시대의 두려움과 적개심을 영화의 중요한 모티프로 삼고 있는 것이다.

그러나 1990년대를 넘기면서 소비에트연방이 해체된 이후에는 적의 존재가 모호해진다. 정부 차원의 조직적인 기구가 사라지는 대신 자생적 범죄 조직이 그 역할을 대신한다. 〈살인면허〉나 〈골든아이〉〈네버다이〉에서는 남미의 마약 조직, 러시아 마피아, 세계 제패를 꿈꾸는 미디어 황제가 악당으로 등장하며, 〈어나더데이〉에서는 북한 군부의 급진적 강경파가 뒤를 이어받기도 한다. 때로는 업무 수행에 나선 제임스 본드가 러시아 정보요원과 협력 관계를 형성하거나(〈나를 사랑한 스파이〉〈골든아이〉), 중국의 정보요원과 팀을 이루기까지 한다(〈네버다이〉). 한때 공산주의 진영의 중심이자 서방 세계를 위협하는 가장 강력한 적으로 등장했던 존재들이 우호적 협력 관계로 전환한 것은 시대의 변화를 반영한 현상이다. 이런 가운데서도 '람보'는 여전히 베트남과 아프가니스탄에서 러시아군을 상대로 1인 전쟁을 벌이지만(〈람보2〉 〈람보3〉) 대세를 되돌리지는 못했다.

이런 영화들이 설정하는 적의 모습은 외부의 적이든 내부의 적이든 몇 가지 공통점이 있다. 첫째는 악당은 공공의 적이라는 개념을 적용한다. 악당들이 위협하는 대상은 평화로운 가정, 행복한 가족, 또는 그들이 속해 있는 공동체다. 주인공은 사사로운 복수를 앞세우기보다 공동체적 평화와 행복을 위해 결연히 앞장서서 싸운다. 혹시 경찰이나 군대, 정부 조직 내에서 문제가 발생하더라도 특별한 개인 또는 단위 부서의 문제로 처리되는 것이 보통이며, 통제할 수 없는 상태로 확산되어 조직 자체가 붕괴되는 경우는 찾아보기 어렵다. 적과 동지에 대한 구분이 명확하며, 어떠한 경우라도 자기 정체성에 대한 부정으로까지 연결되지는 않는다는 뜻이다.

적, 내부의 '그놈들' 그리고 권력

최근 한국영화에 등장하는 적의 이미지는 크게 다르다. 치명적인 적은 외부의 위협이 아니라 내부의 존재들이다. 부도덕하게 권력을 장악한 정치가, 학생들을 함부로 구타하며 군림하는 교사들, 남의 나라에서 제국주의적 힘을 앞세우는 미군 등으로 나타난다. 그런 영화들에 등장하는 적의 모습은 특정한 개인의 행위로 묘사되지만, 궁극적으로 겨냥하는 것은 그 개인이 소속되어 있는 집단 또는 체제다. 구체적으로 '나쁜 놈 누구'가 아니라 그가 소속되어 있거나, 그를 조종하는 더 큰 세력 자체를 상징하는 '나쁜 놈들'로 설정되는 것이다. '선생놈들' '부자놈들' '정치가놈들' '미국놈들' '일본놈들' 같은 식이다. 영화를 사회혁명의 수단으로 삼았던 레닌 시절의 러시아영화가 지주·자본가 계급을 적으로 설정했던 것이나, 1970년대 남미 여러 나라들에서 등장한 이른바 '제3영화'들이 미국을 제국주의의 원흉으로 공격하고, 권력을 장악한 자국의 정부를 미국의 조종을 받는 괴뢰정권으로 간주하며 민중 봉기를 선동했던 경우와 다를 바 없다. 영화를 만드는 사람의 이념적 주장을 반영하거나 상업적인 경향이 결합하면서 나타나는 현상이다.

〈여고괴담〉은 여자고등학교를 무대로 벌어지는 의문의 살인을 소재로 삼은 공포영화이지만, 교사는 학교에서 일어나는 모든 사건의 원인이자 원흉이라는 시각을 전제로 삼고 있다. 이전의 영화들에서도 교사가 등장하는 경우가 있었지만 일반적 수준의 '선생님' 이미지를 벗어나지는 않았다. 성장기 학생들의 고민이나 장래에 대해서 관심을 갖기보다는 입시 성적에만 집중하고, 학생들의 부모가 가진 권력이나 돈의 크기에 따라 쉽게 학생을 차별하며 희롱이나 폭력도 주저하지 않는 것처럼 묘사한다. 교실에서 학생들을 함부로 구타하고, 왜 그러느냐고 묻기라도 하면 선생에게 반항하는 것이냐며 더 심하게 두드린다. 교사가 아니라 성격장애 수준의 캐릭터로 등장한다. 더구나 그 같은 문제교사의 행동은 교장이나 재단의 비호를 받는 것처럼 묘사한다. 교사가 정당한 성격과 행동으로 업무를 수행하고 있는지에 대한 확인 체제는 아예 없는 것처럼 그리거나, 특정한 몇몇 인물이 학생들의 모든 동태를 감시하는 수용소 같은 공간으로 설정하고 있을 정도다. 교사와 학생들의 관계는 존경은 고사하고 서로가 적대하는 원수수준이다. 〈친구〉에서도 그랬고, 〈화산고〉 〈말죽거리 잔혹사〉 〈사랑하는 말순씨〉 〈스승의 은혜〉 같은 영화들에서도 마찬가지이다. 〈선생 김봉두〉나 〈여선생 대 여제자〉 같은 경우는 폭력 수준은 훨씬 덜하지만 촌지 챙기는 일, 촌지를 더 많이 받을 수 있는 '물 좋은' 지역으로 근무지를 옮기는 일에 온통 관심을 두는 존재쯤으로 묘사한다.

〈투사부일체〉〈공공의 적 2〉에서는 한발 더 나아가 사립학교 재단 운영자는 그야말로 사회의 악, 공공의 적이라고 단정한다. 학생들에게 폭력을 휘두르는 일 외에는 아무런 관심도 능력도 없는 것 같은 교사, 학교를 치부의 수단으로만 여기는 재단의 비호를 받으며 교사와 학생들에게 군림하는 교장·교감은 모두 권위주의 시대의 상징, 수구 세력의 화신이라고 보는 것이다.

국가권력의 정당성에 대한 비판도 새로운 경향 중의 하나다. 〈그때 그 사람〉은 박정희 전 대통령이 측근에게 시해당하던 전후의 상황을 재현하고 있지만, 역사적 사건의 맥락에 대한 고려는 관심 대상이 아니다. '대통령 박정희'의 방탕과 위선, 친일적 이미지를 과장하며 희화화하고 있다. 그가 대한민국의 정치지도자가 된 것은 역사에 대한 반역이며, 그가 통치했던 시대는 불우한 악몽의 세월이었다는 것처럼 조롱하고 모욕한다. 특정한 사건을 재현하면서도 필요하다면 가공의 상황까지 배치함으로써 감독의 주장을 강조하기까지 한다.

박정희 대통령 시대가 어두운 폭력의 시대였다는 주장은 〈효자동 이발사〉에도 등장한다. 청와대와 가까운 효자동의 작은 이발소를 운영하고 있던 이발사 가족은 우연히 시대적 폭력의 한가운데 갇힌다. 아들은 불구가 되고, 가족의 행복은 이유도 제대로 모르는 채 산산조각난다. 감독은 박정희 대통령 시대의 어두운 풍경과 그림자를 영화 내내 배경처럼 비춘다.

이보다 더 강경하게 발언한 경우는 〈실미도〉다. 북한에 비밀스럽게 침투시키기 위해 조직했던 '실미도 부대'의 설치와 훈련·소멸까지의 과정을 그린 이 영화는, 사건의 모든 원인과 책임을 '부도덕한 권력'으로 돌린다. 훈련부대의 교관이 잔혹한 이유도, 훈련 도중 대원들이 죽어가는 것도, 살인병기로 훈련시켰다가 정치적 상황이 변하면서 역할이 사라지자 가차없이 흔적을 지워 버리라고 명령하는 것도 모두 어두운 권력이다. 부대원들의 '처리'를 거부하는 부대장에게 권총

을 들이대며 위협하는 정보기관의 고위간부는 권력의 집행자 역할을
한다. 이 영화 역시 실제 사건을 모티프로 삼고 있으면서도 등장인물,
사건의 경과 등에서 픽션을 가감한다.

영화적 포퓰리즘, 국수적 민족주의

〈괴물〉은 미군부대에서 방류한 독극물 때문에 생긴 돌연변이 괴물
이 치명적인 악역을 맡는다. 엄청난 양의 독극물을 버리라고 명령하
는 미군 군의관과 무단 방류하면 심각한 오염을 유발할 것을 알고 주
저하는 한국인 군의관의 관계는 정치적 함의를 표현하는 것처럼 보
인다. 미국의 판단과 결정에 어쩔 수 없이 따라야 하는 한국의 국가
적 위상을 상징하는 표현으로 설정하고 있기 때문이다. 미군 군의관
은 독극물인 줄 알면서도 한강에 버리라 명령하고, 한국인 군의관은
자신의 판단과 의지와는 다르게 괴로운 표정으로 하수구에 쏟아붓는
다. 얼마간의 시간이 지난 후 한강에는 돌연변이 괴물이 등장하고, 서
울 시민들을 닥치는 대로 공격한다. 매점 운영으로 소박하게 살아가
던 박강두 일가족의 일상도 무력하게 찢긴다. 딸은 괴물에게 납치되
어 생사가 모호하고, 아버지는 처참한 죽음을 맞는다. 괴물과 접촉한
서울 시민을 격리 수용한 의료 시설의 관계자들, 위험 지역을 관리하
는 경찰·행정관리들은 아무런 역할도 하지 못한다. 긴급한 상황 중에
서도 주머니 챙기는 일에 더 신경을 쓸 정도다. 가족을 지키는 것은
오로지 가족뿐이다. 우리 사회의 평화를 위협하는 진짜 괴물의 정체
는 무엇인가라는 적개심을 바탕에 깔고 있다.
　이보다 앞서 흥행 바람을 일으켰던 〈웰컴 투 동막골〉도 미군이나
국군을 적으로 묘사한 경우다. 6·25전쟁중의 강원도 산골 마을의 평
화를 깨는 존재는 미군이 중심이 된 연합군이다. 남한의 국군과 북한

의 인민군 낙오병들은 우연히 동막골에서 조우하지만, 곧 경계심을 걷어 버린 채 형제들처럼 어울린다. 전쟁의 원인이나 책임에 대한 고민은 없다. 마을의 평화가 깨지는 것은 조난당한 미군 조종사를 찾으려는 국군 수색대가 등장하면서부터다. 그들은 마을 주민들을 위협하고 협박한다. 이어지는 미군의 공습으로 마을의 모든 것은 산산조각 난다. 결국 미군은 모든 비극의 배후이며 증오의 대상처럼 비친다. 적과 아군·동지의 개념은 멀리 날아간다.

'대한독립만세'를 외치는 〈한반도〉는 더 직설적으로 일본을 적으로 몰아세운다. 대한제국이 국권 침탈을 당한 지 100년이 지났지만 여전히 일본이 한국을 지배하고 있다는 상황을 설정한 이 영화는 오만하고 무례한 일본을 응징하려 한다. 사실을 뛰어넘는 과장과 국수적 민족주의를 배합한 구성을 흥행 포인트로 삼아 관객의 감성을 흔들고자 한다. 영화적 포퓰리즘이다.

좌파 영화, 카프가 꿈꾸던

한국영화가 이념적 수단으로 동원된 역사는 길다. 미국인 여행가 엘리어스 버튼 홈스(Elias Burton Holmes, 1870~1958)가 1901년 가을, 고종 황제에게 처음 소개한 것을 계기로 우리 땅에 들어온 영화는 1903년의 대중 상영을 거쳐 1923년에 이르러서야 제작 단계로 접어들었다.

그러나 한반도를 강점한 일본은 정치 선전을 확산하고, 국민들의 반일 감정 억제를 위해 영화에 대한 통제를 지속적으로 유지했다. 영친왕을 일본에 볼모로 데려간 이토 히로부미(伊藤博文)는 영친왕의 동정을 수록한 영화를 계속 국내에 소개하며 우호적 여론을 조장하려 했다. 한반도 강점이 본격화된 이후에는 영화 제작 전문팀인 활동

사진반(活動寫眞班)을 설치해 선전 작업을 주도한 조선총독부는 민간 제작 영화들에 대해서도 지속적인 통제를 시도했다. 1930년대말까지는 검열과 감시를 통해 반일 사상이 드러나는 것을 막는 정책을 유지했지만, 조선영화령(朝鮮映畵令)을 공포한 1940년부터는 군국주의 선전을 위한 영화 제작을 적극적으로 유도하는 단계로 전환했다. 민간영화사들을 통폐합한 뒤 조선영화제작주식회사를 새롭게 발족시켜 전쟁 수행에 필요한 선전영화만을 제작한 시기이기도 했다.

해방 이후에는 수년간 좌우 이념 대립으로 인한 혼란을 겪었지만, 6·25전쟁 이후에는 철저한 반공주의가 한국영화의 새로운 이념으로 기능했다. 현대 한국영화의 중요한 경향으로 등장했던 '반공영화'는 자유주의 이념을 적극적으로 영화에 반영한 사례다. 특히 1970년대 제3공화국 정부 시절 '국난 극복'을 강조하며 국민적 단결을 주장했던 이른바 '국책영화'나 '새마을영화'들은 정치적 이념을 담은 시대적 트렌드였다.

이와는 달리 좌파적 경향의 영화 운동이 나타난 적도 두어 차례 있었다. 첫번째는 1920년대 후반, 사회주의 문예 운동을 위한 예술가들의 조직인 카프(Korea Artista Proleta Federatio)가 등장했던 시기이고, 두번째는 조선영화동맹이란 조직이 결성된 1945년부터 남한에 대한민국 정부가 수립되던 1948년 사이에 공개적인 활동을 시도했던 시기이다.

카프의 등장은 1919년 3·1운동 발발 이후 일제의 식민지 정책이 유화적 문화 정치로 전환하면서 사회적 통제가 비교적 완화되는 추세와 러시아 공산혁명의 영향으로 사회주의 사상이 국제적으로 확산되는 것과 맞물린 시대적 영향을 받았다고 할 수 있다. 1922년 9월 최승일(崔承一)·박용대·김영팔(金永八)·심대섭(沈大燮) 등이 조직한 염군사(焰群社)와 1923년 박영희(朴英熙)·안석영(安夕影)·김형원(金炯元)·이익상(李益相)·김기진(金基鎭) 등이 조직한 파스큘라(PAS-

KYULA)가 결합하여 1925년 8월 결성된 카프는 주로 문인들이 중심을 이루어 활동을 펴나갔다. 물론 카프 내에서도 이념을 실천하는 방법에 따른 노선 차이를 드러냈기 때문에 모두 똑같은 인식과 활동을 보였다고 할 수는 없지만, 문화·예술 활동을 사회주의 혁명의 실천 수단으로 삼아야 한다는 점에서는 차이가 없었다.

카프의 인식이 영화로 확산된 것은 1927년, 조선영화예술협회라는 단체가 결성되면서부터였다. 이 단체를 통해 영화 교육을 받고 배출된 임화·서광제·추영호·조경희 등은 이후 카프영화 운동을 주도했다. 김유영 감독의 〈유랑〉을 시작으로 〈혼가(昏街)〉〈화륜(火輪)〉〈지하촌(地下村)〉 등을 제작한 카프 경향의 영화는, 인민 대중을 깨우쳐 자본 계급과 제국주의를 분쇄하고 노동자 해방을 실현하겠다는 목표로 활동을 폈지만, 원대한 이념을 구체화하는 데 필요한 자본·기술·인력 어느것도 갖추지 못했다. 겨우 만든 몇 편의 영화는 영화적 수준과는 거리가 멀었다. 이념만 앞섰을 뿐 실체가 따르지 못한 것이다. 카프영화는 대중들의 지지를 받는 데 실패했으며, 일제의 감시와 통제로 인해 더 이상의 활동을 펴지 못한 채 1935년 해체, 소멸된다.

좌파 영화 운동이 두번째 등장한 것은 1945년 해방부터 6·25전쟁이 일어나기 전까지의 기간이다. 1945년 12월 16일에 결성되어 1948년 정부 수립 때까지의 기간 동안 활동한 조선영화동맹은 해방기에 활동한 대표적 좌파 성향의 영화단체였다. 추민·서광제·김한·강호 등 과거 카프영화인들이 중심을 이룬 조선영화동맹은 영화 제작과 유통의 국영화, 미군정의 후원을 받으며 국내에 미국영화 배급권을 장악하고 있던 중앙배급회사 비판, 영화에 대한 일체의 통제를 반영하고 있는 각종 법령 철폐 등의 운동을 제기했다. 사회주의 문예 운동에서 제기했던 문제들을 그대로 실천하려는 주장이었다.

그러나 이들의 활동은 1948년 남한에 대한민국 정부가 수립되고, 좌파 활동에 대한 근거가 급속히 약화되면서 소멸했다.

과연 좌파적 매체가 될 수 있을까

그 연장에서 보면 1999년에 격렬하게 나타났던 스크린 쿼터 폐지 반대 운동은 좌파적 영화 운동이 새롭게 결집하면서 세번째 등장한 경우라고 할 수 있다. 스크린쿼터, 즉 영화를 상영하는 모든 극장은 일정한 일수 이상 반드시 한국영화를 상영하도록 규정한 국산영화 의무상영제는 1967년부터 시행되었지만 초기에는 이념적 논쟁의 대상과는 거리가 멀었다. 제작자와 극장운영자 간에 흥행적 이익을 다투는 제도적 실효에 관한 문제였지만, 김대중 정부의 등장과 함께 이른바 영화운동가들이 정책의 중심에 진입하면서 양상은 크게 달라졌다. 영화법을 영화진흥법 체제로 바꾸고, 영화진흥공사를 영화진흥위원회로 개편했다. 영화정책 운용에 필요한 권한과 행정력, 각종 기금의 배분권을 갖게 되었다는 것을 뜻한다. 이후 한국영화인협회를 중심으로 유지되어 오던 영화계의 구도가 영화인회의 같은 신흥 단체들로 급격히 대체되면서 영화계 안팎의 양상은 크게 달라졌다. 이 과정에서 스크린쿼터제는 '한국영화를 누가 아끼고 사랑하는가?'라는 선전적 명분의 중요한 수단이 되었으며, 직접적으로는 미국의 제국주의적 문화 침략을 막는 것이란 의미가 더해졌다. 스크린쿼터를 유지하는 것은 한국영화를 제도적으로 보호하는 것이며, 미국영화의 진입을 막는다는 명분적 효과가 있기 때문이다. 북한의 대남 전술전략 중의 중요한 포인트인 '외세 배격'과 '주체적 문화' '민족공조' 논리와 겹쳐지는 대목이다.

스크린쿼터제도의 축소 또는 폐지 문제는 지난 7월 1일부터 연간 73일 수준으로 축소하는 것으로 일단락되었지만, 이 운동을 주도했던 조직들에서는 아직도 태도 변화를 보이지 않고 있다. 축소 반대의 중요한 명분이었던 한국영화의 위기, 미국영화의 무차별적인 확산이 어디에서도 찾아보기 어려운 탓에 활동의 입지가 급격하게 좁아지기는 했지만, 좌파적 이념까지 접은 것은 아니라는 뜻이다. 그렇다고 스크린쿼터 축소 반대 운동에 나섰던 영화인들 모두가 좌파적이라고 보기는 어렵다. 운동을 주도했던 핵심 그룹 내부의 전략적 의도와는 무관하게 순수한 영화 운동이라고 믿는 경우와, 시대적 환경에는 맞지 않지만 영화인들이 필요하다고 하니까 편들어 주는 것이라는 입장이 섞여 있기 때문이다.

1980년대의 민주화 과정을 거치면서 한국영화는 정책적 차원에서, 또는 정치적 권력의 필요를 위해 영화를 동원하는 경향은 사실상 사라졌다. 1996년 헌법재판소가 행정력을 동원한 사전심의제도는 검열에 해당한다고 결정한 것은, 한국영화가 모든 통제와 규제로부터 벗어났다는 것을 알리는 선언이나 다름없었다.

따라서 최근 영화들에서 나타나는 이념적 경향은 비제도적·비조직적이며, 개인적 성향이 더 크게 반영되어 있다고 할 수 있다. 좌파 영화운동가들의 입장에서 마주친 가장 큰 모순과 갈등은, 영화 제작은 다른 어느 매체보다도 많은 자본과 기술·인력·배급망을 갖추어야 하는 대표적 자본주의 매체라는 점이다. 이념만으로는 결코 실행하기 어려운 대목이 구조적으로 상존하고 있는 것이다. 좌파 영화 운동이 세계 여러 곳에서 일어났지만 어느곳에서도 제대로 성공한 경우를 찾기 어려운 것은, 영화는 무엇보다도 좌파적 매체가 아니기 때문이다. 따라서 최근 한국영화들에서 나타나는 여러 가지 이념적 표현이나 경향은 조직적이거나 제도적이라기보다 개인적 인식을 앞세우거나 흥행의 유행적 코드로 활용하는 경향이 더 크다고 할 수 있다. 영화만으로 본다면 이제는 이념도 상품이 된 것이다.(〈넥스트〉, 2006년 12월호)

[부록]

1999년 국회 문화관광위원회의 영화진흥위원회, 영상물등급위원회 국정감사 속기록

1999年度國政監査 文化觀光委員會會議錄

國會事務處

被監査機關 映畵振興委員會 映像物等級委員會

日時 1999年 10月 6日(水)

場所 文化觀光委員會會議室

[14시 27분 감사 개시]

■ **委員長 李協** 좌석을 정돈해 주시기 바랍니다.

지금부터 헌법 제61조, 국회법 제127조와 국정감사 및 조사에 관한 법률에 의해서 영화진흥위원회와 영상물등급위원회에 대한 1999년도 국정감사 실시를 선언합니다.

그러면 증인 선서가 있겠습니다. 선서를 하기에 앞서서 선서를 하는 이유를 말씀드리면 이번에 국회가 1999년도 국정감사를 실시함에 있어서 증인으로부터 양심에 따라 숨김없이 사실대로 증언하겠다는 서약을 받기 위한 것입니다. 만약 증인이 정당한 이유 없이 선서를 거부하거나 허위의 증언을 할 때, 또는 증언을 함에 있어서 국회의 권위를 훼손할 때에는 국회에서의 증언감정 등에 관한 법률의 관계 규정에 의해서 고발될 수 있음을 알려 드립니다. 그러면 영화진흥위원회 위원장 나오셔서 선서를 해주시기 바랍니다.

■ **映畵振興委員長 朴鐘國** "선서, 본인은 국회가 헌법 제61조, 국회법 제127조, 국정감사 및 조사에 관한 법률 제10조의 규정에 의하여 소관 업무에 대한 1999년도 국정감사를 실시함에 있어 기관장으로서 성실하게 감사를 받을 것이며, 또한 증인으로서 증언을 함에 있어서는 국회에서의 증언감정 등에 관한 법률 제7조의 규정에 의하여 양심에 따라 숨김과 보탬이 없이 사실 그대로 말하고 만일 거짓이 있으면 위증의 벌을 받기로 서약하고 이에 선서합니다."

1999년 10월 6일.

映畵振興委員會

委員長　朴鐘國

副委員長　趙熙文

映畵政策硏究院長　李德行

事務局長　鄭南憲

綜合映像支援本部長　李德祥

映像物等級委員會

委員長　金洙容

副委員長　朴正姬

監事　鄭鴻澤

事務局長　姜信求

■ **委員長 李協** 증인들께서는 자리에 앉아 주시기 바랍니다.

■ **辛基南 委員** 의사 진행 발언입니다.

■ **委員長 李協** 그러면 회의에 들어가기에 앞서 辛基南 위원으로부터 의사 진행 발언 신청이 있습니다.

■ **辛基南 委員** 어저께와 마찬가지로 오늘도 저희 새정치국민회의와 자민련 위원님들만으로 국감을 치를 상황이 되었습니다. 그래서 한나라당 위원님들을 가능한 한 국감에 동참시키기 위해서 간사회의를 통해서 줄기찬 대화를 한 사람으로서 한 말씀을 드리려고 합니다.

지금 한나라당측에서는 소위 중앙일보에 대한 언론탄압이라는 문제를 가지고 중앙일보에 보도가 된 기사를 바탕으로 해서 언론탄압 주장을 하면서 진상조사위원회를 구성한다든지, 또는 관계된 증인들을 불러서 증인 채택을 해서 조사를 해야 된다 이런 주장을 해왔습니다. 이 주장은 그저께도 했고 어저께도 했고요.

그런데 이것에 대해서 저희는 진상조사위원회나 증인 채택을 하는 것은 적절치 않다라는 것이 저희 국민회의와 자민련의 공통된 견해였습니다.

이것은 누누이 저희가 얘기했듯이 언론탄압이 아니라 조세정의 차원에서 탈세수사를 한 것이고, 이것이 핵심입니다. 이것이 원인이고, 이것에 대한 시비에서 불거져 나온 것이 중앙일보 기사에서 여러 가지 언론탄압의 실상이 있었느니 없었느니 그런 보도들이 나온 것입니다.

그래서 우리가 그런 일방적인 기사만 가지고 여기서 다 논의할 수는 없는 것이고요. 또 중앙일보측의 주장은 지상을 통해서 충분히 보도가 되었고, 또 그저께 어저께 장관을 상대로 우리 여야 간에 충분한 질의와 답변이 있었습니다.

그러므로 더 이상 이것을 가지고 우리 위원회에서 국감 일정을 뒤로 미루고 논의를 계속한다는 것은 국감의 장을 너무 정치 쟁점의 장으로 전락시키는 그런 결과를 가져온다고 저희는 봅니다.

그래서 우리는 이것을 동의하지 않는 것이고, 이 점에 대해서는, 이 의사 일정에 대해서는 여야 간에 합의가 되지 않은 것입니다. 그러면 합의가 안 된 이런 의사 일정이 있다면 이것과는 별도로 국정감사 이것은 우리가 진행을 해야 됩니다. 이것은 국민에 대한 저희 국회의 권리이자 의무입니다.

그리고 많은 피감기관들이 1년 내내 준비한 피땀 흘린 그런 자료를 가지고 이 국감에 지금 임하고 있습니다. 그런데 이런 정치적인 문제 또는 다른 상임위에 별도로 의제로 삼아야 할 문제를 가지고 조건으로 삼아서 국정감사 일정을 거부하거나 하는 것은 지극히 온당치 못하다고 생각을 합니다.

그래서 오늘 아침만 해도 한나라당 위원님들이 의총을 통해서 국감에 참여하기로 결정했다 그런 전갈을 받고 희망을 가지고 저희가 오전에 기다렸습니다. 그리고 오후에는 원만하게 한나라당 위원님들 참석하에 국감이 진행될 기대를 가지고 이 자리에 왔던 것입니다.

그런데 2시에 만나기로 해서 저희가 왔는데 시작하기 직전에 다시 한나라당측에서 증인 채택 이것을 받아 주지 않으면 국성감사에 참여할 수 없다라는 결정을 갑자기 통보해 왔기 때문에 참으로 유감입니다.

그래서 저희는 부득이 어저께도 오랫동안 기다리다가 혼자 했고, 그와 마찬가지로 대단히 참 유감스럽고 안타깝습니다만 국민에 대한 의무인 이 국정감사를 정상적으로 수행하기 위해서 저희 국민회의 위원들과 자민련 위원들만이라도 국정감사를 착수해야 할 입장에 처했습니다.

꽁장히 안타깝습니다만 우리 피감기관 여러분들도 한나라당 위원님들이 안 계시더라도 저희 국민회의와 자민련 양당 위원들이 한나라당 위원님들 몫까지 성실하게 국감을 하겠습니다. 정상적인 국감이라는 그런 인식을 가지시고 더욱더 열성으로 국감에 참여해 주시기를 부탁드립니다.

이상입니다.

■ **委員長 李協** 崔在昇 위원님, 말씀하십시오.

■ **崔在昇 委員** 헌법 61조에 보장된 국정감사가 국회의원으로서는 권리이지만, 국민에게는 국회의원으로서의 의무를 성실히 이행해야 되는데 어제도 그렇고 그제도 그렇고 오늘도 그렇고, 피감기관 임직원들한테 볼 낯이 없습니다.

우리 상임위가 지금까지 잘 운영되어 왔는데 내일부터는 정시에 국정감사를 실시해 주시기를 위원장님과 우리 국민회의 간사님 또 자민련 간사님께 부탁드리는 의사 진행 발언을 제가 드립니다.

이상입니다.

■ **委員長 李協** 위원장으로서는 참으로 가슴이 아프기 그지없습니다. 국민들은 이러한 모습을 우리 정치권에 기대하지 않습니다. 여야는 다같이 국가와 국민에게 충성스러운 동반자들입니다. 누누이 말씀을 하신 바와 같이 어떠한 조건과 전제가 있더라도 국정감사는 국회의원에게 주어진 직무입니다. 이 직무를 성실히 수행해 가면서 다른 문제들도 풀 수 있는 지혜를 갖도록 우리 국민들은 요구하고 있다고 생각을 합니다.

어쨌든 위원장으로서는 능력이 부족한 탓에 국민들에게 이러한 모습을 보여주게 되어서 참으로 죄송하다는 말씀을 드리고서 국정감사에 들어가고자 합니다.

그러면 다음 문화관광부 차관 나오셔서 산하 유관기관장을 소개해 주시기 바랍니다.

■ **文化觀光部 次官 金順珪** 문화관광부 차관 金順珪입니다.

존경하는 문화관광위원회 李協 위원장님, 그리고 여러 위원님!

연일 계속되는 국정감사에 노고가 많으십니다.

오늘 국정감사를 받게 될 우리 부 산하단체 대표를 소개하겠습니다.

朴鐘國 영화진흥위원회 위원장입니다.

金洙容 영상물등급위원회 위원장입니다.

(산하단체장 인사)

감사합니다.

■ **委員長 李協** 차관, 수고하셨습니다.

그러면 두 기관에서 각각 현황을 보고해 주실 차례입니다만 대개 유인물로 현황 보고를 대체해 왔습니다. 그런 전례에 따를 것을 위원님들이 아마 동의해 주시리라 믿습니다만 어떻습니까?

([좋습니다] 하는 위원 있음)

그렇게 함에 따라서 영화진흥위원회 위원장님, 나오셔서 인사해 주시고 간부를 소개해 주기시 바랍니다.

■ **映畵振興委員長 朴鐘國** 영화진흥위원회 위원장 朴鐘國입니다.

존경하는 문화관광위원회 李協 위원장님과 여러 위원님을 모시고 저희 영화진흥위원회 1999년도 국정감사를 받게 된 것을 영광스럽게 생각하며 평소 한국영화에 대한 깊은 애정과 관심을 가져 주신 위원님들께 저희 영화진흥위원회 모든 직원들을 대표해서 감사의 말씀을 드립니다.

오늘 영화진흥위원회의 국정감사에 임하여 위원님들께 지난 1년간 추진한 업무를 보고드리려고 했습니다마는 생략해 주신 데에 대해 더욱 감사를 드리고 위원님들의 지도 편달과 고견을 경청해서 한국영화 진흥을 담당하는 기관으로서의 자세를 재정립하고 맡은 바 소임을 다하겠다는 각오로 이번 국정감사에 임하고자 합니다.

저희 영화진흥위원회 간부를 소개해 올리겠습니다.

趙熙文 부위원장입니다.

李德行 영화정책연구원장입니다.

鄭南憲 사무국장입니다.

李德祥 종합영상지원본부장입니다.

(간부 인사)

저희 위원회 아카데미 비상임위원장 임권택 감독께서는 춘향전 촬영 관계로 장기 지방 체재중에 있어서 이 자리에 참석하지 못하게 되었음을 양해해 주시기 바랍니다.

이상 소개 말씀 올렸습니다.

■**委員長 李協** 위원장님, 수고 많으셨습니다.

다음은 영상물등급위원회 위원장, 나오셔서 인사를 해주시고 간부도 소개해 주시기 바랍니다.

■**映像物等級委員長 金洙容** 영상물등급위원회 위원장 金洙容입니다. 오늘 존경하는 국회 문광위 李協 위원장님과 여러 위원님들을 뵙게 되어서 참으로 반갑습니다.

저희 영상물등급위원회는 1999년도 국정감사에 임해서 저희 업무를 보고드리게 된 것을 일신의 영광으로 생각하고 있습니다.

평소 위원님들이 우리 영상물등급위원회에 기울여 주신 애정과 여러 가지 관심에 대해서 우리 위원회를 대표해서 감사를 드리는 바입니다.

저희는 1999년 6월 7일 새로 발족해서 그간 말썽 많던 공윤, 공진협을 거쳐 영상물등급위원회라는 새로운 간판을 달고 창작의 자율성과 표현의 자유, 그리고 청소년을 보호하기 위해서 힘껏 노력을 하고 있습니다.

여러 위원님들께서도 좋은 말씀과 격려의 가르침을 주시면 더욱 힘이 되어 저희들 소임을 다할 것을 이곳에서 약속드립니다.

그리고 우리 영상물등급위원회의 간부직원을 소개해 올리겠습니다.

朴正姬 부위원장입니다

鄭鴻澤 감사입니다

姜信求 사무국장입니다.

(간부 인사)

이상입니다.

■ 委員長 李協 위원장님, 수고하셨습니다.

그러면 국정감사는 위원님들의 질의를 통해서 바로 시작하도록 하겠습니다.

■ 崔在昇 委員 먼저 의사진행발언 있습니다.

■ 委員長 李協 崔在昇 위원님, 의사진행발언 하세요.

■ 崔在昇 委員 영상물등급위원회나 영화진흥위원회, 대부분 여기 위원장님을 제외한 증인들이 처음인 것 같은데 이력서 하나도 제출이 안 되어 있어요. 증인들에 대한 인적 사항을 빨리 지금 복사해서 위원님들 앞에 배포해 주시기 바랍니다. 朴위원장, 안 들려요?

■ 映畵振興委員長 朴鐘國 예, 알겠습니다.

■ 崔在昇 委員 그리고 임권택 감독은 증인입니까, 그냥 증인은 아닙니까?

위원장! 안 들려요? 제가 물어보고 있는데 듣지도 않고 뭐하고 계십니까?

임권택 감독은 증인입니까, 아닙니까?

■ 映畵振興委員長 朴鐘國 증인으로 되어 있습니다.

■ 崔在昇 委員 증인으로 되어 있는데 사전에 우리 위원회에 불출석하겠다는 그런 공문을 보낸 적이 있습니까?

■ 映畵振興委員長 朴鐘國 서면으로 제출했습니다.

■ 委員長 李協 그것은 제출되었습니다. 알리지 못해서 죄송합니다.

■ 崔在昇 委員 증인들 것에 한해서, 인적 사항을 빨리 좀 주세요.

■**委員長 李協** 그러면 그렇게 준비해서 시행해 주시기 바라고, 그러면 첫번째 辛基南 위원님, 질의해 주시기 바랍니다.

■**辛基南 委員** 辛基南입니다.

제한된 시간 내에 두 기관을 다 해야 되기 때문에 빨리 질의를 하겠습니다.

질의 자료를 참고해 주시기 바랍니다.

제가 다 읽지는 아니하고 요점만 얘기하겠습니다.

영화진흥위원회가 한국영화의 발전을 선도하는 위상과 능력을 갖추어야 한다 이런 전제하에서 말씀드리겠습니다.

99년 5월 28일 출범을 했습니다. 이렇게 영화진흥위원회가 설립된 취지는 영화 제작 일선의 현장 목소리를 제대로 반영하고, 그동안 공사 체제에 따른 관료 행정의 문제를 극복하기 위한 것입니다.

그래서 21세기를 맞이해서 이 위원회를 이끌어 갈 인물에 대한 기대가 큽니다. 그만큼 객관적 검증도 있어야 되겠지요. 그런데 최근에 구성된 지도 체제에 대한 문화계의 비판의 여론이 높습니다. 개혁 의지가 훼손되지 않을까 안타까움을 금할 수가 없습니다.

위원장으로 선임되신 분, 21세기 영화 중흥에 적합한 개혁적 인물이냐 하는 점 특히 개혁성 또 비현장성이 문제되고 있습니다. 위원장은 검열기관인 공연윤리위원회의 부위원장으로 6년간 재직했습니다. 특히 본심 심의위원으로 영화 검열을 직접 담당한 분입니다.

그때 재직 기간에는 독립영화 제작과 검열 반대 운동이 활발하던 시기였었습니다. 그래서 영화 검열을 둘러싼 논란이 끊이지 않던 시기였고요. 공륜의 검열로 피해를 본 대표적 사례를 제가 거기 지적해 놨습니다. 〈구로아리랑〉〈그들도 우리처럼〉〈부활의 노래〉 전부 가위질당하고 삭제당하고 또 탄압받은 독립영화들도 많이 있습니다. 〈오!꿈의 나라〉〈파업전야〉〈닫힌 교문을 열며〉 이런 것들이, 그런데 이런 것들은 또 헌법재판소에서 공윤의 처분이 위헌 결정을 받은 전례도 있습니다.

또 위원장의 검열 관련 발언도 있습니다. 88년 9월 24일자 한겨레신문에 보면 "구로아리랑은 좌경용공"이라면서 "이것은 도저히 나갈 수 없는 영화다." 이런 발언을 한 것도 있습니다.

위원장은 영화계 경력이라는 것이 사무관 때 좀 있었고요. 또 검열 종사한 정도입니다. 영화 현실을 제대로 모르는 비현장적 인물이며, 특히 검열을 한 사람이 영화 진행을 총괄한다는 것은 시대에 역행적인 인사다 이런 지적이 있고, 또 유신시대 때 언론 통제의 실무국장인 공보국장으로 재임을 했습니다. 거기에서 그 당시 언론 보도에 난행적을 보면 언론계의 언론자주선언 움직임에 대해서 이것은 젊은 기자들의 기성 기자에 대한 불신 때문이다, 언론기관간의 지나친 상업주의적인 경쟁이 이런 결과를 낳았다, 이런 상업주의적 경쟁 때문에 정부가 피해를 보고 있다, 이렇게 74년도 조선일보의 12월 10일자에 나오고 있습니다.

그래서 언론민주화운동을 매도하고 언론 통제를 해온 그런 개혁성과는 거리가 먼 인물이라는 비평이 있습니다. 이런 영화진흥위원장은 과거 행적에 대한 확실한 해명을 통해서 검증을 받아야 마땅할 것입니다.

그래서 제가 질의하겠습니다.

朴鐘國 위원장이 재직한 공륜은 사전검열기구로서 헌법재판소의 위헌 결정을 받은 바 있습니다. 그렇다면 위원장은 검열에 종사해 왔다 이렇게 평가받을 수 있는데 이 점에 동의하는가, 질문을 빨리빨리 하겠습니다. 나중에 상세히 답변해 주시기 바랍니다.

그 다음에 "구로아리랑은 좌경용공"이라고 하면서 "도저히 나갈 수 없는 영화"라고 발언했는데, 이에 대한 견해는 지금도 변함이 없는가…….

그 다음에 70년대 언론민주화운동이 상업적 언론의 경쟁 때문이라는 당시 발언에 대한 소신은 변함이 없는가 답변해 주시기 바랍니다.

그리고 현장 경험이 없고, 검열기관의 부위원장 경력 때문에 자격이 미비하다는 지적에 대한 견해는 어떤지 말씀해 주시기 바랍니다.

그리고 정부가 추진하는 등급외전용관제도 이것에 대한 견해는 어떤지 말씀해 주시기 바랍니다.

또 스크린쿼터에 대한 견해가 무엇인지 말씀해 주시기 바랍니다.

어저께 10월 5일날 영화진흥위원 세 사람이 사퇴했습니다. 이 사태를 어떻게 평가하시며, 이에 대한 후속 대책을 갖고 있는지 묻고 싶습니다.

그 다음에 부위원장에게 묻겠습니다.

부위원장 역시 검열론자라는 평입니다. 영화진흥법 개정 반대를 하고, 영화진흥위원회 출범에도 반대한 분입니다. 이런 분이 위원이 되고, 또 부위원장으로 피선되었다는 데에 대해서 많은 사람들이 어리둥절해하고 있습니다.

완전등급제를 반대해서 등급보류제도를 찬성하는 등 영화계의 정서와는 걸맞지 않는 인물이라는 비판이 있습니다.

그리고 영화진흥위원회의 설립 반대론자이다, 95년부터 98년까지 영화진흥위원회 체제를 줄곧 반대해 온 반대론자로 알고 있습니다. 여러 가지 정책토론회에서 특정 정당의 공술인으로 참여해 가지고 영화진흥위원회 출범을 한사코 반대했습니다.

또 등급보류제도 유지를 일관되게 주장해 온 분입니다. 그리고 또 일부에서는 현장을 잘 모르는 그런 교수 출신으로서 현장 의견을 반영할 창구로는 미흡하다는 평가도 있고, 이런 분이 실제 업무를 총괄하는 부위원장 자리에 과연 적합한가 이런 비평이 있습니다.

그래서 제가 묻겠습니다. 시간관계상 빠르게 질문을 하겠습니다. 그리고 이것은 일문일답을 해야 효과가 있습니다. 그래서 빠르게 질문할 테니까 대답은 좀 간단히 짤막한 몇 마디 말씀으로만 해주시기 바랍니다.

趙熙文 부위원장님 대답이 되겠습니까? 아마 질의 자료는 미리 갖고 계시리라고 생각합니다.

먼저 질문 1, 등급외전용관은 사실상 포르노 허용이라고 반대했는데 지금도 그 생각은 변함이 없습니까?

■映畵振興委員會副委員長 趙熙文 등급외를 실시하겠다라고 하는 것은 표현의 자유를 보장한다는 문제와 관련되기는 합니다마는 기본적으로 사회적인 관습이나 다른 법률적인 문제와도 관련……

■辛基南 委員 좀 빨리빨리 대답해 주세요. 그러냐 아니냐……

■映畵振興委員會副委員長 趙熙文 잠깐 좀 시간을 주시면 말씀드리겠습니다.

■辛基南 委員 아니, 시간이 급해요. 지금 저희가 15분밖에 없기 때문에……

■映畵振興委員會副委員長 趙熙文 표현의 자유를 보장하는 장치로서는 대단히 유용하다고 생각이 되지만, 그것을 시행하기 위해서는 여러 가지 고려해야 될 사항들이……

■辛基南 委員 지금 반대하십니까?

■映畵振興委員會副委員長 趙熙文 이것은 단순히 찬반의 문제라고는 생각되지 않습니다.

■辛基南 委員 과거에는 반대하시지 않았습니까?

■映畵振興委員會副委員長 趙熙文 저는 공식적으로 반대한 적이 없습니다. 그것을 시행하는 데에 따른 제도적인 보완 상치를 언급한 것이기 때문에 단순히 그것은 총괄적인 차원에서의 찬반의 문제라고는 생각하지 않습니다.

그리고 이것은 법률적인 문제뿐만 아니라 사회적 관행……

■辛基南 委員 좋아요. 답변을 강요할 수 없으니까 넘어가겠습니다. 나중에 보충질문할 기회가 있겠지요.

그 다음에 등급보류제도 이것은 창작의 자유를 훼손하는 것이며 사실상의 검열이라는 주장에 대해서 동의하십니까, 어떻습니까?

　■映畵振興委員會副委員長 趙熙文　그런 부분이 일정하게 있다고 생각합니다.

　■辛基南 委員　알겠습니다.

　그 다음에 〈노랑머리〉〈거짓말〉 등의 등급보류 조치가 여전히 타당하다고 생각하십니까?

　■映畵振興委員會副委員長 趙熙文　현재 심의제도하에서는 불가피한 조치라고 생각이 됩니다.

　■辛基南 委員　〈거짓말〉은 한국영화사상 두번째로 세계 3대 영화제 본선 경쟁 부분에 나간 국제적인 평판을 받은 영화입니다. 그런데도 등급보류 때문에 개봉조차 못하고 있는 것은 우리 나라 국위의 심각한 손상이라고 생각하는데 어떻게 생각하십니까?

　■映畵振興委員會副委員長 趙熙文　이것은 국위와 관련되는 문제라기보다는 그 나라의 문화적, 관습적인 제도와 관련되는 문제라고 생각하기 때문에 단순히…….

　■辛基南 委員　동의하지 않습니까?

　■映畵振興委員會副委員長 趙熙文　외국과 우리 나라를 단순 비교한다는 것은 좀 무리가 있다고 생각이 되고요. 다만 우리 나라에 보다 적합한 어떤 규정을 찾는 것은 필요하다고 생각이 됩니다.

　■辛基南 委員　그 다음에 〈거짓말〉에 대한 국제적인 평가와 국내 등급물분류위원회의 평가가 차이가 나는 이유는 무엇이라고 생각하는가, 이것은 나중에 답변 따로 해주시기 바랍니다.

　■映畵振興委員會副委員長 趙熙文　예, 알겠습니다.

　■辛基南 委員　다음에 조부위원장은 이런 말씀을 하셨어요. "〈노랑머리〉하고 〈거짓말〉은 홍보 전략으로서 현실적인 가이드라인을 넘었다." 이렇게 말한 것을 인터뷰 기사에서 제가 봤습니다.

이것은 곧 〈노랑머리〉〈거짓말〉 이 영화들이 인기를 끌기 위해서 일부러 등급보류를 받았다라는 그런 규정을 하고 계신데, 이것은 영화 제작자에 대한 모독이라는 느낌이 듭니다. 어떻습니까? 이것을 적절한 발언이라고 생각하십니까?

■映畵振興委員會副委員長 趙熙文　아닙니다. 그렇게 제작자를 모독할 생각은 전혀 없고요. 다만 제작자는 영화 흥행을 전제로 하기 때문에 일부에서는 그런 부분에 대한 고려도 하지 않았겠는가라고 하는 것을 추정할 뿐이지 그런 것에 대한 증거는 갖고 있지 않습니다.

■辛基南 委員　이것에 대해서 사과할 용의 없어요?

■映畵振興委員會副委員長 趙熙文　전체를 고려하고 있는 사항들 중에서 이러저러한 가능성이나 또는 있을 수 있는 일에 대한…….

■辛基南 委員　아니, 이런 발언을 분명히 하셨기 때문에 제가 묻는 것인데 그때 취지하고는 다른 대답을 하시는 것 같은데…….

■映畵振興委員會副委員長 趙熙文　저는 영화 제작자들이 이 부분을 활용할 수 있으면 활용하는 것도, 그것은 제작자로서의 권리이자 어떤 자기네의 업무 영역이라고 생각을 하기 때문에 이 부분은 도덕적으로 따질 문제는 아니라고 생각합니다.

■辛基南 委員　지금 애매한 답변을 추궁할 시간이 없습니다. 정부가 등급외전용관 입법 예고를 하고, 그 다음에 부위원장께서는 10월 1일자 바로 며칠 전 한국일보를 통해서 정부방침에 반대했는데, 정부방침에 계속 반대할 것인가 명확한 의사를 밝혀 주십시오.

■映畵振興委員會副委員長 趙熙文　공식적으로 반내한 적은 없습니다. 다만 개인적인 입장에서 이것을 시행하는 데에 따른 여러 가지 제도적인 보완 장치가…….

■辛基南 委員　지금 반대하시는 것이에요?

■映畵振興委員會副委員長 趙熙文　이것은 아까도 말씀드린 것처럼 찬반의 문제로 단순화할 수 있다고 생각하지는 않습니다. 그것을 시

행하는 데 따른 보완…….

■ 辛基南 委員 아니, 개인의 가치 판단을 이야기해 주세요. 그것은 분명한 것 아닙니까? 공적이든 사적이든 간에…….

■ 映畵振興委員會副委員長 趙熙文 제도적인 합리성만 갖춘다라고 하면 문제가 없다고 생각을 합니다.

■ 辛基南 委員 그동안 검열제의 정당성을 역설하고 등급외전용관 반대 등 영화계 다수의 견해와 다른 주장을 해왔는데, 이런 입장에서 실제 영화인의 의견을 통해서 정책을 펴야 할 부위원장의 직책을 수행하는 데 걸림돌이 될 것이라는 생각은 안하십니까?

또 영화계의 여론과 반대되는 입장을 가진 분으로서 부위원장 자리를 제대로 수행하는 것이 합당하다고 생각하십니까, 어떻습니까?

■ 映畵振興委員會副委員長 趙熙文 영화는 창작의 자유라는 부분과 또 사회적인 유통으로서의 사회적인 책임 부분도 함께 있다고 생각하기 때문에 그런 것들을 어떻게 조화를 이룰 것인가라고 하는 것이 바로 제도가 실행해야 될 문제라고 생각을 합니다.

그런 점에서 어떤 등급제가 되었든 전용관이 되었든 이런 부분을 시행하는 것에 따른 필요성과 또 그것을 시행하는 데 따른 제도적인 합리성을 갖추는 것은 대단히 중요하다고…….

■ 辛基南 委員 등급보류라든지 등급외전용관 이것이 많은 다수 영화인들이 주장한다는 것은 알고 계십니까?

■ 映畵振興委員會副委員長 趙熙文 영화인들의 주장으로서는 이해하고 있습니다. 그러나 이 문제에 관해서는 단순히 영화계뿐만 아니라 사회적인 합의도 대단히 중요하다고…….

■ 辛基南 委員 아니, 학자로서는 어디 가서 그런 얘기를 할 수도 있다고 생각합니다. 그런데 이제 영화진흥위원회부위원장이면 실무를 총괄하는 입장이에요. 그런데 그런 생각을 가지고서 영화인들의 여론을 제대로 수렴해서 영화진흥위원회를 이끌고 나갈 수 있다고 자부하

시는지……,

■映畵振興委員會副委員長 趙熙文　가능한 한 영화인들의 주장을 반영하고 영화진흥위원회가 어떤 중심 기구적인 역할을 하는 데 최선을 다하도록 노력을 하겠습니다.

■辛基南 委員　좋습니다.

그 다음에 영화진흥위원회 관련입니다. 99년 5월 28일 영화진흥위원장 및 부위원장 호선회의에 참석하고 당시 신세길 씨를 위원장으로, 문성근 씨를 부위원장으로 선출하는 데 동의하셨지요?

■映畵振興委員會副委員長 趙熙文　에.

■辛基南 委員　그런데도 불구하고 나중에 진흥위 출범이 무효라는 주장이 나왔습니다. 이 주장에 타당성이 있다고 생각하십니까?

■映畵振興委員會副委員長 趙熙文　법률적인 판단이지 개인적인 입장에서 할 수 있는 것이라고는 생각하지 않습니다. 전체 위원회는 어떤 법률에 의해서 근거를 했고, 거기에서 출발했기 때문에 전체적인 완성도를……,

■辛基南 委員　진흥위 출범이 무효라고 생각하지는 않는다 그런 말씀입니까? 일부 그런 주장에 대해서는 동의하지 않는다……,

■映畵振興委員會副委員長 趙熙文　아니, 다소 보완할 부분이 있다라고 하는 것은 이해하지만, 전체적으로 무효화가 된다라고 하면 진흥위원회 현재 위상에서 그동안 시행해 온 업무에 관한 여러 가지 혼란이 생기기 때문에 그렇게 포괄해서 단정하기에는 좀 무리가 있다고 생각을 합니다.

■辛基南 委員　그 다음에 위원회 체제보다는 공사 체제를 보완하는 것이 바람직하다고 누차 말씀했던 것으로 아는데, 그 견해는 지금도 변함이 없습니까?

■映畵振興委員會副委員長 趙熙文　변화가 있습니다.

■辛基南 委員　변화가 있어요?

■ **映畫振興委員會副委員長 趙熙文** 좀 보완해서 말씀을 드리도록 하겠습니다.

■ **辛基南 委員** 되었습니다. 변화가 있다……. 지금 시간이 없습니다. 영화진흥위원회 출범을 반대해 놓고 위원회를 이끌고 갈 부위원장을 맡으면서 개인적인 갈등은 없었습니까?

■ **映畫振興委員會副委員長 趙熙文** 저는 영화진흥공사가 되었든 진흥위원회가 되었던 결국 한국영화 진흥을 위한 중심 기구로서 역할을 하는 것이 본래의 목표라고 생각을 하기 때문에 다만 어느것이 더…….

■ **辛基南 委員** 전에 영화진흥위원회 출범을 반대한 것은 사실이지요?

■ **映畫振興委員會副委員長 趙熙文** 반대라고 단정할 수는 없습니다.

■ **辛基南 委員** 기록에 있는데…….

■ **映畫振興委員會副委員長 趙熙文** 아닙니다. 그것은 좀 말씀을 드리면 다만 공사 체제와 진흥위원회 체제가 어느것이 더 제도적인 효율성이 있는가, 라고 하는 점에서 비교 검토를 한 적은 있습니다.

그리고 그 당시로서는 개정에 실익이 없다고 생각을 했기 때문에 유지를 하는 것이 필요하다고 생각했지만, 이미 개정된 이상에서는 지금 상태에서 최선의 방법을 찾아내는 것이 더 효율적이라고 생각합니다.

■ **辛基南 委員** 지금 답변을 음미할 시간은 없고요. 그 답변 그대로 받아들이고 나중에 다시 질문을 하도록 하겠습니다.

네번째, 영화진흥위원회가 비효율적이라는 주장의 근거는 무엇이며, 저는 명백한 기록에 의해서 이야기를 하고 있는 것입니다. 추후 본인 스스로 반대한 영화진흥위원회에서 어떻게 일을 할 것인지, 그 포부와 견해를 말씀해 주시기 바랍니다.

이것은 이따가 답변 시간 때에 해주시기 바랍니다.

그 다음에 현장을 전혀 경험하지 못함으로써 현장의 절실한 요구를 이해하지 못하고 일을 수행하기에 무리가 있다는 그러한 지적에 대해서 어떻게 생각하십니까?

■映畵振興委員會副委員長 趙熙文 영화정책이나 어떤 사업을 집행하는 부분은 현장 경험도 대단히 중요하지만, 또 그것을 바탕으로 할 수 있는 여러 가지 논리적인 근거나 어떤 체제에 대한 이해도 대단히 중요하다고 생각이 됩니다.

그런 점에서 현장 경험이 없다라고 하는 부분에 대해서는 겸허한 질책으로 받아들이고, 앞으로 그린 부분에 대한 이해를 넓히도록 노력을 하겠습니다.

■辛基南 委員 지금 영화 현장에서는 영화 발전을 위해서 스크린쿼터 유지, 등급외전용관 도입 등을 주장하고 있습니다. 이들의 여론을 제대로 파악하고 계십니까? 지금 여론이 어떤지 파악하고 계세요?

■映畵振興委員會副委員長 趙熙文 그것은 충분히 이해를 하고 있다고 생각합니다. 그동안에도 여러 번 토론이나 논쟁에도 참가한 적이 있고, 또 흐름에 대해서 계속 관심을 갖고 있어서……

■辛基南 委員 알겠습니다. 지금 시간이 없어서 답변을 충분히 음미하지를 못하겠습니다마는 이따가 좀 답변의 내용을 보고 다시 추가 질의를 하도록 하겠습니다.

수고하셨습니다.

■映畵振興委員會副委員長 趙熙文 고맙습니다.

■辛基南 委員 그 다음에 영화진흥위원회 전산망정책 이것에 대해서는 제가 전에 문광부 질의에서 했기 때문에 서면 질의로 대체를 하고요.

그 다음 판권담보제도 이것은 총체적 실패인데 전면 재검토되어야 한다, 지금 9 대 1의 경쟁을 보이고 있는데 제가 질의 자료에 써 놨듯이 지원액에 비해서 회수한 것은 지극히 미미한 금액만 회수하고 있습니다.

그래서 판권담보융자제도, 영화진흥공사에서 수행한 대표적인 사업 중의 하나인 이것은 총체적으로 실패한 정책이다 이런 여론이 있습니다.

그래서 질의를 합니다. 9 대 1의 높은 경쟁 속에서 융자를 받은 작품 중 두 편은 아예 제작 착수도 못했는데 그 이유는 무엇인가, 이것은 작품 선정에 있어서 문제가 있었음을 보여주는 것 아닌가, 판권담보융자제도의 성과가 이토록 미흡한 이유는 무엇인가, 그 다음에 손실 처리될 위험에 있는 금액에 대한 회수 대책은 무엇인가, 이를 계기로 영화제작비 직접 지원정책에 대한 전면적인 재고를 해야 한다는 견해가 있는데, 이에 대한 대책은 무엇인가 말씀해 주시기 바랍니다.

지금 영상물등급위원회에 대해서도 간단하게 몇 마디 질의할 사항이 있습니다마는 우선 시간이 되었기 때문에 나중에 추가 질의 기회가 있으면 하고 우선 마치겠습니다.

■委員長 李協 수고하셨습니다.

다음은 李相賢 위원님, 질의하여 주십시오.

■李相賢委員 자민련의 李相賢 위원입니다.

먼저 영화진흥위원회와 관련해서 위원장께, 또 차관께 질의를 하겠습니다.

우리나라 영화의 진흥과 영화산업의 발전을 위해서 각종 사업을 집행을 하고, 또 영화진흥금고를 통해서 영화제작사에 대한 지원을 한다든지 이렇게 한국영화 발전을 위해서 중차대한 임무를 띠고 출범한 위원회가 4개월이 지나도록 지금 안착을 하지 못하고 갈등을 겪고 있는 것은, 영화를 사랑하는 모든 국민들의 바람을 저버리는 것이라고 생각이 되고 조속한 정상화를 촉구합니다.

그런데 바로 어제 또 3명의 위원이 사퇴를 함으로 해가지고 사태가 더욱 악화되고 있는데, 영화진흥위의 조속한 정상화를 위해서 위원장께서는 어떤 대책을 갖고 계신지 말씀을 해주시기 바랍니다.

그리고 어제 있었던 문성근 위원을 비롯한 3명의 위원의 사퇴가 위원장 때문이라는 그런 일부의 주장에 대해서는 어떻게 생각하시는지, 위원장께서는 지금 이렇게 영화진흥위원회가 정상화가 안 되는 이유가 어디에 있다고 보는지, 이 문제의 본질이 어디에 있는지 말씀을 해주시기 바랍니다.

한편으로 문화관광부는 지난 5월 28일 8인의 위원을 위촉해서 출범을 했지만, 출범 당시 위촉 수락을 인정하지 않았던 두 위원을 9월 1일 위촉함으로 해가지고 영화진흥위원회가 8인의 위원으로 출범한 것이 무효가 되는 상황이 되고 말았습니다.

또한 9월 6일 2차로 구성된 현재의 위원회를 공식적인 출범으로 볼 경우에는 법 발효 후 1개월 이내에 구성한다는 규정에 반하는 것이어서 위원회 구성 자체가 무효라는 주장도 있습니다.

차관께서는 이러한 절차상의 문제에 대해서 하자가 있다고 생각하지는 않으시는지 영화진흥위원회의 조속한 정상화를 위해서 문화관광부에서는 수수방관을 하고 있는 것인지, 어떤 대책을 강구하고 있는지 말씀을 해주시기 바랍니다.

다음에 스크린쿼터제도와 관련해서 질의를 하겠습니다.

스크린쿼터제도는 유지되어야 한다는 것이 본 위원의 기본적인 생각입니다. 그런데 최근 언론 보도에 의하면 지난 9월 11일 陳稔 기획예산처 장관이 영화진흥위원장을 비롯한 위원회 관계자들과 만난 자리에서 스크린쿼터 축소에 관한 언급이 있었다고 하는데 과연 이런 언급이 있었는지, 어떤 논의가 있었는지 말씀을 해주시기 바랍니다.

또한 차관께서는 현재 한미투자협정 협상이 어떻게 진행되고 있고, 스크린쿼터에 관한 한미 양측의 입장은 무엇이고, 스크린쿼터를 단계적으로 축소할 계획인지 답변해 주시기 바랍니다.

지금 현재 영화인들의 주장에 의하면 11월중에 시애틀에서 열릴

예정인 WTO 각료회의에서 한미투자협정을 최종 마무리짓는다는 계획 아래 정부는 스크린쿼터를 내년부터 연도별로 92일, 80일, 60일 이렇게 3단계로 축소한다는 협상안을 확정해 놓고 있다는 이런 이야기가 있는데, 이러한 것과 연관해서 어떠한 계획을 갖고 계신지 말씀해 주시기 바랍니다.

다음 영화진흥금고자금 지원 사업과 관련해서 말씀드리겠습니다.

현재 영화진흥금고자금의 지원이 영화진흥위원회 출범 이후 중단된 상태입니다. 위원회 출범을 겪으면서 위원장 선출을 둘러싼 갈등으로 인해서 관련 규정과 금고 운영의 방향이 마련되지 않은 것이 그 이유로 알고 있는데, 영화계의 갈등을 원만하게 해결해 내지 못한 현 위원장을 비롯한 위원들의 책임이 크다고 생각이 듭니다. 이런 점에서 현 위원장과 위원들은 하루빨리 위원회 안정을 되찾아서 영화계에 대한 지원이 재개될 수 있도록 해야 한다고 생각되는데, 위원장께서는 금고자금의 지원을 언제쯤 재개할 것으로 예상하는지, 또는 어떤 계획을 갖고 있는지, 향후 금고 운영계획에 대해서 밝혀 주시기 바랍니다.

또 한편으로 회수 기간이 지난 융자지원금의 조속한 회수를 위한 대책 마련을 촉구하는 바입니다.

현재 판권담보융자금으로 제작되었거나 제작중인 18편의 영화 중 개봉된 영화는 6편입니다. 이 6편의 영화 중에서 회수 기간이 지났지만 융자지원금이 회수되고 있지 않은 영화가 5편입니다. 융자 혜택을 받지 못한 수백 명에 달하는 영화제작사들의 간접적 피해를 생각할 때 융자금 회수를 서두르지 않는 것은 안일한 대처가 아닌가 생각이 듭니다. 위원장께서는 회수 기한이 지난 융자금의 회수를 위해서 어떤 대책을 강구하고 있는지 밝혀 주시기 바랍니다.

다음에 한국영화에 대한 학문적인 연구 사업의 필요성과 관련해서 말씀드리겠습니다.

한국영화의 발전을 위해서는 정부에서 추진하고 있는 제작비 지원이라든지 기반시설 확충 등의 물질적인 조건도 중요하지만, 동시에 무형의 정신적인 자산이 중요하다고 봅니다. 우리나라 영화사에 대한 올바른 인식을 통해 우리나라 영화의 현주소를 정확히 파악하는 것 또한 대단히 중요하다고 생각이 됩니다.

이런 면에서 볼 때 지금 현재 우리나라에 영화관련 학과가 설치된 대학교육기관이 40개 대학에 48개과를 설치하고 있지만, 한국영화사를 정리한 책이 변변하게 나와 있는 것이 없습니다. 영화아카데미의 경우 27권의 이론 교육 참고 교재 중에 국내 저자가 쓴 교재는 단 3권에 불과합니다. 그리고 또 문화관광부에서는 영화에 관한 대학교재의 실태도 제대로 파악하지 못하고 있는 것으로 알고 있습니다.

본 위원이 국정감사 자료로 요구한 국내 대학교수가 쓴 영화 관련 대학교재 현황에 대한 답변에서 문화관광부는 현재 확인이 되지 않고 있다는 이러한 답변을 보내왔습니다. 이런 것에 비추어 볼 때, 우리나라 영화사나 영화에 대한 연구는 너무 소홀하지 않나 하는 생각을 갖습니다. 비록 짧은 기간이지만 우리나라 영화사와 한국영화에 대한 진지한 학문적 연구가 한국영화의 발전을 위해서는 꼭 필요한 시점이라고 생각을 하면서 여기에 대한 위원장의 견해와 구체적인 계획을 수립할 용의는 없는지 답변해 주시기 바랍니다.

영화진흥위원회의 출범과 함께 영화에 대한 연구 조사 사업을 위해서 영화정책연구원이 설립되었지만, 현재 연구 인력은 단 2명뿐인 것으로 알고 있습니다. 연구할 사람이 없는 이런 연구원이 무슨 소용이 있습니까? 영화정책연구원의 연구 조사 활동을 정상화시키기 위해서 인력의 충원이라든지 예산의 배정, 또 연구사업과제 등에 대한 어떤 계획을 가지고 있는지 밝혀 주시기 바랍니다.

다음으로 영화필름의 수집, 또 보관을 위한 예산과 관련해서 말씀 드리고자 합니다.

한국영화 발전을 위해서는 여러 가지 해야 할 것이 있겠지만, 그 중의 하나로 우리나라 영화사와 영화에 대한 연구에 기본적인 자료라고 할 수 있는 영화필름의 수집과 보존을 위한 노력이 또한 필요하다고 봅니다. 한국영상자료원에 의하면 1910년부터 1960년대까지 제작된 전체 한국영화의 약 71%가 수집되어 있지 않아서 시급히 필름을 찾아 보관하는 것이 필요하지만, 이것을 전담할 인력이 한 사람도 없고 필름 관련 인력도 10명 정도밖에 안 되는 실정이라고 합니다. 보관하고 있는 영화필름 중에 외국 필름도 비중이 13%에 불과한데다 있는 필름마저도 상영할 수 없는 등 영화필름의 보관 상태가 열악합니다.

세계 각국의 영상자료원은 한국영상자료원과는 너무나 대조적입니다. 프랑스의 경우 국립영상자료원에 약 11만여 편의 영화필름이 보관되어 있고, 이것을 관리하는 직원만도 95명에 이르고 있고, 또 이웃나라 중국의 경우에는 340명의 직원이 근무하고 있는 국립중국전영자료관에 약 2만 5천여 편의 영화필름이 보관되어 있고, 북한의 경우에도 250명의 직원이 근무하는 국립 국가영화문헌고에 약 2만여 편의 영화필름을 보관하고 있습니다. 예산도 우리나라 영상자료원은 약 180만 달러에 불과하지만 일본은 약 306만 달러, 호주는 약 940만 달러에 달하는 등 많은 국가예산을 투자하고 있습니다.

본 위원은 국내외 영화필름의 수집 보관을 위한 인력과 예산을 대폭 확대해야 된다고 생각하는데, 문화관광부에서는 어떤 대책을 갖고 계신지 차관께서 답변을 해주시기 바랍니다.

다음으로 후반 작업 기술력 향상을 위한 대책에 관해서는 시간 관계상 서면으로 질의를 하고 다음은 영상물등급위원회에 대해서 말씀을 드리겠습니다.

조금 전에 존경하는 辛基南 위원님의 경우와는 조금 다른 각도에서 말씀을 드리고자 하는 것이 등급외전용관의 설립과 관련해서입니다.

朴智元 장관께서는 며칠 전 국정감사 답변을 통해서 등급 분류에

15세 미만을 추가하고 등급외 판정이 되어서 등급외 판정을 받은 영화는 등급외전용관을 설치해서 상영 기회를 가질 수 있도록 하는 방향으로 전향적인 검토를 하겠다고 했지만, 본 위원은 좀 더 신중한 접근이 있어야 한다고 봅니다.

등급외전용관에서 상영되는 영화는 현재 우리나라 실정으로 볼 때 아마도 포르노물이 주소재가 될 것이 거의 명약관화하다고 생각이 되고, 이것은 기존의 선정적 영상물 출현 조류에 기름을 붙이는 기폭제가 될 것이라는 것이 본 위원의 판단입니다. 등급외전용관 설치는 외국의 경우에서도 이것을 법률로는 보장을 하지 않고 있는 것으로 일고 있습니다. 프랑스·스페인·미국·일본 이런 나라에서 등급외전용관을 설치해서 운영하고 있지만, 이러한 나라들도 법률로 보장하고 있지는 않고 다만 사회적인 분위기에 따라서 용인되고 있는 정도로 되어 있는데, 유독 우리나라만이 등급외전용관 설치를 제도적으로 보장한다, 이런 것은 쉽게 이해할 수 없다는 생각입니다.

본 위원은 대부분의 국민이 아직까지는 폭력성·음란성 등이 심한 영화가 공개적인 영역에 진입하는 것을 반대하고 있다고 생각을 합니다. 국내의 법체계, 국민 정서, 사회의 구조적 여건, 산업 경제적 측면 등을 종합적으로 고려할 때 현 시점에서 음란성이나 폭력성 등의 과다한 영화 상영을 법적으로 허용하는 제도를 신설하는 것은 좀 이르지 않나 하는 생각을 하는데, 여기에 대한 영상물등급위원회 위원장님의 입장을 밝혀 주시기 바랍니다. 한 가지 시간이 없어서, 트로피 사건과 관련해서 말씀을 드리고자 했습니다마는 이것은 나중에 추가 질의하겠습니다.

■委員長 李協 수고하셨습니다.

그러면 李訓平 위원님 질의하십시오.

■李訓平 委員 국민회의 소속 李訓平 위원입니다.

영화진흥위원회 위원 사퇴 사태에 따른 것은 우리 동료 위원인 辛

基南 위원께서 자세히 질의를 했지만, 이 문제는 저도 또 질의할 문제가 있기 때문에 서면으로 질의하겠습니다.

영화진흥위원회의 자금 운용에 관해서 질의하겠습니다.

국제화 개방화의 시대에 한국영상산업은 국지적 위치에 머물러 있고 경쟁력도 취약합니다. 이에 따라 1998년초 15대 대통령직인수위 보고자료에 한국영화 진흥과 영화산업의 대외경쟁력 강화를 위한 추진 계획으로 영화진흥공사의 효율적 조직 개편이 제시된 바 있습니다.

이에 따라 지난 1월 7일 영화진흥공사를 폐지하고, 합의제 행정위원회를 출범시킨 것으로 알고 있습니다. 영화진흥법이 개정되기에 이른 것은, 즉 영화진흥위원회는 문화부문 개혁 입법의 상징으로서 영진위 발족에 따른 위원 구성의 문제는 차치하더라도 과거 공사 체제의 방만한 운영에 개혁의 칼을 대는 역할을 담당할 수 있어야 한다고 생각합니다. 이에 대해서 질의를 하겠습니다.

영진공은 1997년 기준 정원 108명, 집행예산 206억 원입니다. 600억 원 이상 투입된 서울종합촬영소 등 다양한 사업 영역 등 겉모습은 화려하나 내실이 없는 경영을 해왔다는 비판을 받았습니다. 이에 따라 영진위는 이를 쇄신하기 위한 노력의 일환으로 시설재의 투자보다는 내실 있는 지원 등의 투자를 늘려가야 하리라고 생각합니다.

그런데 올해 예산과 지출 내역을 보아도 종합영상지원센터와 벤처영상집적시설 확충에 110억 원이 넘는 지출을 했고, 전체 지출의 38.4%로 영화진흥 관련 지출인 15.9%의 두 배가 넘는 지출을 한 셈이어서 하드웨어에 편중된 지출을 했다고 분석됩니다.

이를 시정하기 위해서는 소프트웨어의 지출을 늘리는 방향으로 나가야 하는데, 시설 늘리기에 그치고 있다는 비난을 받고 있는 것입니다. 이에 대한 견해를 말씀해 주시고 구체적인 대책이 있으면 말씀해 주시면 되겠습니다.

서울종합촬영소 이용 확대에 관해 질의하겠습니다.

남양주에 건축된 서울종합촬영소의 활용에 관한 문제점이 작년부터 지속적으로 지적되어 왔던 것입니다. 많은 국고 지원이 투입된 사업이므로 보다 활발한 활용이 요구됩니다. 최근 촬영소 기반시설 및 공간을 활용, 청소년 영상교육장 및 국민 영상문화 공간으로 확충하려는 계획을 하고 있고, 또 지난 8월에는 99년 청소년 여름영상캠프를 그곳에서 개최하는 등 활용 회수를 늘려 나가고 있는 상황이고, 영화도 올해 극영화 26편의 제작에 활용되었다고 알고 있습니다. 이에 대해서 질의하겠습니다.

첫번째, 앞으로 지속적인 활용빈도를 높여 막대한 예산을 들인 효과가 나타나야 할 것이며, 그러기 위한 하나의 방법으로 방송과 연계해 방송 촬영에도 이용하도록 적극 노력해야 할 것으로 보입니다. 이에 대한 계획이 있으면 밝혀 주시기 바랍니다.

두번째, 한국영화아카데미와 한국애니메이션 예술아카데미의 운영은 국가적 문화산업의 육성이라는 측면에서 매우 긍정적입니다. 이들의 실기 교육을 서울종합촬영소에서 할 것은 물론이고, 기존 대학의 영화나 애니메이션 관련 학과와도 교류하여 서울종합촬영소를 활용할 수 있도록 하는 제도가 있는지 밝혀 주시기 바라고, 없다면 향후 계획이 있는지 답변을 바랍니다.

또한 관광사업화에 따른 데 대해 질의하겠습니다.

남양주에 위치한 종합촬영소는 수도권 상수원 보호권역 내에 위치하고 있으므로 철저한 환경 대책이 수립되어야 된다고 봅니다. 이에 대해서 질의하겠습니다.

서울종합촬영소를 관광자원으로 활용할 경우 관광객의 숙박시설이나 각종 편의시설의 설치에 어떠한 규제 방침을 마련하고 있는지 구체적으로 밝혀 주시기 바랍니다.

세번째, 관광자원화하는 데 신규 시설을 갖출 것이 아니라 기존 시설을 이용해 환경친화적으로 구성해 나가야 하고, 이에 대해 관련 지방자치단체와의 협의가 이루어져야 할 것으로 보는데 구체적으로 어느 정도 협의가 있었는지 답해 주시기 바랍니다.

소형 단편영화 제작 지원에 관해서 질의하겠습니다.

영화진흥위원회에서는 비상업성 영화인 소형 단편영화에 대한 사전 제작비 지원을 위해 연 40편을 선정해서 편당 600만 원씩 지원하고 있는 것으로 알고 있습니다. 이는 단편영화의 사전 제작 지원을 통해 흥행 공간에서 상영, 유통되도록 하고, 해외 유수 단편영화제에 출품을 지원해 국익을 선양하게 하기 위한 긍정적인 사업이라고 생각됩니다. 이에 대해서 질의하겠습니다.

첫번째, 지원 방식이 선정작에 각 600만 원을 일괄 지원하는 방안은 적절하지 않다고 생각됩니다. 작품의 규모와 특성에 따라 각각 다른 지원액을 선정할 필요가 있다고 생각하는데, 이에 대한 견해를 밝혀 주시기 바랍니다.

두번째, 최근에 디지털 비디오로 단편 독립영화를 제작하는 경향이 많습니다. 그러므로 지원 대상에 디지털 비디오 제작 작품도 포함시켜야 할 것으로 생각되는데, 이에 대한 견해가 있으면 밝혀 주시기 바랍니다.

영화진흥위원회의 등급외전용관에 관련해서는 서면으로 질의해서 답변을 받도록 하겠습니다.

다음은 영상물등급위원회에 대해서 질의하겠습니다.

게임기 환타지로드 심의와 관련해 질의하겠습니다.

슬롯머신의 복제판인 신종 오락기 트로피가 전국 성인오락실로 퍼져 나가고 있어 사행성 오락기의 심의 과정과 사후 감독 부재가 문제되고 있습니다. 오락기의 심의는 영상물등급위원회 전에 한국공연예술진흥협의회와 한국컴퓨터산업중앙회의 심사에도 비리가 적발되어 문제시되는 등 게임기와 관련된 비리가 끊이지 않고 있습니다. 비리가 발생할 때마다 심의기관을 바꾸는 것으로 해결하려 했으나 근본적인 대책 마련이 없었기 때문에 문제를 해결하지 못한 것으로 생각됩니다.

공진협 재심을 통과했던 환타지로드가 영상물등급위 심의에서 합격이 취소된 바 있습니다. 이유는 심의 당시와 다르게 주요 부품을 일본제를 사용했고, 변조되어서 유통되었다는 것입니다. 그런데 지난 3일 합격 취소 판정에 대한 제조업체의 소송에서 영화등급위원회가 일부 패소한 것으로 판결이 되어 영등위의 심의 규정에 허점을 드러내었습니다.

이 패소 사건에 대해 영등위는 아직까지 자체 의견 결정을 하지 않은 상태라고 하는데 조속한 입장 정리를 해야 할 것이고, 규정상의 허점을 보완하는 작업을 서둘러야 중앙정부의 산하기관으로서의 위상을 손상시키지 않을 것입니다. 이 사건에 대해 영상물등급위원회의 정리된 입장을 밝혀 주시기 바랍니다.

패소의 원인은 영등위의 규정에 합격을 취소할 수 있는 조항이 없다는 데 있다고 하는데, 다시 의결위원회를 소집해 합격 취소 조항을 규정에 포함시키는 작업이 필요할 것으로 보이고, 이 사건을 계기로 보다 신중한 절차를 통한 심의를 해야 할 것이라고 생각됩니다.

두번째, 환타지로드의 합격 취소 결정은 사후에 변조되어 유통되었다는 이유로 결정되었습니다. 그러나 환타지로드뿐만 아니라 많은 게임기들이 사행성 높게 변조되어 유통되고 있는 것으로 보도되고 있습니다. 영상물등급위에서는 심의에서 합격 결정된 게임기의 사후 관리에 관련하여 변조 유통에 대비해서 어떻게 대책을 세우고 있는지 견해를 밝혀 주시기 바랍니다.

영상물등급위 영화심의와 관련해 질의하겠습니다.

올 5월 영상물등급위원회가 발족되기 전 한국공연예술진흥회에서는 국내 영화심의사상 처음으로 등급 보류 판정을 받은 사례가 발생했고, 최근 영상물등급위원회에서도 첫번째 등급 보류 판정 사례가 발생했습니다. 영화 〈노랑머리〉와 〈거짓말〉이 그 작품들입니다.

〈노랑머리〉는 혼음·과다폭력 등의 이유로 3개월 등급 보류 판정을 받았으나 재심의에서 '18세 이상 관람가' 판정을 받아 개봉되었고, 〈거짓말〉은 베니스영화제에 출품되어 큰 호응을 얻은 바 있습니다. 이들 영화의 공통점은 과도한 성적 표현과 연관되었다는 점입니다.

우리 사회는 모든 점에서 개방화되고 있고, 이에 따라 기존의 가치관도 많은 변화를 겪고 있습니다. 이런 때에 규제 기준에 어긋난다는 이유로 삭제를 요구하는 행위는 잘못된 것이라고 생각됩니다. 영화는 하나의 완성된 예술작품이므로 그 표현의 과격성을 그 자체로 보기보다는 전체적인 주제와 그 표현의 필연성을 다시 한 번 생각해 보고 결정되어야 한다고 봅니다. 이것은 우리나라에서 등급 보류 판정을 받은 영화 〈거짓말〉이 베니스영화제에서 좋은 평가를 받았다는 아이러니에서도 드러납니다. 오히려 우리 심의기관의 반응이 언론의 주의를 끌어 관객을 동원하는 효과를 가져오고 있다는 사실을 간과해서는 안 될 것입니다.

이에 대해 질의하겠습니다.

영화를 즐기는 다수는 일반 대중들입니다. 그들 또한 나름대로 영화를 평가할 수 있습니다. 그런데 영화의 심의는 유명인사와 몇몇 영화전문가들로만 이루어진 위원회에 의해 결정됩니다. 이런 시점에서 일반 시민들의 의견도 듣고 평가할 수 있도록 해야 한다고 생각되는데, 이에 대한 견해를 밝혀 주시기 바랍니다.

두번째, 영상물등급위에서 대중의 견해를 묻는 것은 사후 모니터제도에만 의존하고 있다고 알고 있습니다. 이런 모니터제도는 이미 심의에서 등급 판정이 난 작품에 대한 반응을 보는 것으로 심의 결정에 전혀 영향을 미치지 못한다고 볼 수 있습니다. 시사회를 모니터요원들에게 보이고 사전 모니터제를 실시하는 데 대한 견해를 밝혀 주시기 바랍니다.

영상물등급위 음반심의와 관련해서 질의하겠습니다.

영상물등급위원회 전 공연예술진흥협의회에서 음반에 대해 유해매체물 판정을 내린 사례가 있습니다. 조PD의 〈브레이크 프리〉가 수록된 〈조PD 인 스타덤〉과 김진표의 〈추락〉이 실린 〈JP 스타일〉이 그것입니다.

최근에 문제가 된 김진표의 추락은 인륜에 벗어난 내용을 노래하고 있다 하여 논란이 되었습니다. 이에 노랫말이 문제를 일으키자 김진표는 신문 사회면의 기사를 보고 사회 비판적 취지에서 노래를 만들었다고 하는데, 공진협측에서는 근친상간을 노래하고 있다고 하여 유해매체물 판정을 한 것입니다.

이번 사건은 최근 문화산업의 튀는 이미지를 선호하는 것에 비추어볼 때 앞으로 가사의 표현 수위는 더욱 높아질 수밖에 없을 것이라고 봅니다. 이런 식으로 판매 금지 조치를 해서 언제까지나 막을 수 있는 문제가 아니고, 호기심으로 인한 수요의 증가로 판매와 유통이 음성화된다면 더욱 문제를 일으킬 수 있기 때문입니다.

이에 대해서 질의하겠습니다.

첫번째, 새로 발족한 영상물등급위원회에서는 이러한 음반상의 문제점을 앞으로 어떻게 풀어갈 것인지 가장 기본적인 원칙을 밝혀 주시기 바랍니다.

두번째는 영상물등급위원회에서는 음반의 유해매체물 판정만을 할 뿐 감시는 청소년보호위원회나 검찰에 전임하므로 영등위에서는 사후 관리할 책임과 의무가 없다고 합니다. 그러나 영등위의 결정에 따라 유해매체물 판정을 받은 음반들이 복제되어 음성적으로 유통되는 경우가 많으므로 이러한 사항을 영등위에서 정확히 파악하여 심의에 감안해야 한다고 생각됩니다. 따라서 영등위에서도 지도 단속을 통한 실태 조사를 해야 한다고 생각되는데, 이에 대한 견해를 밝혀 주시기 바랍니다.

시간 관계로 본 위원의 질의는 이것으로 마치겠습니다.

■ **委員長 李協** 수고하셨습니다.

다음은 鄭東采 위원님 질의하십시오.

■ **鄭東采 委員** 영화진흥위원회에 질의하겠습니다.

국민의 정부 출범 이후 관주도의 영화진흥공사를 개혁하여 민간이 주도하는 자율성과 전문성을 겸비한 진정한 의미의 영화진흥기구로 출범시켰습니다. 많은 사람들이 영진위의 출범을 개혁적인 문화정책의 산물로 높이 평가하였습니다. 그러나 진흥위원회가 순수한 민간기구로 확고한 위상을 확립하기도 전에 문화부의 무사안일하고 구태의연한 행정으로 인해서 위원회의 근간을 흔들어 놓고, 국민의 정부의 개혁 성과를 훼손시키고 있습니다. 또한 일부 위원들은 자신의 이해와 입장만을 내세워 위원회의 정상적인 운영을 가로막고 영화계의 갈등을 증폭시켰습니다.

申世吉 위원이 사퇴한 데 이어서 어제 3명의 위원이 또다시 사퇴 선언을 하였습니다. 위원회의 정상적인 운영을 위해 위원장과 부위원장이 사퇴까지 했음에도 불구하고 영진위 파동의 원인을 제공했던 일부 위원은 아무런 해명도 없이 위원 위촉에 동의하였고, 지금 위원직을 수행하고 있습니다.

위원장께 묻습니다.

이런 상태에서 위원회가 정상적으로 운영될 수 있다고 보십니까? 향후 위원회의 정상화와 영화계의 갈등을 봉합하기 위해서는 위원장과 일부 위원들의 명확한 입장 표명이 있어야 한다고 생각합니다. 답변 바랍니다.

문화부 차관께 묻습니다.

3명의 위원이 사퇴를 했는데 앞으로 위원회 구성을 어떻게 할 생각입니까? 또 새롭게 3명의 위원을 임명한다고 위원회가 제 기능을 수행할 수 있다고 보십니까? 위원회 사태가 이렇게 되기까지는 문화부의 책임도 크다고 생각하는데 위원회의 정상화와 영화계의 갈등 해소를 위한 문화부의 대책은 무엇입니까?

문화부 감사시에도 지적하였습니다만 5월 28일자 위원회 구성이 불법적인 것으로 결론이 남에 따라 위원회가 그동안 의결 집행한 모든 행정 행위, 즉 구조 조정, 인사 명령, 직제 개편, 규칙 제정 등이 무효가 되었습니다. 지난 9월 13일 위원회 회의에서 현 위원회 구성 전 행해졌던 업무에 대해 사후 심의 의결한 바 있습니다. 그러나 소위원회 구성 등 일부 사항에 대해서는 다시 추후에 심의하기로 했는데 그 이유가 무엇입니까? 이번에 일괄적으로 심의 의결 치리한 업무와 처리하지 않은 업무의 선별 원칙과 기준은 무엇입니까? 답변 바랍니다.

지난 5월에 구성되었던 위원회가 상당한 전문성과 자율성을 확보했다는 세간의 평가를 받은 반면에, 이번에 새로 구성된 위원회는 전문성에 대한 의문과 함께 과거 정부로부터 쉽게 영향을 받았던 관료주의적 성향이 다시 체질화되지 않을까 하는 우려의 목소리가 높습니다. 잘 아시겠지만 이러한 시각은 새로 선출된 위원장과 부위원장에 대한 부정적 평가에서 비롯된 것입니다. 위원장과 부위원장께서는 여기에 대해서 답변 바랍니다.

문화부 국정감사시 장관은 현재 개정을 추진 중인 영화법에 '등급외전용관' 설치를 도입하겠다고 답변하였습니다. 그러나 실제로 등급외전용관이 입법되기까지는 지난번 개정 때와 마찬가지로 많은 논란이 예상됩니다. 특히 위원장께서는 과거 영화에 대한 사전심의를 담당했던 공연윤리위원회 부위원장을 역임하셨고, 부위원장과 일부 위원께서는 그동안 검열의 정당성을 주장하며 등급외전용관의 설치를 적극적으로 반대하신 적이 있습니다.

위원장과 부위원장께 묻습니다.

사전심의에 대한 논란을 종식하고 창작의 자유를 완전하게 보장하기 위해서는 등급외전용관의 설치가 필수적이라고 생각하는데 두 분의 견해는 어떻습니까? 특히 부위원장께서는 최근 한 신문에 개인 자격으로 등급외전용관 설치를 반대한다고 했는데, 아까 辛基南 위원의 질의가 있었습니다만, 아직도 그 소신에 변함이 없는지 답변 바랍니다.

많은 사람들이 스크린쿼터제는 한국영화 진흥을 위한 기본 토대이자 최근 한국영화가 보여준 눈부신 약진의 원동력이 되었다고 평가하고 있습니다. 또한 한국영화의 시장점유율이 40%가 될 때까지는 스크린쿼터제를 유지한다는 것이 국민의 정부의 공약입니다.

영화계 일부에서는 현재의 위원장, 부위원장 체제를 두고 한·미 간 스크린쿼터 축소 조기 타결을 위한 포석이 아니냐는 의심의 눈초리를 보내고 있습니다. 위원장과 부위원장께서는 스크린쿼터제에 대한 명확한 입장을 밝혀 주시기 바랍니다.

최근 문화부가 입법예고한 영화진흥법개정법률안 제7조의 6, 예산 승인 등의 제1항을 보면 "위원회는 매년도 예산집행의 규모 및 기본 방향 등에 관해서 문화관광부 장관의 승인을 받아야 한다"는 내용이 포함되어 있습니다.

차관! 이러한 규정을 새로 신설한 의도는 무엇입니까? 위원회가 문화부로부터 예산을 승인받게 될 경우 기관 운영의 독립성과 자율성이 보장되겠습니까? 많은 사람들이 문화부가 전임 집행부를 사퇴시키고 위원회를 재구성한 것은 바로 이런 통제 의도에서 비롯된 것이라고 의심하고 있습니다. 답변 바랍니다.

최근 영진위 구성과 관련된 갈등으로 인하여 모처럼 조성된 한국영화 진흥 분위기가 위축되고 있습니다. 지금이라도 문화부와 위원회는 영화인들의 의견을 겸허하게 수용하여 위원회의 정상적인 운영과 영화계의 갈등을 해소할 수 있는 방안을 적극 마련해 줄 것을 당부드립니다.

극장 통합전산망 구축 사업자 선정에 대해서 질의하겠습니다. 특히 차관께서 몇 말씀 답변해 주셔야 되겠습니다.

지난달 국세청이 영화상영관, 공연장 사업자는 문화부 장관이 지정하는 입장권 전산발매 통합관리 시스템을 이용한 전산입장권을 사용하여야 한다고 고시함으로써 극장 통합전산망 구축이 시급한 과제로 등장하였습니다. 차관께서 기획관리실장으로 재직할 당시 입장권 통합전산망 구축사업을 총괄했기 때문에 잘 아시겠지만, 당시 이 사업은 각종 비리 의혹과 특혜 시비로 인하여 정작 필요한 예매망은 제외시키고, 현장매표소 전산망만 통합키로 하고 '지구촌문화정보서비스'를 사업자로 지정했지요?

차관, 그렇습니까?

■ 文化觀光部 次官 金順珪 예.

■ 鄭東采 委員 그리고 당시 현장매표소 전산망 사업자는 극장을 제외한 국·공영 문화기관, 기타 공연장 및 체육경기장을 중심으로 3년간 시범 운영키로 하였습니다. 여기서 '입장권 통합전산망 사업자'와 '현장매표소 전산망 사업자'는 개념상 서로 다른 사업자입니다.

그런데 최근 각 세무서가 극장주들에게 통보한 표준전산망 가입 안내 말씀을 보면 문화관광부 장관이 지정한 표준전산망 운영사업자인 지구촌문화정보서비스에 의무적으로 가입하도록 되어 있습니다.

차관께서는 이 사실을 알고 계십니까?

■ 文化觀光部 次官 金順珪 예, 알고 있습니다.

■ 鄭東采 委員 현장매표소 전산망 사업자가 어떻게 갑자기 입장권 통합전산망 사업자로 둔갑하게 되었는지 그 경위가 분명하지 않습니다. 이에 대해 납득할 만한 설명을 해주시기 바랍니다.

먼저 차관께서 기획관리실장으로 재직할 당시 전결로 보낸 '극장 입장권 관련 국세청고시 개정 요청'이란 제목의 공문, 문서번호 행정 12410-384, 시행 일자 99년 5월 24일입니다. 이것을 보면 문화부가 지구촌문화정보서비스를 운영 주체로 하여 입장권 표준전산망을 운용할 방침이라고 통보하고 있습니다. 또 설치 대상도 당초 지구촌문화정보서비스가 현장매표소 전산망 사업자로 지정될 당시에는 제외되었던 영화관을 설치 권고 대상에 포함시켜 줄 것을 요청하고 있습니다.

이것은 누가 보더라도 지구촌문화정보서비스를 입장권 표준전산망 운영사업사로 지정한 것이나 다름없습니다.

차관! 어떻게 생각하십니까? 차관 전결로 이러한 내용의 공문을 보내게 된 이유를 설명해 주시기 바랍니다.

문화부 담당자의 설명에 따르면 문화부와 국세청 간 의견 교환 과정에서 착오로 발생한 실수라고 했는데, 이것을 단순한 실수로 보기에는 그 사안이 너무 중대하다고 생각합니다. 차관, 답변 바랍니다.

만약 실수였다면 극장주들의 혼란을 막기 위해 해명하는 공문 정도는 문화부가 직접 발송했어야 함에도 불구하고 아직까지 아무런 조치를 취하지 않고 있는 것은 이대로 추진하겠다는 의도가 아닌가요? 답변 바랍니다.

그동안 극장전산망 구축과 관련하여 여러 차례의 자료 요구에도 불구하고 현재의 지구촌문화정보서비스가 사업자가 될 것이라는 명확한 답변은 한 차례도 없었습니다. 차관께서는 지구촌문화정보서비스를 입장권 통합전산망 사업자로 지정할 계획인지 분명하게 답변해 주시기 바랍니다.

또 지난 문화부에 대한 서면 질의에 대한 답변에서 운영 주체는 컨소시엄으로 희망업체들이 참여할 수 있도록 분리하여 추진하는 것이라고 했는데, 이것은 현재의 사업자가 이 조건을 충족했다는 것입니까, 아니면 앞으로 새로운 업체들을 이 컨소시엄에 참여시키겠다는 것입니까?

문제는 또 있습니다.

현재 전국 26개 극장에서 자체 예매전산화 시스템을 운영하고 있는데, 이에 대한 구체적인 활용 방안도 논의되기 이전에 국세청이 일방적으로 극장주들에게 지구촌문화정보서비스가 운영하고 있는 '티켓링크 시스템'에 가입하라고 통보한 것은 횡포나 다름없다고 생각합니다.

문화부는 극장들이 입장권 표준전산망에 가입하도록 협의하겠다고 했는데, 이것은 지구촌문화정보서비스가 운영하고 있는 티켓링크 시스템을 의무적으로 사용하도록 하겠다는 것입니까, 아니면 부분적으로라도 극장들이 가지고 있는 전산망을 활용하기 위해 지구촌문화정보서비스 컨소시엄에 이들 극장들을 참여시키겠다는 것입니까? 답변 바랍니다.

한 조사에 따르면 국내 입장권 판매시장 규모는 약 1조 2,000억 이상인 것으로 추정되고 있습니다. 이에 따라 예상되는 입장권 표준전산망 운영사업자의 수익 규모는 연간 600억 원 정도로 추정됩니다. 따라서 특정 업체가 이 사업을 독점할 경우, 운영상의 효율성보다는 특혜 시비에 따른 부작용이 더 클 것입니다.

문화부는 현장매표소 전산망 사업자 선정 과정의 교훈을 잘 생각해서 한 점의 의혹도 없이 투명하고 공정하게 사업자를 선정해 줄 것을 당부하면서 이에 대한 차관의 견해를 듣고 싶습니다.

그리고 한국영화의 발전에 있어서 시나리오의 힘이 필요하다, 또 영화 제작 지원은 직접 지원에서 간접 지원으로 전환해야 한다는 두 건은 서면 질의로 하겠습니다.

다음은 등급위원회에 대해서 질의를 하겠습니다.

현재의 영화진흥법상 상영 등급의 분류를 보류할 수 있도록 한 조항과 관련하여 사전심의 여부와 창작의 자유 보장에 대한 시비가 끊이지 않고 있습니다. 등급외전용관이 없는 등급보류제는 사실상 사전심의나 마찬가지라는 것입니다.

지난 4월 등급위원회의 전신인 공연예술진흥협의회가 영화 〈노랑머리〉에 등급 보류 결정을 내렸고, 등급위원회 출범 이후 지난 8월 〈거짓말〉 〈둘 하나 섹스〉에 대해 연속해서 등급 보류 결정을 내림으로써 등급제의 위헌 시비를 다시 촉발시켰습니다. 특히 거짓말의 경우 베니스영화제 본선 경쟁작에 들어가는 등 6개 국제영화제에 초청을 받은 상태에서 국내에서는 상영되지 못하는 모순된 상황이 계속되고 있습니다.

위원장께 묻습니다.

등급외전용관 설치에 관한 규정이 없는 상태에서 위원회가 등급 보류 결정을 내리는 한 사전심의 논란은 종식되지 않을 것입니다. 이러한 논란을 종식시키고 창작의 자유 보장과 청소년 보호 등을 위한 선의의 규제 장치로 등급외전용관을 설치해야 한다고 보는데 위원장의 견해를 듣고 싶습니다.

등급 분류 절차와 관련해 한 가지 지적하고자 합니다.

당초 위원회가 영화 〈거짓말〉에 대해 등급 분류 보류 결정을 내릴 때는 영화사 관계자들에게 의견 개진의 기회를 주지 않았습니다. 그런데 최근 위원회는 〈거짓말〉의 감독과 제작자를 참석시켜 소명의 기회를 준 뒤에 등급 보류 기간을 1개월 단축시켰습니다. 이러한 결정을 내리게 된 경위는 무엇입니까?

또 등급 분류 보류 결정을 내리게 될 것으로 판단되는 경우 사전에 제작자들에게 소명 기회를 주는 것이 바람직하지 않을까 생각하는데 어떻게 생각하시는지 답변 바랍니다.

〈트로피〉 심의 서류 증발은 누구의 책임인지에 대해서 질의하겠습니다.

지난해 4월 당시 게임물에 대한 심의를 담당했던 한국컴퓨터게임산업중앙회가 약칭 한컴산이 체력단련기로 합격 판정한 트로피라는 게임기가 슬럿머신보다 도박성이 훨씬 강한 것으로 밝혀지면서 뒤늦게 심의 과정에서의 로비 의혹이 강하게 제기되고 있습니다. 당초 심의의 공정성을 기하기 위해 한컴산 회원은 심의위원으로 한 명만 참석하도록 규정되어 있는데도 회의 때 3명이 위원으로 참석함으로써 더욱 강한 의혹을 갖게 만들고 있습니다. 이 부분에 대해서는 현재 경찰이 수사중인 관계로 그 결과를 지켜보아야 되겠습니다마는 문제는 지난해 8월 영상물등급위원회의 전신인 공연예술진흥협의회가 보건복지부와 한컴산으로부터 오락기 심의에 관한 업무를 인수인계하는 과정에서 트로피 관련 심의 서류가 사라져 버렸다는 점입니다.

확인한 바에 따르면 게임기검사신청서가 누락되어 있고, 심의 관련 서류도 한 장짜리 회의록이 전부인 것으로 밝혀졌습니다. 위원장께 묻습니다.

한컴신에서는 모든 서류를 인계했다고 하는데 트로피 심의 관련 서류가 누락된 것은 어떻게 된 일입니까? 어느쪽에 문제가 있는 것입니까? 또 트로피 외에 누락된 심의 관련 서류는 없습니까?

최근 위원회가 사용 불가 결정을 한 게임물 현황을 보면 동물의 왕국, 럭키보이, 스트라이크를 비롯한 슬럿머신 형태의 게임물 등 모두 사행성이 높은 제품들입니다.

경찰이 위원회에 트로피에 대한 의견 제시를 요청한 것으로 알고 있는데, 어떠한 의견을 제시했습니까? 위원회에서는 이 게임물의 사행성 정도가 어느 정도라고 판단하고 있습니까? 경찰의 수사 단계에 있는 관계로 트로피에 대한 사후 처리는 아직 결정하지 못하고 있는 것으로 알고 있는데, 음반 비디오물 및 게임물에 관한 법률 부칙 제5조를 보면 "이 법 시행 당시 종전의 공중위생법의 규정에 의하여 검사를 받은 게임물은 대통령령이 정하는 바에 의하여 이 법 시행 후 2년 이내에 이 법에 의하여 등급 분류를 받아야 한다"고 규정되어 있습니다.

차관께 묻겠습니다.

문화부에서는 게임물의 재등급 분류에 대한 고시를 아직 하지 않고 있는 것으로 알고 있는데, 한컴산에서 심의 통과시킨 게임물 중 트로피를 비롯하여 사행성이 강한 게임물은 어느 정도인 것으로 파악하고 있습니까? 또 사행성이 높은 게임물의 고시 및 등급 재분류는 앞으로 어떻게 처리해 나갈 생각이십니까?

심의 내용에 대한 사후 확인을 강화해야 된다는 요지의 질의를 드립니다.

지난 4월 경찰은 공진협에서 심의받은 제품과 달리 사행성 높은 제품을 변조하여 '환타지로드'라는 게임기를 유통시킨 업체 대표를 구속한 바 있습니다. 또한 등급위는 부정한 방법으로 심의를 통과했다는 이유로 이 게임물에 대한 합격 취소 결정을 내렸습니다.

그런데 이와 관련 최근 법원에서는 이 게임물이 위·변조되었다 하더라도 폐기 처분 등의 행정 처분을 할 수 있을 뿐 등급 분류 자체를 취소할 수 없다고 판결했습니다. 먼저 이에 대한 위원회의 입장과 향후 처리 방향에 대해서 말씀해 주시기 바랍니다.

등급 심의를 받은 게임물의 변조나 사회 전반에 사행성 높은 오락기가 광범위하게 확산된 것은 게임물 심의 과정의 문제점과 함께 심의를 통과한 뒤 사후 관리가 전혀 되지 않고 있는 허점을 여실히 보여준 것이라 하겠습니다.

문화부, 등급위원회, 시·도 경찰 등이 사후 단속에 대한 책임을 서로 전가하는 가운데 어느곳에서도 정확한 실태 파악이 되지 않고 있습니다. 위원회에서도 심의 지원 사업의 일환으로 심의 결과에 대한 사후 확인을 부분적으로 실시하고 있습니다. 그러나 실태 확인을 전담하는 직원이 없을 뿐 아니라 책정된 예산도 2,400만 원에 불과하고, 실태 확인 대상도 영화와 비디오물에 국한되어 있습니다. 위원장께 묻습니다.

향후 심의 이후 영상물 및 게임물에 대한 사후 관리는 어떻게 이루어지고 있습니까? 심의의 실효성을 높이기 위해서는 심의 결과에 대한 철저한 사후 실태 점검이 필요하다고 보는데 위원장께서는 어떻게 생각하십니까?

차관께 묻습니다.

심의와 관련하여 특히 문제가 되고 있는 게임물에 관한 관리 감독의 주무부서는 문화부입니다. 따라서 정확한 사후 실태 파악 및 불법적인 변조 등을 단속하기 위해서 문화부가 등급위원회, 경찰 등과 협의하여 보다 적극적인 대책을 마련해야 한다고 보는데 이에 대한 입장을 말씀해 주시기 바랍니다.

이상입니다.

■ **委員長 李協** 수고하셨습니다.

다음은 崔在昇 위원님 질의해 주시기 바랍니다.

■ **崔在昇 委員** 영화계가 똘똘 뭉쳐서 다음달에 몰아닥칠 스크린쿼터제를 사수해도 힘들 텐데 계속 분열만 하고 있는데 안타깝습니다. 많은 영화인 출신들이 계시는데 하루빨리 봉합되기를 바라면서 몇 가지 위원장께, 또 부위원장께 고언을 드리겠습니다.

지금 영진위가 출범한 지 4개월이 되었는데 제대로 가는가 했더니 또 표류하기 시작했습니다. 참 안타까운 현실입니다. 도대체 이렇게 된 것은 무엇이 문제입니까?

위원장은 제 말씀을 잘 들으시고 이따 명확히 답변해 주시기 바랍니다.

무엇이 문제이고 어디서부터 잘못되었는지에 대해서 잘 파악해서 하루빨리 수습해 주기를 바랍니다.

위원장이나 부위원장께 제가 질의를 드리는 것은 위원장이나 부위원장을 폄하하려는 것이 아니고 공인, 그것도 중책을 맡은 공인에게 드리는 질문이니까 제 말씀을 잘 듣고 답변해 주시기 바랍니다.

위원장이 단답형으로 얼마든지 답변할 수 있으니까 답변해 주세요.

62년 8월 9일 행정사무관으로 승진하여 공보국 영화과로 자리를 옮겨서 근무하셨지요?

■ **映畵振興委員長 朴鐘國** 예.

■ **崔在昇 委員** 그것이 8월 23일까지였고, 다시 65년 4월 1일부터

67년 3월 14일까지 두 차례에 걸쳐서 공보국 영화과 행정사무관으로 근무하신 적이 있지요?

■ 映畵振興委員長 朴鐘國 예.

■ 崔在昇 委員 그리고 74년 12월 1일부터 74년 12월 10일까지 문공부 공보국장으로 근무했지요?

■ 映畵振興委員長 朴鐘國 예.

■ 崔在昇 委員 그때 공보국장으로서 긴급조치 1호, 2호, 3호, 4호를 발표하셨지요?

■ 映畵振興委員長 朴鐘國 발표가 되었습니다.

■ 崔在昇 委員 공보국장으로서 발표하지 않았습니까?

■ 映畵振興委員長 朴鐘國 아닙니다.

발표는 청와대에서 한 것으로 알고 있습니다.

■ 崔在昇 委員 긴급조치에 대해서 어떻게 홍보했는지 상세히 답변해 주시기 바랍니다.

74년 10월 19일 이원경 당시 문공부 장관이 언론사 편집국장과 보도국장에게 내린 보도지침 내용 기억나십니까?

■ 映畵振興委員長 朴鐘國 잘 모르겠습니다. 보도국장이 따로 있었습니다.

■ 崔在昇 委員 기억을 되살려서 그때 문공부 장관 이원경 씨가 내려보낸 지침이니까 한번 들어 보세요.

"학원 내 움직임 일체 보도 삼가, 거리 시위 1단으로 작게 취급, 월남 사태와 연탄 문제 등 사회불안 조성 우려 기사 되도록 작게" 이런 것 기억나지 않으세요?

■ 映畵振興委員長 朴鐘國 기억나지 않습니다.

■ 崔在昇 委員 74년 12월 11일 국가공무원법 제74조의 2 제1항 제2호의 규정에 의해서 직위해제를 당하신 적이 있지요?

■ 映畵振興委員長 朴鐘國 예.

■崔在昇 委員 직위해제 사유는 무엇이었습니까? 짧게 얘기해 주세요.

■映畵振興委員長 朴鐘國 공보국장 재직중 정부시책에 대한 홍보를 맡고 있던 실무자로서 JC가 주최하는 토론회에 나가서 업무와 관련해서 언론에 대한 불만을 좀 경솔하게 많이 표출했습니다.

■崔在昇 委員 됐습니다.

74년 12월 8일 반도유스호스텔에서 열린 한국JC 주최 '국민 및 국가 안보 세미나'에서 지식인문제그룹토론회에 연사로 참석하여 발언한 것이 문제가 되었는데, 그때 당시 공보국장 신분으로 그 세미나에 참석하셨지요?

■映畵振興委員長 朴鐘國 예.

■崔在昇 委員 중요한 핵심 내용이 있는데 그때 발언 내용을 기억할 수 있습니까?

■映畵振興委員長 朴鐘國 언론에 대한 것을 많이 얘기했고, 그때 시국이 많이 불안했었는데…….

■崔在昇 委員 그때 이렇게 말씀하셨습니다.

제일 중요한 것은 "한국의 언론자유는 세계에서 제일 잘 되어 있다"고 하셨습니다. "최근 우리나라 언론자유선언은 젊은 기자들의 기성 기자들에 대한 불신이 작용했으며, 언론기관간의 지나친 상업주의적 경쟁 때문에 빚어진 것으로 정부가 뜻하지 않은 피해를 받고 있다"고 말씀하셨지요?

■映畵振興委員長 朴鐘國 예.

■崔在昇 委員 그런데 저는 그때 군대를 막 제대한 시점이었는데 전혀 그렇게 생각하지 않습니다. 곧이어서 동아일보 광고 탄압도 이어졌고, 또 75년 1월 8일에는 〈씨알의 소리〉에 장준하 선생께서 朴正熙 대통령께 언론탄압 그만해 달라는 편지를 보낸 것도 있는데, 어떻게 세계에서 제일 언론자유가 잘 되어 있다고 말할 수 있습니까?

그 근거가 무엇이었는지 말씀해 주시기 바랍니다.

기자협회가 언론계 내분을 조장하고 획책하며 실상을 왜곡한 망언이라는 성명을 내고 문공부 장관의 해명을 요구한 사실이 있었고, 동아일보 74년 12월 9일자에서 11일자까지, 조선일보 10일자부터 11일자까지, 한국일보 10일부터 11일자, 경향신문 19일자에 위원장의 발언이 상세히 나와 있습니다.

74년 12월 우리나라 언론 상황에 대해서 아주 낙관적으로 말씀하셨는데, 그 근거를 어디에 두고 그런 낙관을 하시고 그렇게 자유가 보장되었다고 하셨는지 말씀해 주시기 바랍니다.

74년 10월 24일에는 동아일보 기자들이 "민주사회를 유지하고 자유국가로 발전시키기 위한 기본적인 사회 기능인 자유언론은 어떠한 구실로도 억압될 수 없으며, 어느 누구도 간섭할 수 없는 것임을 선언한다"는 자유언론실천선언을 했는데 기억나십니까? 내용은 몰라도 선언했다는 것은 기억하시지요?

■ 映畵振興委員長 朴鐘國 예.

■ 崔在昇 委員 그 이후 35개 언론사가 전부 이 선언문을 채택했습니다.

그리고 11월 18일 자유실천문인협의회에서 나온 선언에도 이런 내용이 있습니다. 거기 결의 2에 보면 "언론·출판·결사 및 사상의 자유는 여하한 이유로도 제한할 수 없으며, 교수·언론인·종교인·예술가를 비롯한 모든 지식인은 이 자유에의 수호에 적극 앞장서야 한다"라고 했는데 기억나시지요?

■ 映畵振興委員長 朴鐘國 …….

■ 崔在昇 委員 그 내용이 아니라 이런 일이 있었다는 것 기억나시지요?

■ 映畵振興委員長 朴鐘國 예, 기억납니다.

■ 崔在昇 委員 그리고 바로 이어서 12월26일부터 동아일보에 대

한 광고탄압이 시작되었습니다. 그 당시 공보국장이 직접 관여했든 관여하지 않았든 간에 JC 주최 세미나에서의 발언이 옳았다고 지금도 생각하시는지 말씀해 주시기 바랍니다.

오죽하면 당시 야당인 신민당의 규탄 성명이, 지금까지 장관이나 차관에 대한 성명은 많이 나왔지만 국장에 대한 대변인 성명은 최초였고, 그 이후에도 없지 않았나 생각됩니다.

그때 신민당의 규탄 성명을 보면 "공보국장으로서 언론자유선언을 마치 언론인의 내분인 것처럼 거짓말을 하고, 야당을 비방하며, 종교계를 모독하고, 성직지에 대한 인신공격까지 서슴지 않는 것은 공복이라는 신분을 망각한 방자한 태도"라면서 공보국장을 파면해야 한다고 되어 있는데, 구체적으로 야당을 어떻게 비방했는지 또 종교계를 어떻게 모독했는지, 성직자에 대해서는 어떤 인식 공격을 했길래 이와 같은 야당 대변인의 규탄 성명까지 나왔는지 그때 발언 내용을 구체적으로 말씀해 주세요.

그리고 당시 문공부에 근무했던 대다수 공무원들이 저한테 분명히 얘기하기를 그것도 이유가 되었지만 그것은 대외적으로 내세우는 명분이었고, 실제적으로는 그때 우리나라 사정이 아주 좋지 않았는데, 석유 파동으로 인해서 극심한 경제 침체였고 쌀도 7분도, 9분도로 깎아서 공기밥으로 주고, 보리 농사가 20년 만에 흉작이 되어 293만 톤의 쌀을 수입하는 상황이었는데 그때 "우리나라는 인구가 너무 많으니까 일이백만 명 정도는 죽어도 상관없다"는 발언 때문에 직위해제되었다는 것입니다. 그런 얘기를 저한테 직접 와서 해준 그 당시 공무원이 있어요. 여기에 대해서도 말씀해 주시기 바랍니다.

제가 알기로는 박종국 위원장을 차관께서 추천한 것으로 알고 있는데, 그 당시에 차관도 근무했으리라고 보는데 74년도에 근무하지 않았어요?

■ 文化觀光部次官 金順珪 74년도에는 군에 있었습니다.

■ 崔在昇 委員 그래서 잘 몰랐을 수도 있는데, 추천하셨습니까?

■ 文化觀光部 次官 金順珪 예, 제가 추천했습니다.

■ 崔在昇 委員 추천할 당시에는 과거의 경력에 대해서 전혀 몰랐습니까?

■ 文化觀光部 次官 金順珪 아주 자세한 사항은 몰랐습니다.

■ 崔在昇 委員 이 문제가 되고 있는 것에 대해서 나중에 차관의 심경을 피력해 주시기 바랍니다.

그리고 88년부터 94년까지 공연윤리위원회 부위원장으로 재직하셨지요?

■ 映畵振興委員長 朴鐘國 예.

■ 崔在昇 委員 본심 심의위원도 하셨지요?

■ 映畵振興委員長 朴鐘國 예.

■ 崔在昇 委員 그리고 외교관 부인의 문란한 성생활을 다룬, 외국에서도 X등급을 받은 〈엠마뉴엘 부인〉은 국민 여론을 생각해서 추천해야 한다고 주장하셨지요? 거기에 대해서는 나중에 답변하세요.

또 노동자들의 생활을 다룬 우리 영화 〈구로아리랑〉은 모처럼 보는 영화라 즐겁게 봐야 하는데, 고통스러운 갈등이 와서 부담스럽고 좌경 용공이므로 도저히 나갈 수 없는 영화라고 주장했다는데 여기에 대해서도 상세히 답변해 주시기 바랍니다.

외국의 외설영화는 통과되고, 우리 영화는 안 된다는 논리의 근거는 무엇인지 상세히 답변해 주시기 바랍니다.

군사정권시대에 체제옹호로 우리 국민들을, 3S정책 아시지요? 들어보셨지요? 모릅니까?

■ 映畵振興委員長 朴鐘國 모르겠습니다.

■ 崔在昇 委員 들으셨을 텐데, 스크린, 섹스, 스포츠, 이래서 반정부적인 것을 둔화시키는 그런, 군사정권하에서 호도책을 썼는데 그런 차원에서 이런 영화심의를 한 것 아닙니까? 그렇게 심의를 함으로써

군사독재 체제를 옹호했다고 저는 생각하는데 거기에 대해서도 말씀해 주세요.

〈구로아리랑〉을 이십여 군데 삭제시키는 데 동참한 것으로 알고 있는데, 또 〈그들도 우리처럼〉은 광주 5·18 의거의 다큐멘타리인데 그것도 많이 삭제시켰어요. 또 〈부활의 노래〉는 25분 13초를 삭제시켰는데, 실제적으로 그렇게 삭제시킨 구체적인 이유는 무엇인지 말씀해 주시기 바랍니다.

많이 있습니다. 〈오! 꿈의 나라〉라든지 〈파업전야〉 뭐 여러 가지 있는데요. 시간상 이런 것까지도 아울러 말씀해 주시기 바랍니다.

소위 가위질만 하던 사람이 어떻게 한국영화 발전을 위해서 일할 수 있겠는가라고 저는 묻습니다. 다시 말하면 영화 통제정책만 하던 사람이 영화 진흥정책을 어떻게 할 수 있겠는가, 개혁입법으로 탄생된 영진위에 어떻게 반개혁적인 인물이 위원장을 할 수 있겠느냐, 이러한 문화계 일각의 비판과 우려에 대해서 위원장은 어떻게 생각하시는지 말씀해 주시고요.

거대한 자본과 기술을 가진 외국영화와 경쟁하기 위해서는 전 영화인들이 똘똘 뭉쳐도 어려운 판에 위원장으로 인하여 영화계 분열이라는 악화 사태를 어떻게 수습할 것인지도 분명한 답변을 해주시기 바랍니다.

이와 같이 영화계 일부에서 반발하고 분열하고 이런 상황에서 영진위가 출범한 지 4여 개월뿐이 안 되었는데, 어떻게 이 위상을 정립해 나갈 것인지도 복안을 발씀해 주시기 바랍니다.

우리나라 영화 발전을 위해서, 영화산업을 위해서 과거 경험이 도움이 된다고 생각하시는지도 말씀해 주시고, 도움이 된다면 어떻게 도움이 될 수 있겠다라는 것을 구체적으로 말씀해 주시기 바랍니다.

趙熙文 부위원장께는 제 시간이 이미 넘었기 때문에 추가 질의를 하겠습니다.

단지 한 가지 미리 말씀드릴 것은 학자 출신이기 때문에 선비 정신으로 돌아가서 답변을 해주시기 바랍니다. 아까 존경하는 우리 辛基南 위원님이나 다른 위원님들도 말씀이 계셨지만 얼버무리는 식의 그런 답변은 저한테는 좀 삼가 주시기 바라고요.

나머지 몇 가지는 서면 질의를 하겠습니다.

한국 영화산업 아름다운 시절이 될 것이냐, 그렇지 않으면 침몰하는 타이타닉이 될 것이냐, 한국 영화산업에 대해서 서면 질의하겠으니 서면으로 답변해 주시고요.

우리 나라 소형 단편영화는 지금 세계적으로 인정받고 있습니다. 국내 상영 기회를 주어야 된다 여기에 대해서 서면 질의하고요.

영화판권 담보 제작비 융자는 전면 재조정이 되어야 된다, 개선이 필요하다 여기에 대해서도 서면 질의하고요.

예측 가능한 등급제가 되어야 한다, 그리고 지나친 행정편의주의는 극복해야 되지 않느냐, 또 심의 과정은 투명성을 확보해야 되고, 또 사후 감독을 더욱더 철저히 해야 된다 이것도 서면 질의를 하고요.

그리고 영상물등급위원회는 호랑이는 죽어서 가죽을 남기고 사람은 죽어서 이름을 남긴다라는 말이 있는데, 영상물등급위원회 구성을 보면 공윤에 있었던 분들이 다시 공진협에 있고, 그러니까 같은 데 있던 분이 계속해서 지금 영등위까지 오신 분이 일곱 분이나 돼요. 또 공윤과 공진협에서 위원을 맡으셨던 분이 11명이나 되고, 그래서 기관은 사라져도 사람들은 남는다 이런 얘기를 영등위원장은 들어 보셨는지, 여기에 대해서 우리나라에 영화에 관계되는 것을 아는 사람이 몇몇뿐인지, 그분들이 꼭 이 등급위원회는 늘 차지하고 있어야 되는지 거기에 대해서도 서면 질의하겠습니다.

아까 趙熙文 부위원장에 대해서는 추가 질의를 하겠습니다.

이상입니다.

■委員長 李協 수고하셨습니다.

다음은 鄭相九 위원님, 질의하십시오.

■ **鄭相九委員** 자민련의 鄭相九 위원입니다.

일문일답으로 하도록 하겠습니다.

먼저 질의하고자 하는 것은 영화진흥위원회 구성 문제와 영화진흥기금의 융자 문제에 대해서 몇 가지 묻겠습니다.

위원장, 영화진흥위원회 구성이 잘 되었다고 보고 있습니까?

■ **映畵振興委員長 朴鐘國** 위원회 구성의 위촉에 관한 것은 문화부장관 소관이 되겠습니다. 저로서는 여기에 대해서…….

■ **鄭相九 委員** 소관은 어떻게 되었든 간에 위원장 자신은 어떻게 보고 있습니까?

■ **映畵振興委員長 朴鐘國** 부임한 지 아직도 한 달여밖에 되지 않아서 뭐라고 말씀드리기가 어렵습니다.

■ **鄭相九 委員** 이 위원회가 지금 시끄럽지요?

■ **映畵振興委員長 朴鐘國** 예.

■ **鄭相九 委員** 그 원인이 어디에 있다고 보십니까?

■ **映畵振興委員長 朴鐘國** 글쎄, 저로서 그 원인에 대해서도 인간관계나 어떤 계층간의 갈등인지 전혀 원인을 잘 분석을 못하고…….

■ **鄭相九 委員** 항간에서는 말이지요. 일부에서 이런 말을 합니다. 듣기 싫은 말이겠지만 뿌리부터 문제가 있다, 즉 위원장부터 문제가 있다, 뿌리부터 문제가 있으니까 그 위원회가 시끄럽지 않을 수 있느냐, 이런 말이 있는데 거기에 대해서는 위원장 자평은 어떻게 하고 있습니까?

■ **映畵振興委員長 朴鐘國** 저의 부덕한 소치라는 데에 대해서 저도 통감하고 있습니다.

■ **鄭相九委員** 그 다음에 묻고 싶은 것은 영화진흥기금 융자 문제인데 판권 담보에 의한 융자를 해준 일이 있지요?

■ **映畵振興委員長 朴鐘國** 예 있습니다.

■鄭相九 委員 얼마나 했습니까?

■映畵振興委員長 朴鐘國 1차, 2차, 10편씩 20편을 지금 했습니다. 그리고 금액으로는 약 56억 정도 되는 것으로 알고 있습니다.

■鄭相九 委員 얼마나 회수가 되었습니까?

■映畵振興委員長 朴鐘國 회수가 극히 부진합니다. 5억 1,000만 원이 회수되었습니다.

■鄭相九 委員 그런데 한 가지 아까 위원회 구성에 문제가 있다는 것을 예를 들면 위원 중에서 판권 담보로 해서 돈을 융자해 간 사람이 있지요?

■映畵振興委員長 朴鐘國 예, 위원 중에 한 분이 계신 것으로 알고 있습니다.

■鄭相九 委員 그런데 그분 담보가 회수되었습니까?

■映畵振興委員長 朴鐘國 아직 안 됐습니다.

■鄭相九 委員 담보 회수도 안 된 분을 위원으로 뽑아도 됩니까?

■映畵振興委員長 朴鐘國 그것은 전에 있었던 일이라서 저로서는 잘 모르겠습니다.

■鄭相九 委員 전에 있었던 일이라도 우리가 생각해야 되지요. 인간의 가치라는 것은 과거, 현재, 미래가 중요합니다. 특히 과거와 현재가 중요합니다. 과거를 봐가면서 우리가 임명을 해야지요. 담보융자를 해가지고 돈도 회수가 안 된 사람을 위원으로 선정한 것, 여러 가지 이유가 있습니다마는 제가 그 이유는 얘기를 안하겠습니다마는 이런 처사를 하니까 역시 항간에서는 뿌리인 위원장부터 문제가 있어 가지고 시끄럽다, 또 위원 임명이 옳지 않다 이런 말이 나오고 있습니다. 이 점 감안해서 그것을 처리할 수 있는 방안이 없다고 생각하십니까? 근본적인 방안이 나는 있다고 생각하는데 위원장은 어떻게 생각해요?

■映畵振興委員長 朴鐘國 이미 구성된 위원들에 대해서는 앞으로

융화 단합해서 영화 발전을 위해서 전부 헌신해 나갈 것을 어떻게든지 추진해 나가는 것이 선결이라고 봅니다.

■ 鄭相九 委員 더 이상 묻지 않겠습니다. 이 정도 얘기했으면 내가 무엇을 의미한다는 것인지 위원장이 알 것입니다. 위원장이 지금 문제가 있습니다. 근본 뿌리가 문제라는 것이에요. 뿌리가 옳지 않으면 가지를 치더라도 무슨 필요가 있습니까?

그 점을 유의해서 처신을 달리하거나 정신적인 혁명을 하거나 그렇지 않으면 자진 사퇴를 하거나……. 내가 원하는 것은 정신적인 혁명을 해가지고 뿌리부터 바로잡아야 한다고 보는데, 어떻게 생각하십니까?

■ 映畵振興委員長 朴鐘國 알겠습니다.

■ 鄭相九 委員 다음 묻고 싶은 것은 부산국제영화제의 안정화와 세계화 추진 방안에 대해서 질의하고자 합니다.

지금 부산국제영화제는 3회를 거쳐서 제4회 개최를 앞둔 현재 그 성과가 크다고 보는데, 거기에 대해서 위원장은 어떻게 평가하고 있습니까?

■ 映畵振興委員長 朴鐘國 저도 공감을 합니다.

■ 鄭相九 委員 국제영화제로서 자리를 잡고 있다고 보십니까?

■ 映畵振興委員長 朴鐘國 예, 자리를 잡아가고 있다고 보고 있습니다.

■ 鄭相九 委員 3회 개최 이후에 세계 37개 영화제, 180편에 달하는 한국영화가 초청을 받았는데 이것이 성과라고 보시 않으십니까?

■ 映畵振興委員長 朴鐘國 큰 성과라고 봅니다.

■ 鄭相九 委員 또한 이것으로 인해서 3편, 5개국과 판권 계약을 완료했지요?

■ 映畵振興委員長 朴鐘國 그 소상한 내용은 잘 모르겠습니다.

■ 鄭相九 委員 완료했습니다. 그리고 13편은 협의가 완료 단계에

와 있는 것으로 알고 있는데 지금 협의중에 있는 것이 몇 개입니까?

■映畫振興委員長 朴鐘國 그것은 제가 서면으로 답변을 올리겠습니다.

■鄭相九 委員 본 위원이 알기로는 13편이 협의중인 것으로 알고 있는데, 6편은 완료가 되고 나머지는 협의중인 것으로 아는데 나중에 서면으로 답변해 주세요.

이 부산국제영화제는 부산경제를 활성화시키는 버팀목이 되었다고 나는 보고 있습니다. 또 그 파급 효과가 크다고 보고 있습니다. 그 파급 효과를 경제전문가들은 경제적으로 추정하기를 약 250억 원이 지역경제에 파급 효과가 있었다는 평가를 하고 있습니다.

여기에 대해서는 어떻게 생각하십니까?

■映畫振興委員長 朴鐘國 제가 검토를 한 다음에 답변을 드리도록 하겠습니다.

■鄭相九 委員 이런 차원에서 이 부산국제영화제를 세계의 영화제로 키워서 한걸음 한걸음 허리우드에 근접할 수 있도록 정부와 영화진흥을 맡고 있는 위원장은 미리 준비해 나가는 모습과 마인드를 가져야 된다고 보는데 거기에 대해서는 어떤 의견이 있습니까?

■映畫振興委員長 朴鐘國 예, 공감합니다.

■鄭相九 委員 그렇게 하기 위해서는 본 위원은 이런 생각을 가지고 있는데 여기에 대해서 동의하시는지, 의견이 있으면 말씀해 주시기 바랍니다.

매년 있을 부산국제영화제 개최를 위해 계속적인 국비 신청과 예산 결정 등의 시스템에서 탈피하고 지역경제의 어려움을 덜어주는 의미에서 기금을 조성해야 된다고 생각하는데, 여기에 대해서 위원장은 어떻게 생각하십니까?

■映畫振興委員長 朴鐘國 기금이 조성된다면 최선이라고 봅니다.

■鄭相九 委員 구체적으로 예를 들면 영화제 기금을 약 300억 정

도 조성해 가지고, 가령 예를 들면 98년, 99년에 30억 정도 개최자금이 소요되었고, 2000년도 제4회도 30억으로 부산시가 소요예산을 잡고 있으므로 영화제기금을 300억 원 정도 조성해 주어 그 과실금 30억 원으로 안정적이고 지속적인 추진을 할 수 있도록 하면 어떨까 생각합니다. 그런 기금에서 지원을 해야 신명도 나고 또 계획도 사전에 세울 수 있는데 주먹구구식으로 해가지고는 안 된다고 보는데 거기에 대해서는 어떻게 생각하십니까?

■映畵振興委員長 朴鐘國 그 점은 지금 현재로서는 검토……

■鄭相九 委員 예를 들면 광주비엔날레는 국고 50억 원을 포함해서 현재 204억의 기금이 조성되어 있습니다. 그런데 광주비엔날레 못지않은 부산아시아국제영화제에 있어서, 지역 감정을 가지고 얘기하는 것은 아닙니다. 여기에 약 300억 정도 기금이 조성되어야 된다고 보는데 차관, 여기에 대해서는 어떻게 생각하십니까?

■文化觀光部 次官 金順珪 사실 각 지방 문화 행사들, 특히 영화제가 안정적으로 추진되기 위해서는 기금이 필요합니다. 그리고 부산국제영화제에서도 자체 기금을 조성하려고 노력하고 있는 것으로 알고 있습니다. 그러나 현실적으로 올해에도 예산당국과 기금 지원에 대해서 협의했습니다마는 반영되지 못했습니다. 그래서 앞으로 이 문제는 두고 검토를 해나가겠습니다.

■鄭相九 委員 PPP, 즉 사전영화제작마켓 육성을 위해서도 기금이 절대 필요합니다. 차관께서 명심하셔서 가지고 여기에 대한 기금을 마련해 주시기를 부탁하겠습니다.

■文化觀光部 次官 金順珪 예, 알겠습니다.

■鄭相九 委員 부산에서는 뭐라고 하는지 아십니까? 지역 감정을 말해서 안됐지만 "아니, 광주는 204억이나 기금이 조성되어 있는데 부산은 뭐합니까, 鄭의원님!" 그러면 제가 뭐라고 하느냐 하면 "광주라도 된 것을 다행으로 생각하자, 광주를 탓하지 말고 광주가 되었으

니 우리 부산도 될 수 있는 가능성이 많다, 언젠가 우리 부산도 해주지 않겠느냐 이런 식으로 우리가 생각해야 옳지 광주는 되었는데 부산은 안 됐다고 말하면 안 된다" 그렇게 제가 얘기를 합니다. 이 점 유의해 주시기 바랍니다.

영상물등급위원회에 대한 질의를 하겠습니다.

영화상영의 등급 보류와 관련한 질의입니다.

영상물등급위원회는 지난 8월 9일 영화 〈거짓말〉에 대하여 등급 부여를 보류한다는 최종 결정을 내린 바 있었지요?

■映像物等級委員長 金洙容 있습니다.

■鄭相九 委員 어떻습니까? 이는 창작표현의 자유는 검열에 의해 영화의 일부를 잘라내야만 상영이 가능했던 검열의 시대와 비교하여 어떻다고 생각하십니까?

■映像物等級委員長 金洙容 〈거짓말〉이라는 영화는 도저히 우리 규정으로는 용납이 안 되는 수준입니다.

■鄭相九 委員 상영 안 되는 것은 당연하다 이것입니까?

■映像物等級委員長 金洙容 그것은 10월 5일자 중앙일보에, 영화 진흥위원회 정책실에서 발표한 바에 의하면 등급외극장 같은 데서 어떤 영화가 상영되겠느냐, 〈거짓말〉 같은 영화가 상영되어야 한다는 발표가 있습니다. 그것을 봐도 알 수 있습니다.

■鄭相九 委員 그러면 영화 〈노랑머리〉에 대해서는 어떻게 생각하십니까?

■映像物等級委員長 金洙容 〈노랑머리〉는 〈거짓말〉에 비하면 좀 낫습니다. 그런데 그것은 공진협 때 신청을 한 것입니다. 그리고 저희가 심의할 당시는 재편집을 해서 이상한 장면이 없었습니다.

■鄭相九 委員 그것은 영화진흥공사가 판권 담보해서 융자 3억 원을 받은 것 아닙니까?

■映像物等級委員長 金洙容 그렇습니다.

■鄭相九 委員 그러니까 이것은 등급 판정한 게 잘했다 이 말이지요?

■映像物等級委員長 金洙容 그런 뜻이 아닙니다. 〈노랑머리〉에는 저촉 사항이 없었습니다.

■鄭相九 委員 그러니까 잘못했다 이 말이지요?

■映像物等級委員長 金洙容 영화가 〈거짓말〉에 비해서 독소가 적었다는 얘기입니다.

■鄭相九 委員 그렇지요?

■映像物等級委員長 金洙容 예.

■鄭相九 委員 이것은 결론적으로 별 문제성이 없다 이 말 아닙니까?

■映像物等級委員長 金洙容 그렇습니다.

■鄭相九 委員 좋습니다. 왜 이런 문제를 묻느냐 하면 영화 등급 문제와 관련된 법안을 우리가 만들어야 되기 때문에 묻는 것입니다.

이상 제 질의를 마치겠습니다.

■委員長 李協 수고하셨습니다.

다음은 吉昇欽 위원님, 질의해 주십시오.

■吉昇欽 委員 吉昇欽 위원입니다.

이번에 새로 위원장, 부위원장 되신 朴鐘國 씨, 趙熙文 씨, 두 분에 대한 과거 경력이라든가 이런 것이 거론이 되고, 또 이번 영진위법이 상당히 개혁 지향적인데 두 분의 과거 경력으로 봐서 이런 것을 담당할 자격이 있겠느냐 이런 것이 여러 가지로 거론되어 가지고 우리 국민회의 위원들도 그런 시각으로 지금 많이 보고 있습니다.

또 영화진흥위원회의 합법성 문제도 많이 거론되고 있고요. 또 영화진흥위원회 위원이 10명인데 8명으로 계속돼 와가지고 일종의, 정확하게 말하면 불법단체지요.

그 불법단체가 별의별 업무를 다 수행을 해왔고, 그래서 비판적인 시각이 많습니다.

여러분들이 이 문제에 대해서는 질문을 했기 때문에 나는 몇 가지만 골라서 질문하겠습니다.

우선 8명 위원회가 그동안에 인사 업무도 담당을 해가지고 구조조정과 관련해 가지고 이 시기에 회사를 떠난 사람이 14명이나 된다, 이 중 12명은 의원 면직이라고 하나 명예퇴직을 당한 사람들입니다.

그러면 이 사람들은 구조조정을 당했기 때문에 앞으로 영진위를 좀 걸고 넘어갈 것이 아닌가, 또 어저께 위원 중에 세 분이 떠났습니다. 이분들도 거부 반응, 심적으로 현 체제에 대해서 불만이 있어 가지고 떠났다 이것이 일반적인 견해인데, 이 세 분도 혹시 그동안에 영진위의 비합법성에 대해서 여러 가지로 걸어올 수도 있습니다.

그럴 경우에 어떻게 대응하실 것인지 답변을 해주세요.

그리고 이 두 분들의 과거 경력에 대해서는 더 이상 저는 질문을 안 하겠습니다.

그리고 이 영화 판권담보 융자사업 이것은 지금 막 존경하는 鄭相九 위원님께서 하셨기 때문에 넘어가겠습니다.

다음에는 한국영화 수출 및 해외 진출 지원 방안에 대해서 질문하겠습니다.

지금 아마 영진위에서는 한국영화 수출 및 해외 진출 지원 방안으로 크게 세 가지 수단에 의해서 추진하려고 하는 것 같습니다.

그것은 〈코리아 시네마〉 같은 책자를 발간해서 홍보용으로 쓴다는 것, 널리 홍보한다는 것, 또 하나는 해외 견본시에 참가 그동안에 우리가 모두 세 번 정도밖에 없는데 이 견본시의 참가수를 확산해 가지고 역시 인지도를 높이겠다 그러한 이야기 같은데, 세번째는 해외에 한국영화주간 개최를 비롯해서 그래 가지고 이것 역시 우리의 인지도를 높이고 중요성을 부각시키겠다 이런 것 같은데, 여기에 대해서 내가 여쭙고 싶은 것은 이것이 종전의 우리 전통적인 방법 같은데 이런 방법 가지고 그동안에 우리의 영화 수출이 정말 실익을 거두었는가 거기에 대해서 나는 그렇게 생각합니다. 이것이 이 방법으로는 실익을 못 거두었다, 그런데 또 이러한 방법을 계속 유지해 나갈 것인지 나는 한국영화의 발전을 위해서는 가장 중요한 것이 지금 세 TV사에서 노상 방영되는 드라마, 주말드라마라든가 역사드라마니 시리즈드라마 100여 회 이상 나가는 드라마 바로 그러한 것들 때문에 이 방송사 밖의 독립제작사, 말하자면 미국의 헐리우드나 콜럼비아 스튜디오라든가 그런 류의 독립제작사가 밖에서 발전하지 못하고 있다, 그러니까 오히려 그런 쪽을 발전시키기 위해서는 3시에게 외주, 지금 외주비율이 5%입니까? 최근에 몇 %나 되었습니까, 아십니까?

■映畵振興委員長 朴鐘國 정확한 통계는 모르겠습니다.

■吉昇欽 委員 작년 기억으로는 5%밖에 안 된다고 그러는데, 미국의 경우는 이것이 8,90%됩니다. 그러니까 모두가 헐리우드라든가 이런 독립제작사가 만든 영화가 방송사에 들어가 가지고 이렇기 때문에 자연히 발달해 가지고 전 세계를 석권하고 있다, 나는 이렇게 보는데 좀 그런 쪽으로 영화 발전을 도모해야 되지 않는가, 그래 가지고 수출에 응해야 되는 것이 아닌가, 나는 그렇게 보는데 우리 朴鐘國 위원장 또는 교수로 계신 趙熙文 부위원장 나의 이러한 견해에 대해서 어떻게들 생각하시는지 답변을 바랍니다.

그리고 영화 후반작업 기술력 제고에 대한 제언입니다.

영화 후반작업이라면 편집이라든가 녹음이라든가 현상 이 세 단계가 후반삭업이라고 할 수 있는데, 우리가 영화의 전반작업이라면 한국에서도 다른 나라 정도의 수준에 이르렀다고 보는데 후반작업에 있어서는 완전히 정말 걸음마 단계이다, 그래 가지고 후반작업은 거의 다 외국에 의지해서 예컨대 최근에 센세이션을 일으켰던 〈쉬리〉 같은 것 이런 것들은 미국 돌비사에서 라이센스를 내주지 않아 국내에 장비가 없어 미국으로 직접 가야 하고, 여기 여러 가지 예가 있는데 이것이 아주 걸음마 단계라는 것입니다.

그래서 후반작업에 대한 기술과 장비를 들여다가 또는 개발해 가지고 전반작업과 후반작업 간의 시스템의 구축이 필요하다 이러한 제언을 하는데, 여기에 대해서 어떻게 생각하는지 앞으로 그런 쪽으로 좀 노력을 기울일 것인지……

최근에 〈용가리〉 같은 것도 아마 후반작업만 잘 해가지고 다시 해외로 수출을 하겠다, 지금 심형래 씨는 그렇게 결의하에 후반작업을 열심히 하고 있는데 대부분 장비가 외국에서 들여온 것이고, 또 아마 외국 나가서 편집을 해야 되는 것 같습니다.

그러니까 앞으로 이런 쪽으로 준비를 한다면 해외 수출에 큰 발전이 있지 않을까 그렇게 생각을 합니다.

그리고 지금 내가 다른 것 여러 가지 준비했습니다. 통합전산망, 스크린쿼터제 이런 것은 나중에 서면 질문으로 대신하겠습니다.

이어서 영상물등급위원회에 대해서 이야기하겠습니다.

우리 朴智元 장관도 9월 29일에 등급외전용관 여기에 대해서 추진하겠다고 의사를 밝힌 바가 있고, 또 우리 영화진흥법 제21조 제2항에서 "상영 등급을 분류받지 아니한 영화는 이를 상영해서는 아니된다"라고 규정해 가지고 등급 보류 판정을 받은 영화를 위한 대안을 마련하지 않아 〈거짓말〉과 같이 등급 보류 판정을 받은 영화는 상영의 기회를 박탈당하고 있는 실정입니다.

그래서 헌법에 엄연히 표현의 자유가 명시되어 있고 영상물에 대한 사전심의 또는 상영 규제가 헌법에 위배된다는 헌법재판소의 판단이 최근 재확인되면서 등급외전용관 반대론의 근거는 상당히 약화되어 가고 있다 이렇게 봅니다.

그래서 앞으로 법개정 문제가 남아 있지만 본 위원은 등급외전용관 설치를 위해서는 어떤 식으로든 청소년에 대한 보호대책이 전제되어야 한다 이것입니다.

현행 영화진흥법 제32조는 "위원회는 영화의 상영 및 전용상영관의 운영 등과 관련하여 관람객의 권익 보호를 위한 시민단체 등의 자발적인 감시 활동이 있을 경우 필요한 지원을 할 수 있다"고 규정하고 있습니다.

그래서 등급외전용관을 설치할 경우에는 이 조항에 청소년 보호 부분을 보충하여 시민 감시 활동을 법적으로 지원하고 청소년 보호 조항을 위반하는 극장의 경우 형법상의 처벌을 강화하는 규정을 마련해야 할 것입니다.

그리고 등급외전용관은 외에도 여러 가지 득이 있다, 이렇게 판단됩니다. 아마 이것은 우리 朴鐘國 위원장님이나 趙熙文 부위원장께서는 어떻게 보실지 모르겠지만 이 등급외전용관은 다음과 같은 장점이 있다고 보는데 어떻게 생각하시는지 여기에 대해서 답변을 해주시기 바랍니다.

내가 그래서 그것을 읽어보겠습니다.

첫째, 검열의 본질적 요소인 사전심의제도에 관한 논란을 줄일 수 있는 매우 효과적인 대안이 될 것입니다. 등급외전용관의 설치는 헌법에 명시된 표현의 자유를 지키는 방안일 뿐 아니라 영화 문화 형성의 또 하나의 주체인 관객이 스스로 작품을 보고 판단할 수 있는 기회를 제공하여 창작자와 관객의 작품을 통한 만남은 성숙한 영화 문화 창달에 기여할 것입니다.

둘째로 등급외전용관은 표현의 자유라는 측면뿐만 아니라 고용 창출과 시장 확대, 일본영화 개방에 대한 대책이 될 수 있습니다.

비디오 시장은 어느 나라나 대개 성인물이 20%를 차지할 정도로 현실적으로 수요가 있는 분야입니다. 국내에도 이러한 수요는 엄연히 존재하며, 현재까지는 그것이 음성적으로 존재했고, 외국의 것이 유통되면서 외화 유출이 많았던 것이 현실이었습니다.

오히려 이를 전향적으로 고려하고 제도적으로 양성화하여 영화계의 유휴노동력을 위한 고용을 창출하여 하나의 시장으로 양성화시킬 때가 된 것입니다.

여기에 대해서 다시 말하면 등급외전용관이 현실화되기까지 사회적 합의 확산을 위해 바로 이런 것이 선결과제라고 보는데, 여기에 대해서 어떻게들 생각하시는지 朴위원장께서 대답해 주시기 바랍니다.

그리고 등급외전용관을 설치하는 타당성에 대해 설명해 보시고 전용관 설치의 사회적 경제적 효용에 대해서는 어떻게 평가하시는지 견해를 밝혀주실 것을 바랍니다.

그러면 시간이 되었기 때문에 두 가지, 하나는 유기기구 심의 관련 비리 차단 조치 강구에 대한 것, 또 하나는 날로 위험수위를 더해 가는 대중가요 가사로부터 청소년을 보호하려면 사회적 여과 시스템과 표현의 자유 간에 각축이 있는데, 여기에 대해서 어떻게들 생각하시는지 이것은 서면 질문을 하겠습니다.

이상입니다.

■ **委員長 李協** 수고하셨습니다.

다음은 崔喜準 위원님 질의하십시오.

■ **崔喜準 委員** 崔喜準 위원입니다.

오늘 진흥기구가 될 영화진흥위원회 또 규제기구가 될 영상물등급분류위원회 두 위원회를 국정감사하면서 향후 우리나라의 영화가 어떻게 모습을 지켜 나갈 수 있을 것인가 하는 것은 이 두 위원회에서 어떻게 해주느냐가 관건이다, 이런 생각을 하면서 다른 동료위원들의 이야기를 경청했습니다.

상당 부분 중복이 되는 것이 많고, 또 같은 내용도 무척 많이 있습니다. 그러나 아무튼 우리 국민회의와 자유민주연합의 위원들이 우리나라 영화의 진흥을 위해서 우리나라 영화가 세계 속에서 경쟁력을 갖는 그러한 산업으로 발전되게 하기 위해서 많은 생각을 가지고 있고 많은 애정을 가지고 있다고 하는 사실을 마음에 두시고 저희 위원들의 질문에 가감없이 솔직한 그리고 성실한 답변을 해주시기를 부탁드리면서 제 질의서를 읽겠습니다.

문화부 장관에 따르면 영화진흥위원회는 지난 5월 28일 10인의 위원으로 출범했습니다. 그러나 두 분의 위원이 위원 수락 사실이 없다고 하는 것을 이유로 해서 출범의 적법성 문제를 제기해 가지고 신세길 위원의 사퇴와 또 지난 8월 31일 朴鐘國 위원의 위촉, 9월 1일에 지난번에 수락을 안하셨던 두 분의 위촉을 새로 해서 새롭게 구성이 되었습니다.

따라서 영화진흥위원회는 공식적으로 9월 1일 출범한 것으로 되는 셈입니다. 그러니까 5월 28일부터 8월 31일까지 영화진흥공사로 존재할 수밖에 없지 않으냐, 또 신세길 위원장, 문성근 부위원장 선임 역시 무효가 아니겠느냐, 이들을 중심으로 행한 모든 행정 절차 역시 따라서 무효가 아니겠느냐, 이런 문제가 제기됩니다.

한편 9월 2일 출범한 위원회 역시 영화진흥법상 법 발효 후 1개월 이내에 구성되어야 한다고 하는 조항에 저촉이 되어서 그 적법성에 문제가 생긴다고 봅니다.

먼저 이 자리에 계신 차관에서 이런 법적인 문제에 대해서 지난 9월 29일 문화부 본부감사시 정확한 답변을 안하셨습니다. 다시 한번 이 자리를 빌려서 정확한 답변을 요구합니다.

또한 朴鐘國 위원장님, 이런 법적인 문제제기에 대해서 먼저 위원장 자신의 임무 수행의 적법성 문제에 대해서 어떻게 생각하고 계신지, 5월 28일부터 8월 31일까지의 행정 행위에 대해서 추인 절자를 갖는다고 말씀하셨는데, 법적으로 이것이 어떻게 가능할 것인지 그 생각을 밝혀주시고요.

아울러 어저께 세 사람의 위원이 또 사퇴 의사를 밝혔습니다. 이 배경에는 현 체제의 영화진흥위원회가 법과 개혁성에 논란이 있어서 진정한 한국영화의 진흥을 위해서 제 역할을 다할 수 없다고 하는 그런 판단에서 새로운 개혁의 물꼬를 트기 위해서 스스로 희생을 하겠다는 그런 입장으로 보입니다마는 이에 대해서도 우리 차관과 위원장의 입장을 말씀해 주시기 바랍니다.

또 차관께서는 본 위원이 제기한 99년 7월 9일 상임위에서의 증언과 관련한 위증 여부 2건에 병합된 직무유기에 대해서도 말씀해 주시고요. 이 역시 명확한 답변이 나오지 않았습니다. 다시 한 번 답변해 줄 것을 요구합니다.

그리고 이제 朴鐘國 신임위원장님께 말씀드리겠습니다.

그러나 평소 저는 朴위원장님 너무나 잘 알고 개인적으로는 전혀 추호의 아무런 생각도 없다고 하는 것을 말씀드리고, 특히 위원장님을 폄하하려는 생각은 더더욱 없다는 것을 말씀드립니다.

박종국 위원장께서는 앞선 辛基南 위원, 崔在昇 위원 등 여당위원들의 위원장에 대한 문제제기가 왜 비롯되었는지를 잘 알고 계실 것입니다. 개인에 대한 공격은 절대로 아닌 것입니다. 아무튼 정부의 개혁을 이루기 위한 충정어린 마음임을 염두에 두시고 답변해 주시기 바랍니다.

본 위원은 아무리 좋은 시스템을 갖추고 있어도 결국 개혁을 이루는 것은 추진하는 사람의 몫이라고 생각합니다. 이런 맥락에서 저는 개인적으로 박위원장에 대한 감정은 없습니다마는 그러나 국민의 정부에서 이루고자 하는 개혁과는 다소 거리가 있다는 점을 지적하지 않을 수 없습니다.

위원장께서는 일찍이 62년부터 65년까지 공보국 영화과 행정사무관으로 재직했는데, 그 시기는 제3공화국 헌법의 영화에 대한 사전검열 조항에 의거해서 시나리오 검열, 제작 신고 때 각본 심사, 또 완성 뒤에도 검열이 이루어지던 그야말로 한국영화의 암흑기였습니다. 그 뒤 문공부 공보국장, 기획관리실장에 이르기까지 문공부 언론담당 실무자로서 재임했는데 그 시기는 보도지침을 통해서 언론에 대한 통제가 극에 달했던 시기였습니다.

또한 88년부터 94년까지 공연윤리위원회 부위원장으로 재직하셨는데, 이때 〈구로아리랑〉〈그들도 우리처럼〉〈부활의 노래〉 등등 작품에 대한 가위질이 극에 달하던 시기였습니다. 〈닫힌 교문을 열며〉의 경우 공윤에서 고발했습니다마는 헌법재판소의 위헌 결정을 받기도 했습니다.

위원장께서는 자신의 이런 경력과 당시 상황에 대해서, 물론 지금 착잡한 심정으로 여러 가지 생각을 하고 계시리라고 믿습니다마는 당시의 상황이 자신의 소신에서 비롯된 일임을 인정하시는지, 그렇다면 현재 국민의 정부의 개혁과 정면으로 배치된다고 생각되는데, 여기에 대한 위원장의 생각은 어떠신지 그 소회를 말씀해 주시기 바랍니다.

본 위원은 위원장께서 가진 행정 능력을 떠나서 새로운 21세기가 요구하는 창작과 표현의 자유 보장을 통해서 문화의 다양성을 수용하고, 창의력을 바탕으로 한 경쟁력 확보가 담보되어야 하는 영상산업의 진흥을 담당하기에는 걸맞지 않다고 생각되는데, 위원장께서는 저의 이런 지적에 대해서 어떤 입장을 가지고 계시며, 지난 9월 29일 문화관광부 본부에 대한 감사시 장관께서 답변을 통해서 차관을 비롯한 실무국장회의에서 추천되었다는 얘기를 하셨는데, 이것은 아까 존경하는 崔在昇 위원께서 말씀하신 것과 똑같으니까 차관께 중복해서 묻지 않겠습니다.

이런 일련의 사태와 관련해서 본 위원을 포함한 여당의 동료위원들은 물론 문화계에서 문화관광부의 개혁 의지에 대해서 심한 의구심을 품고 있습니다. 조속한 시일 내에 국민의 정부의 정체성을 찾아가기 위한 후속 조치가 내려져야 한다고 생각합니다.

이에 대해서 위원장의 입장을 분명하게 표명해 주시기 바랍니다.

그리고 아까 영화진흥위원회를 반대한 것은 아니라는 말씀을 하셨지만, 하여튼 상당히 모호한 대답을 해주신 조희문 부위원장님께 몇 가지 말씀드리겠습니다.

역시 박종국 위원장님에 대한 질의와 마찬가지로 여당위원들의 충심어린 결단을 이해하시고 아무런 사감이 없다는 것을 다시 한 번 밝혀두는 바입니다.

앞서 여러 위원님들이 지적했습니다마는 몇 가지 중요한 사안에 대해서 다시 번복해서 묻고자 합니다.

스크린쿼터에 대해서 축소 주장의 의혹이 제기되고 있습니다. 이에 대해서 조희문 부위원장님께서 분명한 대답을 해주시고, 현재 정부가 입법 예고한 완전등급제도를 반대하고 공연윤리위원회·공연예술진흥협의회·영상물등급위원회에 이르기까지 검열심의기구에서 활동하셨는데, 특히 검열기구였던 공연윤리위원회에서 직접 가위질 심의를 행한 분으로 새로운 21세기가 요구하는 창작과 자유 보장을 통해서 문화의 다양성을 수용하고 창의력을 바탕으로 한 경쟁력 확보가 담보되어야 하는 영상산업의 진흥을 담당하기에는 부적당하지 않느냐 하는 생각을 하시는 분들이 많습니다.

여기에 대해서 입장을 밝혀주시고, 특히 학자적 양심에서 등급제도에 대한 자신의 의지를 밝혀주시기 바랍니다.

아까 존경하는 辛基南 위원의 질의에 대해서 대답하는 그런 식의 대답이 아니라 분명한 대답을 해주셨으면 합니다.

셋째, 조부위원장께서는 영화진흥법의 개정과 관련해서 98년 7월 29일 영화인협회 주최 세미나 등을 통해서 영화진흥위원회 구성과 영상물등급위원회 구성에 반대했었음에도 불구하고 위원 위촉에 대한 수락은 물론이고 지금 부위원장직을 수행하고 계신데 이 모순을 어떻게 설명하실지 얘기를 듣고 싶습니다.

아울러 조희문 부위원장이 만든 〈영화진흥법, 공윤법, 음반 및 비디오물에 관한 법률 등 영상 관련 법안 개정에 대한 의견〉이라고 하는 문건에 이와 관련해서 "영화진흥법에서 의도하고 있는 기본 목적은 한국영화의 보호와 진흥 육성이며, 정부 차원의 적극적인 지원을 전제로 한 국가 지원형의 성격을 반영하고 있는 것이라고 보아야 할 것임"이라는 내용과 함께 영화진흥공사의 유지를 주장했습니다.

이런 입장이 자신의 학자적 양심에서 나온 판단이라면 자율적인 민간행정기구로서의 영화진흥위원회의 취지와 맞지 않는다고 생각하는데, 여기에 대해서 조부위원장의 입장을 표명해 주셨으면 합니다.

아무튼 종전에 존경하는 辛基南 위원께서 물으셨을 때 대답하는 그런 방법이 아닌 분명한, 누가 들어도 금방 알 수 있는 답변을 해주시기를 부탁드립니다.

그리고 입장권 통합전산망 사업자 선정 과정에 대해서는 아까 鄭東采 위원께서 지적하셨고, 대부분이 거의 비슷하기 때문에 이 문제에 대해서는 서면으로 질의하겠습니다. 서면으로 분명하고 자세히 대답해 주십시오.

특히 차관께서 대답해 주셔야 할 부분이 거의 다입니다.

그 다음 연합배급제 도입과 한국영화 우선상영관제도 마련을 위해서 몇 가지 방안도 건의할 것이고, 여기에 대해서 질의도 몇 가지 있는데 역시 서면으로 질의하겠습니다.

그리고 판권담보 융자사업 문제도 존경하는 鄭相九 선배위원님께서 하셨기 때문에 이것 역시 서면으로 질의하겠습니다.

그리고 시나리오 및 소형 단편영화에 대한 관심 촉구에 대해서는 물론 崔在昇 위원께서 말씀하셨습니다마는 추가 질의를 통해서 제가 다시 한 번 말씀드리도록 하겠습니다.

그리고 영상물등급위원회 완전등급제 도입과 관련해서도 추가 질의를 통해서 몇 가지만 말씀드리겠습니다.

그 다음 등급정책권 강화에 대해서도 서면으로 질의하겠습니다. 서면으로 답변해 주기 바랍니다.

게임물에 관한 몇 가지 의문 사항도 서면으로 질의하겠습니다.

그리고 환타지로드에 대해서는 이따 추가 질의 시간을 이용해서 질의하겠습니다.

굉장히 많이 준비했는데 앞서 질의하신 위원님들과 상당 부분 중복되기 때문에 제 질의는 여기서 마치도록 하겠습니다.

이상입니다.

■**委員長 李協** 수고하셨습니다.

추가 질의하실 분 계시면, 辛基南 위원님 말씀하십시오.

■**辛基南 委員** 지금 저뿐만 아니라 국민회의 위원, 또 자민련 위원들께서 영상물등급위원회와 영화진흥위원회에 지대한 관심을 가지고 많은 질의를 하는 것은 다 이유가 있습니다.

이것이 다른 큰 산하단체에 대한 국정감사보다 상대적으로 중요성이 떨어지는 것이 아니냐라고 생각하실 분도 있겠습니다마는 절대 그렇지 않습니다. 굉장히 중요한 국정감사 일정으로 저희들은 잡고 있습니다.

영화진흥법 문제는 우리 국민의 정부가 들어선 후 문화정책의 백미입니다. 이것은 저희가 야당 때부터 상징성을 가지고 영화산업을 선진국형으로 개방하고 진보적으로, 이렇게 함으로써 창작의 자유를 증진시키는 방향으로 가져가야 되겠다 이것은 국민회의의 대선 공약이고, 국민의 정부가 출범한 후 이것만은 문화정책의 핵심 기조로 삼고 있었던 것입니다.

그 산물이 지난번의 영화진흥법 개정이었습니다. 그 법에 의해서 영화진흥위원회를 구성하고 개혁적인 인물을 기용해서 새 시대를 맞이하자는 것입니다. 또 나아가서 작년에는 못했습니다마는 금년에는 꼭 완전등급제를 시행하고 15대를 마감하려고 하는, 이러한 취지인데 이것이 잘 되는 듯싶다가 최근의 여러 가지 분란 등으로 취지가 완전히 퇴색해 버리고 말았습니다. 국민의 정부의 문화정책의 상징이 무색해져 버렸다는 얘기입니다. 그러니까 저희가 가만히 있을 수가 없지요. 하찮은 문제가 아닙니다.

그런 전제로 말씀을 드립니다.

영상물등급위원회에 대해서는 아까 시간이 없어서 말씀을 못 드렸습니다마는 간단하게 요지만 말씀드리겠습니다.

84년도에 〈허튼소리〉에 대한 검열로 직접 피해를 겪고 항의의 뜻으로 8년간 영화 연출을 중단했던 김수용 위원장에 대해서 개인적으로 많은 기대를 하고 있습니다.

영상물에 대한 전향적인 등급 분류로 창작과 표현의 자유를 지켜주고, 영화산업의 활성화를 지원하는 등급위원회를 만들어 줄 것을 당부드립니다.

그러려면 사실상의 사전검열인 등급 보류를 폐지하고 완전등급제, 등급외전용관제도를 하루속히 도입해야 한다는 말씀을 드리겠습니다. 이 문제는 여러 위원님께서 이미 얘기를 했기 때문에 제가 다시 질의서에 있는 것을 읽을 필요는 없고 제가 간단하게 삼단논법으로 얘기하겠습니다.

왜 등급외전용관이 필요한가? 이것은 아주 당연한 논리적 귀결입니다. 이렇게 할 수밖에 없습니다. 등급외전용관을 바라든 바라지 않든 설치할 수밖에 없는 것입니다. 선택의 여지가 없다는 얘기입니다. 우선 등급 보류는 사전검열입니다. 옛날의 검열이라는 얘기를 등급 보류로 바꾸어 놓았지만 사전검열입니다. 헌법 위반입니다. 사후에 사법 처리하는 것은 별개의 문제입니다. 어떻게 사전에 검열을 할 수 있습니까? 월권입니다. 그것이 헌법의 정신입니다. 이것은 헌법을 왜곡하는 것입니다.

2단계로 그렇다면 사전검열이니까 완전등급제를 적용할 수밖에 없습니다. 어떤 영화라도 등급을 주어야 됩니다. 그 마지막 등급이 등급외등급이다, 이것은 마지노선입니다. 20세 이상 관람가, 성인전용 이런 용어들은 좀 이상하고, 물론 적절한 용어를 써야 되겠습니다마는 가칭 등급외등급이라고 합시다.

3단계는 그렇다면 이 등급외등급은 어떻게 할 것이냐, 이것은 특별히 취급하는 것이 적절합니다. 등급외전용관을 두고 제한된 여건에서 상영하게 해야 된다, 당연히 이렇게 나올 수밖에 없는, 사전검열을 배지하기 위해서는 불가피한 선택입니다.

그래서 등급외전용관은 완전등급제를 하기 위한 불가피한 결과이고, 이것으로서 초래되는 결과는 그렇게 걱정할 만큼은 아니다. 현재처럼 도심의 어느 영화관에서나 마음대로 상영하게 하는 것이 문제라는 것입니다. 그리고 이런 영화는 별도로 검열하는 것이 사회윤리, 청소년 보호를 위해 이익이다, 일석이조가 되는 것입니다.

김수용 위원장께 질의하겠습니다.

등급 보류는 사실상 상영 불가 혹은 자진 삭제를 강제하는 것으로 사실상의 검열에 해당된다고 보는데, 이에 대한 견해는 어떻습니까?

그 다음 등급 보류를 둘러싼 창작과 표현의 완전한 자유에 대한 갈등을 해결하기 위한 유일한 대안이 완전등급제 또 등급외전용관제도의 도입이라고 보는데, 이에 대한 위원장의 견해는 어떻습니까?

또 하나 성에 대한 사회의 수용 정도와 가치관이 과거에 비해서 급속도로 변화하고 있고, 21세기 개방시대를 고려한다면 보다 전형적인 심의가 필요하다고 보는데 이에 대한 위원장의 견해는 어떻습니까?

영상물등급위원회 위원장의 가치관이라고 할까 철학을 묻는 것입니다.

두번째는 새 부대에 헌 술을 담은 영상물등급위원회에 대한 것입니다. 의욕적으로 출발한 영상물등급위원회입니다마는 출발부터 좀 어긋나지 않았느냐 하는 지적이 있습니다.

등급위원회 소위원회위원과 예심위원의 구성에 있어 이런 취지를 살리지 못하지 않았느냐, 본 위원은 영화·게임·비디오·음반 등 문화산업의 최대의 수요자인 20대의 눈높이에서 평가하고 의견을 제시해야 할 위원회와 소위원회 위원 중 20대는 단 한 사람도 없고 게임분야 예심위원 두 사람이 있을 뿐입니다. 그래서 소위원회 구성이 전문가나 실수요자보다는 명망가 중심으로 이루어진 것이 아니냐 하는 지적이 있습니다.

그 다음 소위원회 위원 및 예심위원 60명 중 아까 존경하는 崔在昇 위원께서도 지적하셨습니다마는 과거 공윤과 공진협에서 활동한 인사가 27명에 달합니다. 물론 거기에서 일했던 경험이 반드시 부정적인 것은 아니라는 것을 전제로 하더라도 조금 더 과거와 다른 감각, 철학에 기반한다면 새로운 취지를 적극 수용할 수 있는 전문가 대표자도 위촉하는 것이 영상물등급위원회의 출범에 부합하는 일이 아닌가 생각합니다.

그래서 질의컨대 위원장은 과거의 공윤·공진협, 또 현재의 영상물등급위원회의 공통점과 차이점은 무엇이라고 생각하십니까?

그리고 아까 소위원회 위원과 예심위원의 구성에 대해서 어떤 견해를 갖고 계십니까? 제대로 된 선임이라고 생각하시는지 견해를 묻고 여기에 20대도 참여시키고, 반드시 20대라고 못박는 것은 아닙니다마는 새로운 감각을 담아낼 수 있는 그런 젊은 층도 적어도 소위원이나 예심위원 중에는 들어가야 된다고 보는데 이에 대한 위원장의 견해는 어떻습니까? 이상입니다.

　■委員長 李協　다음 崔在昇 위원님 추가 질의하십시오.

　■崔在昇 委員　우선 차관, 어제 영진위 위원 세 분이 사퇴한 것은 이시지요?

　■文化觀光部 次官 金順珪　예.

　■崔在昇 委員　사퇴에 대한 문화관광부의 입장은 무엇인지 얘기 좀 해주시고, 또 그분들의 사퇴 이유가 있을 텐데 그 이유도 좀 아시는 대로 알려주시고 4개월, 5개월도 안 된 이 시점에서 자꾸 이렇게 분란이 일어나고 이런 데 대해서 어떻게 수습할 것인지, 수습대책이 있

는지, 또 영진법개정안 시안에 대해서 지금 영화계 반발이 아주 심한 것으로 알고 있는데, 이것을 그대로 밀고 나갈 것인지 그렇지 않으면 영화계에서 얘기하는 것을 받아들일 것인지, 그리고 여기 개정안에 보면 예산집행 규모라든지 기본 방향에 대해서 문화관광부의 승인을 득해야 되는 그런 조항이 있는데 꼭 이렇게 해야 되는지, 확보하려고 하는 이유가 무엇인지에 대해서 말씀을 해주시기 바라고요.

그리고 영화계 정말 큰일입니다. 제가 영화계 원로급에 해당되는 분들을 만나면 좀 포용력을 갖고 후배들을 끌어안으십시오, 또 젊은 소장파들을 보면 선배를 존경하는 마음으로 대하고 대화를 갖도록 하지 그러냐, 며칠 전에도 몇몇 핵심적인 젊은 분들하고 얘기를 나눌 기회가 있어서 거기서도 누차 강조했는데 이틀 후에 결행하고 말았습니다. 안타까운 일이고 선·후배들이 좀 더 대화를 통해서 하루빨리 영화계가 안정을 찾는 그런 모습들을 우리가 봤으면 하는 것이 저의 요즘 영화계에 대한 바람입니다. 영화진흥위원장께서 또 부위원장께서 그런 분위기 조성에도, 지금 대치하고 있는 그런 상태에서 어렵겠지만 노력을 게을리해서는 안 되겠다 이런 말씀을 먼저 드리고요.

조부위원장은 영진위 위원직을 요청받고 어떤 생각이 드셨는지, 그 전까지는 솔직히 반대했지 않습니까? 아까 우리 존경하는 辛基南 위원님이 말씀하시니까 두루뭉실 넘어가려고 하는데, 이 영진법이 한창 문제가 됐을 때 우리 존경하는 崔喜準 위원께서 전용관 반대하는 분들이 저를 한번 보고자 한다 해서 崔喜準 위원 모시고 가서 얘기한 적이 있지요, 조부위원장?

■ 映畵振興委員會副委員長 趙熙文 예.

■ 崔在昇 委員 그때가 저하고 첫 대면이고, 공식적으로는 오늘이 두번째인 것 같은데 그때 제가 분명히 들었어요. 우리 조찬모임이었는데 그때 전용관은 포르노관이다 당연하게 얘기했고, 그렇기 때문에 반대한다. 그런데 아까 辛基南 위원께서 말씀하시는데 조금 그것이

아닌 것 같았어요.

그래서 요청받고 어떠한 생각이 들었고, 또 수락하게 된 동기가 있었다면 동기는 무엇인지 말씀해 주시고요.

많은 영화인들이 정부가 지금 추진해 가고 있는 개혁정책, 영화진흥정책이 위원장·부위원장님이 영진위에 전면으로 부상함으로써 오히려 퇴보하는 것 아니냐 이렇게 우려하는 시각들이 굉장히 많은데, 거기에 대해서 우리 조부위원장은 어떻게 생각하시고 그런 우려를 불식하려는 안이 있다면 어떤 것인지를 말씀해 주시기 바랍니다.

그리고 최근 제가 알기로 부위원장께서는 공식이나 비공식 석상에서 영진위 출범은 잘못된 것이다, 이것에 반대한다, 또 전용관 문제라든지 그런 문제가 나오면 그때는 개인적인 주장을 할 수 있는 위치에 있었지만, 지금은 개인적인 주장을 하기보다는 중립적인 입장을 갖고 말을 아끼는 것이 필요하다라는 취지의 말을 여러 차례 한 것으로 알고 있는데 그런 사실이 있습니까? 예, 아니오로 대답해 주세요.

■映畵振興委員會副委員長 趙熙文 그러려고 노력은 하고 있습니다.

■崔在昇 委員 그런 사실이 있느냐 없느냐 이 말이에요.

■映畵振興委員會副委員長 趙熙文 취임을 밝히는 자리에서 그 말을 했었습니다.

(李協 위원장, 辛基南 간사와 사회 교대)

■崔在昇 委員 됐어요. 그러나 부위원장은 이러한 공언을 한 지 불과 한 달 만에 그것이 공허한 메아리가 됐어요. 지난 10월 1일자 한국일보를 보면 '재논란 노마 오른 등급외선용관'이라는 세목의 기사에서 지난 9월 29일 문화관광부 국정감사에서의 등급외전용관을 허용하겠다는 朴智元 장관의 답변과 관련하여 부위원장이 아니라 개인의 자격으로만 말하겠다라는 전제하에 "등급외전용관 허용을 포르노전용관 허용으로 호도하며 개혁이라는 명분에 집착, 전용관을 허용하게 되면 파생되는 부작용이 너무 크다"라고 또 했어요. 한 달 만에

또 뒤집었는데, 그런데 지금 개인 자격이라고 아무리 말해도 부위원장이라는 직함이 늘 따라다닙니다. 그것을 개인 자격으로 말을 받아 주는 사람은 한 사람도 없을 겁니다.

이렇게 중립적인 입장에서 얘기를 않고 개인적인 입장에서 함으로써 이것이 영진위의 공식 입장이 아닌가 이렇게 혼란을 지금 야기하고 있는데, 이 부분에 대해서 말씀해 주고, 이런 것을 또 언론에 공표한 이유가 무엇인지도 말씀해 주시기를 바랍니다. 앞으로도 이와 같이 개인 자격이라는 그런 말을 앞세워서 말을 하는 것은 삼가야 할 것이라고 본 위원은 생각합니다.

위원장과 부위원장께 마지막으로 고언을 드립니다. 두 분은 영화에 대한 애정이 남다르다고 보고 있습니다. 영화 발전을 위해서, 또 영화인들에게 긍지와 자부심을 갖게끔 하기 위해서도 또한 세계 시장에서 인정받는 한국 영화산업을 위해서, 그리고 영진위의 밝은 미래를 위해서도 두 분의 현명한 판단이 지금 시점에서는 있어야 된다고 생각하는데 여기에 대해서도 말씀해 주시기 바랍니다. 이상입니다.

■ **委員長代理 辛基南** 崔在昇 위원님 수고하셨습니다.

다음 崔喜準 위원님 추가 질의하십시오.

■ **崔喜準 委員** 제가 추가 질의하려고 했던 많은 부분들이 우리 존경하는 崔在昇 위원, 辛基南 위원 두 분께서 하신 것과 상당 부분 중복이 되기 때문에 다른 얘기는 않고, 저는 그렇게 생각합니다. 제 영화계 친구들하고 만나서 얘기를 한 결과 또 제가 알고 있는 조그마한 영화에 대한 생각들 이런 것들을 합해 보면 역시 영화 진흥이라고 하는 것은 소재 선택이 자유롭고, 작가나 감독이 표현하려고 하는 것이 아무런 제약 없이 다 표현될 수 있고, 그리고 재정적인 후원이 뒷받침이 되면 영화는 진흥될 수밖에 없다, 저는 그렇게 생각합니다. 그런 의미에서 완전등급제라는 것은 반드시 필요한 그런 영화인들이 누려야 할 권리라고 생각합니다.

그래서 완전등급제는 늘 한결같이 주장하고 있는 것이고, 거기서 파생될지도 모르는 유해들을 우리 청소년들을 보호한다는 차원에서, 또 건강한 사회를 지킨다고 하는 차원에서 등급외전용관을 우리가 말씀드리게 됐던 것입니다.

(辛基南 간사, 李協 위원장과 사회 교대)

아무튼 완전등급제는 반드시 이루어져야 되는 것이고, 그리고 자유롭게 아무런 거리낌 없이 영화의 소재들을 많이 구할 수 있는, 그래서 우리 영화인들의 창의력이 많이 발휘될 수 있는 그러한 영화계 풍토를 조성하는 데 영화진흥위원회가 역할을 해주실 것을 부탁을 드리면서 다른 얘기는 우리 두 분 동료 위원께서 아주 자세하게 분명한 말씀을 했기 때문에 그 답변에서 역시 함께 구하기로 하겠습니다. 이상입니다.

■ **委員長 李協** 수고하셨습니다.

더 추가 질의가 없으시면 위원장이 서면 질의를 하면서 한두 마디만 구두로 말씀을 드리겠습니다.

하루종일 영화진흥위원회의 구성에 관해서 얘기가 많이 나오고 있습니다. 저희들이 볼 때는 영화진흥위원회가 마치 다른 방향으로 달리는 두 개의 핸들을 가진 이상한 차처럼 보입니다. 또 한 지붕 두 가족인지 세 가족인지 바람 잘 날이 없습니다. 이래 가지고는 국민들에 대해서 정부가 어떤 체면이 설 수 있을까 그런 생각을 해보게 됩니다. 이것은 정부의 조직력과 운영 능력에 관한 문제다, 이렇게 생각이 들어서 이것의 근본 대책을 어떻게 세우고 있는가 하는 것을 차관께 질의를 드립니다.

또 이렇게 조직상에 여러 가지 분란과 어려움을 겪는 중에 이 법에도 열세 가지 기본 업무가 정해져 있습니다. 또 현재도 막대한 예산이 집행되고 있을 것입니다. 영화진흥위원회의 심의 의결을 거쳐야 할 많은 과제들이 어떻게 이루어지고 있는가, 어떻게 집행되고 있는가 하는 것을 말씀해 주시기 바랍니다.

그리고 영상물 등급에 관해서 또한 말씀이 많이 계셨는데, 저는 한 가지 예로서 질의를 드리겠습니다.

우리 김수용 위원장님께서 〈노랑머리〉라는 것을 봤다고 했는데 저도 봤습니다. 정말 당황스럽고 충격적인 순간을 잊을 수가 없습니다. 그렇게 무차별 섹스와 무분별한 폭력과 살인, 이런 것들이 꼭 영화의 소재가 되어야 하는가 하는 생각을 갖고 봤습니다.

그런데 그 〈노랑머리〉의 흥행 실적이 어떤지 또 본 사람들의 소감과 반응들이 어떤 것인지 저는 영상물 등급과 전용관 문제와 관련해서 알아보고자 합니다. 말씀을 해주시면 감사하겠습니다. 그 이상의 것은 서면으로 질의하고자 합니다.

그러면 이것으로서 위원님들의 질의는 다 마쳐진 것으로 판단이 됩니다. 곧바로 이어서 답변이 가능하다고 하니까 문화관광부 차관부터 답변을 듣도록 하겠습니다.

■ 文化觀光部 次官 金順珪   먼저 존경하는 李相賢 위원님께서 영화진흥위원회 구성의 절차상 하자 문제에 대한 입장과 정상화를 위한 대책에 대해서 물으셨습니다.

현재 영화진흥법에 영화진흥위원회 구성이 법 발효 이후 1개월 이내, 또 위원 중에 결원이 생겼을 때 1개월 이내에 보충하도록 되어 있습니다. 지난 5월 8일에 법이 발효된 이후에 실제 5월 28일 첫 위원회 구성이 되었습니다마는 그동안에 위원님들께서 아시는 바와 같이 여러 가지 우여곡절을 겪었습니다. 그러나 1개월 시한 문제가 관계당국이 최대한 노력해야 하는 의무 사항이지만, 이 시한이 도과되었다고 해서 바로 위원회가 무효로 되는 것은 아니라고 판단되고 있습니다.

다음 두번째로 질의해 주신 한미투자협정의 진행 상황이나 스크린 쿼터제에 대한 한미 양측의 입장, 또 앞으로 11월에 있을 시애틀회의에서 이 문제를 종결지을 것인지, 또 영화계의 단계적인 축소 계획이 있다는 비판에 대한 대책에 대해서 질의하셨습니다.

우선 지난 9월 11일에 陳稔 기획예산처 장관이 영화진흥위원회 관계자를 면담해서 예산 문제를 논의한 것은 사실입니다마는 저희가 직접 현장에 있지 않아서 진상은 알 수 없지만, 저희가 확인한 바로는 스크린쿼터 축소에 관한 직접적인 발언은 하지 않은 것으로 알고 있습니다. 스크린쿼터 문제에 대해서는 그동안 문화관광위에서도 지대한 관심을 가져 주셨고, 또 국회에서 현행 입장을 고수하는 것으로 의결된 바도 있고, 또 우리 정부에서도 우리 한국 영화의 미래를 위해서 이것은 최후의 보루로 현행을 철저히 고수해야 된다는 방침에 변함이 없습니다.

다만 미국은 그동안 여러 차례 경로를 거쳐서 여러 가지 다른 제안을 해오고 있습니다. 그러나 저희 입장은 한국 영화가 전 영화 관객의 40%는 최소한 충족되어야 한다는 기본 입장을 갖고 있다는 것을 말씀드리겠습니다.

다음 李相賢 위원님께서 영상자료원의 국내외 영화필름 수집 보관을 위한 인력과 예산을 대폭 확대해야 한다고 지적하셨습니다.

사실 영화필름은 시간이 가면서 보관이 매우 어려운 상황입니다.

도서나 다른 박물관의 전시 소장품과는 달라서 영화필름은 온도, 습도에 따라서 변질이 아주 쉽기 때문에 여기에 따른 과학적인 보존 관리가 대단히 중요하고, 또 외국에서도 이를 위해서 특별한 보존 시설을 유지 관리하고 있습니다. 내년도 예산에 항온항습기 설치를 위해 2억 원을 특별히 올렸습니다만 앞으로도 전문인력, 또 예산 확보를 위해서 최선을 다하겠습니다.

■ 李相賢 委員 제 답변 다 끝났지요?

아까 영화진흥위원회와 관련해서 절차상 문제는 하자가 없다라고 말씀하셨는데, 그 다음에 제가 현재 영화진흥위원회가 정상화되지 못하고 있는데 이것과 관련해서 문화관광부에서는 정상화를 위해서 어떤 노력을 하고 있는지, 그냥 수수방관하고 있는지, 어떤 대책을 강구하고 있는지 말씀해 주시기 바랍니다.

■ 文化觀光部 次官 金順珪 여러 위원님들께서 비슷한 질의를 주셨기 때문에 종합해서 말씀을 드릴까 했습니다만, 다시 질의하셨기 때문에 제가 답변을 드리겠습니다.

사실 영화진흥위원회가 특히 새로 개정된 영화진흥법이 의원 입법으로 국회에서 여러 가지, 특히 국민의 정부의 개혁 취지를 살려서 입법화된 새로운 제도입니다. 그리고 과거 영화진흥공사에 대체해서 영화진흥위원회가 발족이 되어서 민주적인 합의제 집행기구로, 말하자면 영화계의 광범위한 의견을 수렴해서 영화진흥위원회가 한국영화진흥의 중심이 되는 것으로 제도화되어 있습니다. 정부에서도 이런 취지를 최대한 살려 다각적으로 이를 출범시키고 정상화하려고 그동안 여러 가지 노력을 했습니다. 완벽하지는 못했습니다만 여러 각도 여러 차원으로 저희가 영화계의 중지를 모으고, 또 화해 중재 역할도 했습니다만 현재까지 소기의 성과를 거두지 못하여 대단히 죄송스럽게 생각합니다.

앞으로 이 문제는 제가 이 자리에서 단언해서 어떻다고 말씀드리기는 어렵습니다만 최근, 또 어제 3인이 사직을 낸 상태이고 해서 저희는 앞으로 이 문제에 대해서 영화계의 의견을 좀 더 다른 각도로 의견을 수렴해서 어떤 대안을 최대한 빨리 마련을 하겠습니다.

구체적인 사항은 다음에 또 겸해서 말씀드리겠습니다.

존경하는 鄭東采 위원님은 자리에 안 계시기 때문에 서면으로 답변을 드릴까 합니다.

그러나 鄭東采 위원님께서 입장권 표준전산망에 대해서 여러 가지 아주 구체적인 질의를 주셨고, 여기에 대해서 吉昇欽·崔喜準 위원님께서도 유사한 질의를 주셨기 때문에, 특히 이 문제를 어떤 의혹으로 표현이 되고 해서 사실 이 사업을 주도했던 문화관광부나 제 개인 입장에서도 상당히 당혹스럽고, 또 이 문제에 대해서 사실 설명을 드리는 것이 좋다고 해서 간략하게 요점만 말씀드리겠습니다.

영화관을 비롯해서 전국의 공연장 또 스포츠경기장의 입장권을 통일화하는 것이 얼마나 필요하다 하는 것은 제가 설명을 구구히 하지 않겠습니다. 이것은 첫째, 각 시설로 봐서는 입장객을 배가시킬 수 있고, 또 국민들로 봐서는 언제 어디서나 필요한 입장권을 예약 예매할 수 있고, 이미 웬만한 선진국에서는 이것이 다 제도화되어 있습니다. 그리고 앞으로 우리가 가장 중요시하는 문화산업의 발전, 문화산업의 핵심은 유통의 표준화·정보화라고 봅니다. 출판도 마찬가지고, 음반도 마찬가지라고 봅니다. 이것이 전부 정보화·전산화되지 않으면 앞으로 아무리 자금을 투입해도 발전에는 한계가 있다고 봅니다. 이것이 여태까지 너무 방치가 되고 있었고, 특히 입장권 유통 문제는 앞으로 월드컵이라든지 이런 것을 국제화 시점에서 이것이 각 전산시스템이 난립이 되어 있어서, 이것을 그대로 방치해 두면 영원히 전산화 표준화가 못 되는 폐단이 있었기 때문에 문화관광부에서 이것을 주도해서 전산화하기로 방침을 세우고 진을 했습니다.

그러나 현실적으로는 각 업체간에 여러 가지 복잡한 문제 때문에 도저히 명쾌한 답이 사실상 나오지 않았습니다. 그래서 저희가 찾은 방법은 첫째는 전산시스템은 하나로 통일화되어야 되겠다. 마치 은행에 가서 돈을 찾을 때 카드 하나로 어느 은행이든 다 찾을 수 있듯이 통일되어 있으면 하나의 시스템으로 한 컴퓨터 단말기에서 모든 것을 찾아낼 수 있습니다. 그렇지 않다면 각 업체마다 수십 개 수백 개의 단말기를 설치해야 하기 때문에 이것은 반드시 표준화·통일화가 되어야 된다고 저희는 그동안 실무적인 검토 결과 그렇게 판단을 했습니다. 그래서 한 2년여에 걸쳐서 어떤 시스템이 가장 기술적으로 편리하며 가능한지를 검색을 해나갔습니다. 그래서 작년 12월에 여러 차례의 전문기술위원들의 평가 결과 한 개의 시스템이 선정이 됐습니다. 그래서 당시는 한 개의 시스템을 선정하는 것을 목표로 했습니다만 그동안의 여러 업계의 반발도 있고, 또 이것은 공익상 꼭 해야 될 사업이고 해서 막상 3월에 결정을 할 때에는 우리 문화관광부에서 양보를 했습니다.

그래서 당초의 계획과 달라진 것은 이런 것입니다. 당초는 전국의 예매망과 극장 입구에 있는 현장매표소를 연결하는 전체의 통합전산망 시스템을 구축하려고 했던 것입니다. 그러나 그렇게 해서는 현재 예매 시장에 많은 시스템이 영업을 하고 있기 때문에 그 사람들의 영업권을 침해하기가 어려워서 90%에 달하는 예매망 시장은 일단 민간 자유 시장에 맡기는 것으로 했습니다. 그래서 나머지 10% 되는 현장매표소, 그것을 박스오피스라고 합니다만, 현장 입구에 들어갈 때 체크하는 시스템만 표준화하기로 바꿨습니다.

그러다 보니까 용어도 통합전산망에서 현장매표소 표준전산망으로 바꿨습니다. 그래서 현재 각 예매 시장에서 예매를 하고 있는 업소의 영업 활동을 다치지 않고 현장매표소만 전산화하는 것으로 정했습니다. 그리고 전체 시설을 대상으로 하지 않고 국·공립 문화기관을 우선적으로 의무적으로 설치하게 하고 나머지 영화관, 체육경기장, 기타 공연장은 권고 대상으로 했습니다. 그래서 일단은 권고를 하고 자유 의사로 자기들이 설치를 하는 여부를 판단하게 했습니다. 그리고 기간을 무제한으로 하지 않고 3년으로 제한했습니다. 그리고 이것을 이 시스템은 한 개 시스템으로 단일화할 수밖에 없습니다만, 어떤 특정업체를 주게 되면 반드시 특혜 시비가 붙기 때문에 이것을 컨소시엄으로 하도록 했습니다.

■ 崔嘉準 委員 지금 영화관을 권고 사항으로 하신다고 그랬는데, 국세청에서 나가는 공문 보면 결정이 됐으니까 다 해야 된다고 의무 사항같이 해서……

■ 文化觀光部 次官 金順珪 제가 조금만 더 설명드리겠습니다.

그래서 그 당시 마지막까지 참여한 업체가 3개 업체였습니다. 그래서 우리는 시스템을 가진 업체에 우선 3개 업체의 동일한 비율로 컨소시엄을 하고 앞으로도 공익기관·단체가 참여할 때는 언제든지 개방된 상태로 두어야 된다, 이것을 처음에 조건으로 못박았습니다. 그래서 3개월의 기간 동안에 3개 업체가 협의를 한 결과 한 개 업체는 자기들 내부 사정으로 도저히 컨소시엄에 참여하지 못하겠다 그래서 두 개 업체가 50 대 50으로 참여했습니다. 그후에 대한매일신문이 또 부분적으로 참여했습니다. 그래서 우리 문화관광부의 방침은 운영 주체는 언제든지 문호를 개방해 있는 상태로 두고 있습니다.

그런데 현실적으로는 의무적으로 설치하게 되어 있는 국·공립 문화기관도 한 오륙 개 외에는 설치가 안 되어 있습니다. 왜냐하면 이것이 법적 근거도 없고, 또 지방의 문예회관이나 이런 데서는 예산도 없고 전문인력도 없다 이렇게 되어서 전부 이에 응하지 않았습니다. 특히 영화관은 세금이 노출되기 때문에 전산망 설치를 못하겠다 이렇게 저항했습니다. 그래서 저희 문화관광부로서는 더 이상 어떻게 강요할 방법이 없어서 그냥 이런 권고하는 상태로 두는 수밖에 없다 이렇게 판단하고 있었습니다.

한편 영화관에 저희가 권고하게 된 것은 지난 5월에 국세청에 제가 전결로 해서 공문을 보냈습니다. 현재까지 영화관은 대한매일신문이 발행하는 종이로 된 연번이 찍힌 입장권만 사용하게 되어 있습니다. 그리고 전산입장권은 전혀 사용할 수 없는 입장입니다. 그렇게 해서는 도저히 진산화가 안 되니까 진산입장권을 거기 추가해서 넣어 주도록 고시를 바꿔 달라 이렇게 요청한 것입니다.

그후에 국세청은 전혀 다른 각도로 전국적으로 영화관뿐만 아니라 전국의 교통 수송업체, 소위 말하면 입장티켓을 갖고 들어가거나 타거나 하는 모든 업체에 새로운 각도에서 세수 투명화를 위해서 전산망을 이용할 정책적인 검토를 하게 된 것입니다. 그래서 직접 세무원이 가서 과연 몇 명이 입장했는지, 탔는지를 확인하기에는 여러 가지 세무징수상의 무리가 있기 때문에 앞으로 세수 투명화를 위해서 전체를 전산화를 하고, 거기를 통해서 세수 수입을 확보하겠다 이렇게 밝힌 것입니다.

그래서 이 문제는 어떻게 보면 저희 전산망과 별개로 전산시스템을 국세청이 이용했다고 말씀드릴 수 있겠습니다.

그러면 그 업체가 鄭東采 위원님이 아까 방대한 시장에 상당한 그것을 독점할 것 아니냐 하는 말씀을 하셨는데, 실제 티켓을 사용했을 때 수수료, 말하자면 운영업체에 돌아가는 수수료는 운영업체가 임의로 정하지 않고 생산성본부라든지 객관적인 제3기관에 의뢰해서 그 기관이 산정한 매년 정하는 수수료를 받도록 투명화하였습니다. 이것은 앞으로 국세청이 자체 계획으로 할 것이고, 우리 문화관광부 입장은 지난 3월에 발표된 표준전산망을 각 기관 업체에 권장하는 수준에 있다는 것을 말씀드리겠습니다.

■崔喜準 委員 차관님 이것은 자세하게 서면으로 각 위원님들 방에 보내주셨으면 좋겠습니다. 특히 의문의 소지가 있는 부분에 더 분명한 설명을 해주셨으면 좋겠습니다.

■文化觀光部 次官 金順珪 예, 자세하게 자료로 보내 드리겠습니다.

존경하는 崔在昇 위원님이 朴鐘國 영화진흥위원장의 추천에 대한 소감을 질의하셨습니다.

사실 제가 차관으로 있으면서 영화진흥위원회가 아까 말씀드린 대로 좋은 의미로 출범이 되어서 제대로 정상화되지 못하고 표류가 되고 있어서 저도 5월에 차관 부임 이후 여기에 대해서 상당히 고민을 했습니다. 특히 일부 위원이 법적으로 문제가 있다 해서 소송제기까지 준비를 하고 있고, 이런 여러 가지 복잡한 상황이어서 이것을 어떻게 하면 정상화시킬까 하는 문제로 고민을 하고 있었습니다. 마침 그때 신세길 위원장이 자기는 위원장뿐만 아니라 위원 자체를 사퇴하겠다 해서 사퇴서를 제출했습니다. 그래서 신임위원장을 물색하게 됐습니다. 그래서 두세 명의 인사가 후보로 검토가 됐습니다.

그 당시 제가 후보를 보고 느낀 생각은 언론계 출신 인사라든가 영화계와 직접적인 경험이나 관계가 없는 분들이 거의 추천이 되어서 검토가 되고 있었습니다. 그래서 제가 그 당시 판단은 영화진흥위원장으로서 영화진흥위원회를 제대로 꾸려, 나가실 위원장이라면 몇 가지 조건이 필요하다 그렇게 봤습니다. 첫째는 직접 영화계 인사가 아니면서 영화계를 잘 아는 사람이 필요하다 그렇게 판단했습니다.

대부분 영화계 인사들이 영화 수입이나 제작 같은 비즈니스라든가 또는 영화감독이나 배우나 이렇게 직접 영화계에 몸담고 있는 경우에는 거의 현재 대립되고 있는 혁신계든 또는 보수계든 이런 한쪽에 몸담지 않을 수 없는 입장이라서 영화계에 속하지 않으면서 영화계를 아는 인사가 없는가 하는 차원에서 검토를 해봤습니다.

그리고 두번째는 아시다시피 영화계에 신·구 간의 갈등과 골이 아주 깊기 때문에 지도력을 가지고 중재 타협을 이끌어낼 수 있는 능력을 가진 분이 좋겠다, 저희는 그렇게 봤습니다. 그래서 이런 두 가지 요건을 두고 영화계나 또 우리 부내 간부들간에 몇 차례 걸쳐서 의견을 나눈 결과 현 박종국 위원장이 거론이 됐습니다. 그래서 그 당시 다른 후보들이 주로 언론계 출신이나 방송계 출신이었는데, 저희는 그것을 걱정을 했습니다. 지난번 신세길 위원장이 삼성맨으로 매우 경영 능력이 뛰어났지만 영화계 인사나 영화계 내막을 몰랐기 때문에 조정 역할이 제대로 안 되어서 표류가 되지 않았나? 그래서 박종국 위원장은 과거 행정 경험을 거치는 동안 영화계 인사나 영화계 내막을 잘 알고 있기 때문에 그 역할을 할 수 있을 것이다. 또 저희가 추천하기 전에 신·구 양측의 뚜렷한 반대가 없는지도 막후에 타진을 해봤습니다. 그랬더니 박종국 씨 정도라면 특별히 반대를 안하겠다 하는 막후의 의사 타진도 일차로 받았습니다.

그래서 지금 여러 위원님들이 지적해 주신 개혁성 문제, 또 과거 사회 경력 문제에 대해서는 저희가 솔직히 제가 구체적인 사항에 대해서는 알지 못했습니다만 과거 재직시 그 당시로 보면 개혁적인 기질이 많으셨고, 또 공직을 떠난 지가 한 20여 년이 됐고, 그동안 문화계의 여러 가지 경력을 거쳤기 때문에 경력적인 면에서 그런 지도력을 갖춘 것이 아닌가 판단을 했습니다만 결과적으로 여러 가지 개혁적인 측면에서 부족한 점, 이런 점에 대해서 대단히 죄송하게 생각합니다.

■ 崔在昇 委員 어떤 측면에서 74년 그 상황이고, 그런 말씀들을 하고 다니시는데 그것이 개혁적인 인사입니까? 어떤 근거로 개혁적인 인사라고 지금 표현을 하셨는데 74년 긴급조치 1, 2, 3, 4호 발동되고, 또 언론계에 동아일보의 광고 탄압이 이루어지고 그런 삭막한 때에 가서 본인은 물론 부정하겠지요. "일이백만 명 죽어야 된다." 이런 표현 또 "한국의 언론이 세계에서 제일 언론의 자유를 누리고 있다." 그것이 개혁적인 인사입니까?

앞에 계셔서 말씀드리기가 그런데 그런 표현을 지금 쓰셨고, 또 문광부 당국자들은 저도 물어보니까 지금 차관이 말씀하시는 대로 그래요. 원로급들도 받아들였고 소장들도 받아들여서 이 정도 인물이면 되지 않겠느냐 그렇게 저도 듣고 있었어요.

그런데 원로급들을 만나 보면 자기들이 그랬다고 그러는데, 소장팀들은 그런 이야기를 해본 적이 없대요. 그런데 문광부에서만 일방적으로 전부 양쪽에서 다 받아들였기 때문에, 받아들였으면 이런 일이 있겠습니까? 그러니까 우리가 어디에선가 서로 대화중에 오해가 생긴 것 같아요.

그래서 朴鐘國 위원장 문제는 여러 위원들께서 또 지난 문광부 감사에서도 지적을 했고 해서 한 개인에 대해서 폄하하려는 그런 생각은 없지만, 너무 장시간 이 문제만 거론하는 것은 옳지 못하다고 생각이 되고, 또 존경하는 위원들께서 위원장에 대해 물어본 것이 여러 가지 신상에 관한 것까지도 물어본 것이 있기 때문에 위원장한테 넘기고, 이 문제를 지금 또 어제 발생된 이 문제를 문광부 입장에서는 어떻게 수습하려고 하는 것인지 그런 부분만 간단하게 하세요. 대충 이야기해도 우리가 다 알아듣지 않습니까?

■ 文化觀光部 次官 金順珪 예, 알겠습니다.

어제 세 분의 위원이 사퇴를 일단 표시했습니다. 저희 문화관광부 입장은 일단은 사퇴를 반려, 종용을 하고 지금 현 위원회에 어떻게 하든 동참하도록 권장을 하겠습니다.

지금 달리 뚜렷한 수습 방안은 없다고 봅니다. 그래서 어떻게 하든 본인들이 사퇴를 철회를 해서 위원회에 동참하고, 제2의 해결 방안을 찾도록 노력을 하겠습니다.

■ 崔在昇 委員 방안도 없고 사퇴를 철회하기를 바란다, 그분들이 냈는데 철회하겠습니까? 철회하도록 종용을 한다든지, 또 이쪽에서 가서 관계담당자들이라도 접촉해서 그분들하고 자꾸 종용해서 철회하도록, 방법은 없고 사퇴를 철회하기만 바란다…… . 사퇴한 사람이 어떻게 철회하겠습니까? 그런 노력들도 없고, 우리한테 오히려 지원사격해 달라는 이야기들만 하는데 문광부에서 노력한 적이 있어요? 그분들 어제 제출한 다음에 만나려고 하는 그런 노력이라도 해봤습니까? 감사 기간중에…… .

■ 文化觀光部 次官 金順珪 저희가 개별적으로는 여러 차례 만났고, 또 어제는 만나지 못했습니다마는 우리 실무진들은 본인들과 여러 차례 연락을 시도를 했습니다.

아무튼 이런 사태에 대해서 저희 주무부처로서 죄송하다는 말씀을 드리고, 특히…… .

■ 崔在昇 委員 그러면 철회 안하면 아니, 간단간단히 하자고요. 본인들이 나는 사퇴철회 안하리라고 보는데 안하면 이 상태로 그냥 갑니까? 방안이 없다고 아까 그렇게 말씀하셨는데…… .

■ **文化觀光部 次官 金順珪** 법적으로도 1개월 이내에 결원을 보충하게 되어 있기 때문에 저희가 아무튼 지금부터 대화를 하면서 해결책을 모색해 보겠습니다.

■ **崔在昇 委員** 그분들뿐만이 아니라 영화계 전체가 화합할 수 있도록 노력을 좀 하세요. 같이 모이자고, 이 근래에는 겨우 영진위 이번 위원장·부위원장 선출할 때 처음으로 아마 마주 앉았던 것으로 알고 있는데, 그런 모임을 자주 갖도록 주선을 해서 선·후배 간에 단결된 모습을 국민들한테, 또 문화 예술인들한테 보여줄 수 있도록 문광부에서 앞장서서 노력하세요. 저희 정치권도 뒤에서 적극 지원해 드릴 테니까……

■ **文化觀光部 次官 金順珪** 예, 알겠습니다.

■ **崔在昇 委員** 제 질의는 되었습니다. 그 나머지 것은 서면으로 상세히 답변하세요.

■ **文化觀光部 次官 金順珪** 예, 알겠습니다.

■ **崔嘉準 委員** 저도 그냥 부탁성 말씀 몇 마디 드리겠습니다. 사실 우리가 이렇게 열심히 영화진흥책을 마련하고 기금을 마련하고 그래서 영화를 진흥시키고자 하는데, 사실 대한민국 정부 수립해 가지고 역대 어느 정권도 국민의 정부처럼 영화정책에 적극적으로 관심을 가지고 참여하는 정부는 없다고 생각이 됩니다.

우리가 아무리 좋은 정책을 만들고 아무리 좋은 생각들을 가지고 있다고 하더라도 영화계가 저렇게 양분되어서 서로, 뭐라고 그럴까요 의견을 달리하고 하나가 될 수 없다면 참 상당히 큰 문제입니다. 우리 차관께서 하셔야 할 일은, 물론 저희도 애쓰겠습니다마는 하루속히 영화계가 하나로 한 식구가 될 수 있도록 서로 파졌던 골이 있으면 그것을 메꾸어 줄 수 있도록 노력을 해야 할 줄 압니다.

방법이 없다고 그냥 가만히 있으면 어떻게 합니까? 제가 보기에도 금방 그렇게 사퇴를 철회하고 그럴 사람들은 아닐 것 같습니다. 좀 더 적극적으로 묘안을 생각해내셔서 해주셔야 될 줄 압니다.

■ **文化觀光部 次官 金順珪** 위원님들 주신 말씀을 명심하고 더욱 노력하겠습니다.

존경하는 崔熹準 위원님께서 영화진흥위원회에 대해서 여러 가지 사항을 물으셨는데…….

■ **崔熹準 委員** 차관님, 제 답변은 서면으로 해주세요.

■ **文化觀光部 次官 金順珪** 예, 이상 답변을 마치겠습니다.

■ **委員長 李協** 차관, 수고하셨습니다.

다음은 영화진흥위원장, 답변해 주시기 바랍니다.

■ **映畵振興委員長 朴鐘國** 양해하신다면 앉아서 답변 올리겠습니다.

辛基南 위원님께서 지적하신 저의 과거 경력과 관련한 여러 가지 문제점에 대해서는 다른 위원님께서도 말씀이 계시고 그래서 한데 모아서 말씀을 드리고, 辛基南 위원님께서 특별히 저한테 가부를 물으셨던 등급외전용관에 대한 자세는 뭐냐, 스크린쿼터에 대해서는 그 다음에 세 사람 위원 사퇴에 대한 문제 여기에 대해서 우선 답변을 먼저 하겠습니다.

등급외전용관은 문화관광부 장관께서도 이미 태도를 표명하셨고, 저희 위원회로서도 간담회를 통해서 이야기를 조율한 결과 이것이 여러 가지 측면에서 이롭다 이래서 저희 위원회로서는 공식 표명은 안 했습니다마는 다음 기회에 공식 토론을 해서 의견을 모을까 하고 있습니다.

스크린쿼터 문제는 지난번 1차 간담회의에서 위원회로서는 현 수준을 끝까지 지킨다는 이런 자세를 유지하기로 합의를 봤습니다.

그 다음에 판권담보 영화가 실패했지 않았느냐 하는 지적에 대해서 저로서도 이것은 조금 실패한 정책이었구나 하는 생각으로 그 보완책을 마련하고 있습니다.

전산망 구축에 관해서는 차관께서 이미 답변을 하셨습니다.

辛위원님께서 말씀하신 저의 과거 경력, 그리고 崔在昇 위원님께서 많이 말씀하시고 지적해 주신 사항에 대해서 저로서는 매우 죄송하고 부덕한 이 사람이 이 자리에 와서 이렇게 일을 하는 데에 대해서 송구스럽게 생각합니다.

꽤 오래된 세월이지만 공직 생활을 시작한 것이 공보부였고, 또 발령을 받다 보니까 공보 계통과 영화 관계일을 주로 많이 해왔습니다. 공보국장 재직시에 여러 군데 가서 정부시책 홍보의 실무자로서 많은 토론회에 참여도 했습니다마는 이곳에 갔을 때에는 분위기가 토론회에서 격렬한 질의와 논쟁이 있었는데, 언론시책에 관한 강력한 비난에 대해서 제가 해명을 하다 보니까 과잉성 방어를 한 것 같습니다.

특히 인구 문제와 식량자급 분야에 관해서는 "기백만 명의 인구가 줄어야 되겠다"고 이렇게 발언한 것으로 기억합니다마는 보도에 그것이 "죽어야 된다"고 발표되면서 저에게는 몹시 괴로움이 있었습니다. 이러한 등등으로 인해서 도저히 제가 제자리의 업무를 수행할 수 없다고 판단해서 출근을 하지 않고 집에서 머물렀습니다. 장관께서 조치해 주신 징벌은 직위해제였습니다. 그러나 몇 달이 지나면서 어느 정도 언론계와 해명이 좀 성사되면서 다행히 복직이 되고, 곧이어서 예술국장으로 가 가지고 예술행정을 다시 한 1년 반 하고, 이어서 기획관리실장을 3년 하면서 어느 정도 저에게는 공직 생활의 영예로운 종말이 오는 것이라고 자부는 했습니다마는 저의 경솔했던 이러한 행위에 대해서 평생을 두고 후회를 하면서 이 자리에서 다시 한 번 사죄를 드립니다.

공연윤리위원회 부위원장직은 제가 공직을 떠나고…….

■崔在昇 委員 한국 언론 자유는, 지금 솔직하게 말씀해 주신 부분은 높이 삽니다. 그런데 한국의 언론 자유는 세계에서 제일이다, JC 연설에서 그런 말씀을 하셨는데 그때 74년이 어떻게 모든 정황으로 봐서 언론 자유가 없었던 때인데, 하다 못해 개헌의 언급만 해도 긴

급조치 1호로, 긴급조치에 대한 비방만 해도 또 긴급조치 2호로 아주 최고 사형까지 최하 징역 5년 아닙니까? 최고 사형까지 이런 살벌한 때였는데 그때가 어떻게 언론 자유가 있었다고 이야기를 하실 수가 있습니까? 그 부분에 대해서 좀 말씀해 보세요.

■映畵振興委員長 朴鐘國 제가 언론을 비판을 했으면 했지 언론 자유가 세계에서 제일이라고 한 이야기는 전혀 정말 기억이 안 납니다. 지금 생각해도 그런 이야기가 어떻게 나올 수가 있겠습니까?

■崔在昇 委員 그렇다면 제가 지금 여기에는 안 가져왔는데 지난 문광부 감사 때는 전부 제시했어요. 아까 여기 날짜로만 74년 12월 9일부터 10일, 11일 동아일보에 3일간에 걸쳐서 계속 朴위원장에 대해서 나왔어요. 또 조선일보는 12월 10일, 11일 한국일보도 마찬가지이고, 그런데 그것을 제시할 테니까 그때 명확한 이야기를 해주세요.

■映畵振興委員長 朴鐘國 예, 알겠습니다.

■崔在昇 委員 거기에 다 보도되어 있는 것을 제가 제시할 테니까……

그리고 위원장과 부위원장에 대해서 여러 위원들이 말씀하신 것이 있어요. 이번에 이 사태는 어떤 면에서는 두 분 때문에 일어났다고도 볼 수 있겠는데, 어저께 사태에 변해서도 그런 이야기를 비추었어요. 그런데 거기에 대해서 어떻게 수습하실 것이고, 위원장의 태도 표명을 요구했고 문광부에다가도 요구했고 그랬는데 그 부분만 이야기해 주시고 나머지는 서면으로 답변을 해주세요.

■映畵振興委員長 朴鐘國 제가 위원회에 잠석하기 전부터 몇 차례에 걸쳐서 사퇴하신 분들과 개별적으로 면담을 했습니다. 아까 존경하는 위원장님께서 말씀하신 선배를 존중하고 후배들을 포용하는 이러한 방향에서 화합을 하자고 여러 차례 권유를 했고, 그래서 어느 정도 화해가 되고 분위기가 어느 정도 통합되는 것 같은 상황에서 위원회를 소집하고 10명의 위원이 상임위원 둘을 선출했습니다.

선출하고 난 뒤에, 선출 당시에는 민주적인 절차에 의해서 선출되는 데에 대해서 승복하겠다는 서로간에 약속이 있었고, 선출되고 난 직후부터 분위기가 조금 경직화되는 것 같았는데 그뒤에 제가 또 두 차례에 걸쳐서 만났고, 그 다음에 상근위원장으로 일하시던 분이 선출이 안 되었기 때문에 그분이 해오던 작업들이 많이 남아 있고 해서 별정직으로 상근하면서 그 정책, 앞으로의 영화진흥정책을 마무리해 줄 수 없겠느냐는 건의도 했고, 그래서 어느 정도 의사도 있었던 것 같습니다.

그리고 또 한번 위원회에 성명을 냈습니다. 우리는 영화진흥위원회에 잔류하여 우리의 의견을 계속 펴나가겠다 이렇게 공표를 했습니다. 세 분이……. 그래서 안심을 하고 간담회도 한 번 열어서 회식도 같이했습니다.

그런데 어제 돌연히 성명이 나오면서 사퇴를 하게 되었습니다. 이래서 저로서는 가능한 한 그동안 대화를 나누었던 기본 정신에 입각해서 한 번 설득을 하면서 계속적인 참여를 종용하고 문화부와 협의해서 해결해 나가도록 하겠습니다.

■ 崔在昇 委員 사퇴하는 것은 어제 아셨습니까?

■ 映畵振興委員長 朴鐘國 예, 어제 알았습니다.

■ 崔在昇 委員 위원장님이 위원 사퇴하는 데에 대한 정보력이, 저희들도 그제 알았는데요. 그래서 저희들은 그제 밤에도 노력을 했어요. 어제 아침에까지도 노력을 했는데 그분들이 말 안 듣고 강행을 했어요.

그런데 부위원장 선출 후에는 또 회의 한 번이라도 하셨습니까?

■ 映畵振興委員長 朴鐘國 했습니다.

■ 崔在昇 委員 했어요? 거기에도 나왔어요?

■ 映畵振興委員長 朴鐘國 나왔습니다. 전원이 나왔습니다. 그래서 그 자리에서 여러 가지 앞으로 할 방향에 대해서 분위기 좋게 토의

를 했고, 그리고 저녁식사까지 했는데 한 분만 빠지고 전원 참석하고 그랬습니다.

■ 崔在昇 委員 잔류하겠다는 성명이 나온 날짜가 9월 며칠이지요?

■ 映畵振興委員長 朴鐘國 9월 14일입니다.

■ 崔在昇 委員 되었습니다.

■ 辛基南 委員 제 질문에 대해서 다 답변하신 것입니까?

■ 映畵振興委員長 朴鐘國 지금 답변중에 있습니다.

辛위원님의 지적하신 것 중에 스크린쿼터 문제를 어떻게 대할 것인가에 대해서 말씀드렸고, 등급외전용관에 대해서 말씀드렸습니다. 전산망은 차관님께서 말씀했고, 서면으로 또다시 자세하게 보고드리도록 하겠습니다.

판권담보로 하는 것은 실책이라고 지적하신 데에 대해서 저도 동감을 하고 이의 개선책을 포함한 영화지원금고의 운영 방향, 운영 규정 제정을 위해서 지금 작업을 하고 있습니다.

■ 辛基南 委員 회수대책은 없습니까? 회수되지 아니한…….

■ 映畵振興委員長 朴鐘國 판권담보는 회수된 금액이 지금 5억 1,000만 원입니다.

■ 辛基南 委員 그것은 아는데 미회수된 것의 회수대책…….

■ 映畵振興委員長 朴鐘國 미회수는 지금 5편에 대해서는 추진이 되고 있고, 또 나머지는 아직 제작도 안 된 것도 있고 해서…….

■ 崔喜準 委員 제작 안 된 것이 몇 편입니까?

■ 映畵振興委員長 朴鐘國 12편이 지금 제작중에 있습니다.

■ 崔喜準 委員 제작 안 된 것도 있다면서요?

■ 映畵振興委員長 朴鐘國 구체적으로 설명드리면 판권담보 3억 원 지원에 대해서 방법을 고르다가 공개 경쟁으로 모집한 것 같습니다. 그래서 10 대 1의 경쟁으로 시나리오 심사를 했는데, 자연 너무 예술성이 강한 기준으로 가다 보니까 흥행성과 조금 거리가 멀게 되어

서 제작 과정에서 판권의 판매 행위나 사전 판매 행위가 부진해서 제작이 지연되어 있거나 제작이 완료되고도 흥행 부진으로 상환이 어려운 상황에 있는 것인데, 이 문제는 사후에 지금 노력하고 있는 내용과 판권 담보로 지원한 영화 내용에 대해서 서면으로 위원님께 보고드리겠습니다. 양해해 주시기 바랍니다.

　■辛基南 委員　제 질의 중에 다 답변하지 않으셨는데, 영화진흥위원 세 사람이 사퇴한 데 대한 후속 대책이 무엇인가 하는 질의에 대해서 답변하지 않으셨는데…….

　■映畵振興委員長 朴鐘國　아까 말씀드렸습니다.

　■辛基南 委員　어떻게 하겠다는 것입니까?

　■映畵振興委員長 朴鐘國　어떠한 방법으로든지 다시 만나겠습니다. 그동안 잘 되어오다가 별안간, 어느 정도 대화가 되고 회합도 하고 했었는데, 다시 한 번 만나서 끝까지 노력해 보겠습니다.

　■辛基南 委員 이런 시스템으로 영화진흥위원회가 잘 되겠습니까? 그리고 〈구로아리랑〉이 좌경용공이라는 견해에는 변함이 없습니까?

　■映畵振興委員長 朴鐘國　제가 공연윤리위원회 부위원장을 3년 임기 두 번, 6년을 했는데, 그때 저로서는 개인 사업을 하고 있었고 비상근 부위원장으로 평위원들과 똑같이 본심의가 있을 때 참석하고 그랬습니다. 따라서 제가 결재권을 가졌다거나 작업에 같이 참여한 것은 아니고 하나의 위원으로서 의견을 제시했던 것뿐입니다.

　제가 공직자 출신이고, 솔직히 한때 검열관을 한 사람이기 때문에 정부의 어떻겠느냐 하는 데 대해서 대변인 같은 역할도 한 것이 사실입니다. 그런 점에서 제가 항상 강경론을 편 것 같은 인상을 준 데 대해서 많은 후회를 하면서 반성하고 있습니다.

　그러나 어떤 영화를 어떻게 심의했고, 어디를 잘라냈느냐 하는 데 대해서는 기록이 없고, 또 구체적으로 기억이 나지 않기 때문에 말씀드리기가 어렵다는 점을 양해해 주시기 바랍니다.

■辛基南 委員 70년대의 언론민주화 운동이 상업적 언론의 경쟁 때문이라는 당시의 발언에 대해서는 후회하고 있다는 그 답변 속에 들어가는 것입니까?

■映畵振興委員長 朴鐘國 그때 보도의 상당 부분은 제가 생각했던 내용과는 다르고, 어떤 것은 과장되어 보도된 것이 많이 있습니다. 그러나 전반적인 흐름에 대해서는 제가 모두 책임을 지고 벌도 받았고, 또 지금 25년이라는 세월이 흘렀으니까 양해해 주시면 앞으로 일을 추진해 나가는 데 좋은 약이 되도록 하겠습니다.

■辛基南 委員 자꾸 과거에 대해서 기록을 살피고 하는 것은 다른 뜻이 아닙니다. 물론 사상이나 가치관은 불가침해의 것이고 자유지만, 그러나 공직을 맡은 사람으로서는 그렇지 않다는 것입니다. 검증을 받아야 됩니다.

왜 하필 그 사람이냐, 이런 물음에 답할 수 있어야 됩니다. 아무나 적당히 하는 것이 아니라 그 사람이 아니면 안 된다, 우리는 이런 것을 인사에서 기대하는 것이고, 그래서 사람이 자신이 반대하는 일을 억지로 할 수도 없고 해서도 안 되는 것이고 더욱이 시대적 과제가 산적한 소위 개혁 업무를 수행하는 자리, 그 시기에는 더욱 그렇기 때문에 저희가 관심을 가지고 얘기하는 것이라는 것을 유념해 주시기 바랍니다.

■映畵振興委員長 朴鐘國 알겠습니다.

다음 李訓平 위원님 질의에 대해서 답변드리겠습니다.

■李訓平 委員 영화진흥위원회 위원장, 오늘 개인 문제가 너무 많이 나와서 상당히 당황스럽고 혼란스러운 것 같은데 제 질의에 대해서는 서면으로 상세히 답변해 주시면 다음 확인 감사 때 혹시 부족한 점이 있으면 보충하도록 하겠습니다.

이상입니다.

■映畵振興委員長 朴鐘國 감사합니다.

다음 李相賢 위원님께서 4개월이 지나도록 갈등을 겪고 있는 위원회의 정상화 촉구 대책을 말씀해 주셨습니다. 위원장이 갈등의 본질을 파악하고, 또 책임을 느끼고 대응하라는 것은 아까 말씀드린 대로…….

■李相賢 委員　제가 질의한 것 중에 스크린쿼터 제도와 관련해서 지난 9월 11일 陳稔 장관하고 자리를 같이한 적이 있으셨습니까?

■映畫振興委員長 朴鐘國　예.

■李相賢 委員　그때 상황에 대해서만 말씀해 주시고, 나머지는 서면으로 답변해 주시기 바랍니다.

■映畫振興委員長 朴鐘國　내년도 진흥위원회에 대한 국고보조금이 삭감될 것 같다는 통보가 있어서 진흥위원회 몇 분이 기획예산처를 방문했습니다. 찾아갔던 분들은 김지미 영화인협회이사장, 윤일봉 전 공사사장, 문성근 위원, 부위원장, 저인데, 진장관께 보조금 문제에 대해서 간청을 드렸는데 답변 가운데 스크린쿼터를 구체적으로 언급하시지는 않았지만 "여하튼 국고보조금은 드리겠는데 동시 이행합시다"라고 말씀하셨는데 저희들은 그것이 무슨 말인지 잘 이해하지를 못했고, 여하간 요구한 금액을 부활시켜서 보조금을 책정해 주겠다고 말씀하셔서 어느 정도 방문한 목적을 달성한 것으로 알고 나왔습니다. 그것이 전부입니다.

■李相賢 委員　그러니까 그 말씀이 스크린쿼터 축소와 연계해서 보조금을 준다는 얘기입니까?

■映畫振興委員長 朴鐘國　그렇게 해석하지는 않았습니다.

■李相賢 委員　그렇게 해석하지는 않았는데 그런 뜻이었던 것 같다는 말씀인가요? 한·미투자협정과 관련된 것도 아니고…….

■映畫振興委員長 朴鐘國　그것도 아닙니다.

그리고 나와서 문화관광부 실무국장께 전화를 해서 보조금은 부활되었는데 동시 이행이라는 것이 무슨 뜻인지 모르겠다고 했더니 문화관광부로서는 한미협정 관계나 스크린쿼터 문제에 있어서 정책에 일체의 변경이 없다는 태도였습니다.

다음 鄭東采 위원님께서……

■委員長 李協 안 계시니까 서면으로 답변해 주세요.

■映畵振興委員長 朴鐘國 그렇게 하겠습니다.

■辛基南 委員 부위원장과 일문일답을 했지만 한두 개 정도는 답변을 해 달라고 한 것이 있는데, 제 질의서를 가지고 계신지 모르겠는데 〈거짓말〉에 대한 국제적인 평가와 국내 영상물등급분류위원회 평가 사이에 차이가 나는 이유는 무엇이라고 생각하시는지 말씀해 주시기 바랍니다.

■映畵振興委員會 副委員長 趙熙文 특정한 영화를 바라보는 시선은 여러 가지가 있을 수 있다고 생각합니다. 작품성에 대한 평가를 할수도 있고, 그것이 유통된 후 사회적인 영향에 대해서도 얘기할 수 있다고 생각되기 때문에 특정한 영화를 어느 관점에서 바라보느냐에 따라 차이가 있다고 생각됩니다.

특히 그런 점은 영화제 같은 경우에 있어서도 많이 드러난다고 생각되는데, 영화제가 어떤 성격을 유지하느냐에 따라서 영화에 대한 평가도 상당히 달라질 수 있습니다. 단적인 예로 아카데미영화제에서 평가하는 영화와 칸느와 베니스에서 평가하는 영화가 서로 다르고, 수상하는 결과가 다르게 나오는 것들도 결국은 평가 기준이 다르기 때문이라고 이해하고 있습니다.

그런 점에서 〈거짓말〉 같은 경우, 베니스영화제에서 평가를 받은 것은 베니스영화제가 추구하고 있는 영화의 소재나 작품적인 경향이 이런 것들에 대해서 주목하지 않았나 생각됩니다마는……

■辛基南 委員 기준이 달랐다는 말씀이신데, 지금 길게 설명 들을 시간이 없으니까 알겠습니다.

그 다음, 영화진흥위원회가 비효율적이라고 주장한 것으로 알고 있는데 아까 대답하실 때 그런 취지가 아니었다고 애매하게 답변하셨는데, 아까 제가 스크린쿼터제에 대해서 어떻게 생각하느냐, 완전등급제에 대해서 어떻게 생각하느냐, 영화진흥위원회에 대해서 어떻게 생각하느냐, 영상물등급분류위원회에 대해서 어떻게 생각하느냐 물어보면서 지금 우리가 가고자 하는 방향과 전부 다 달리 생각하고 있는 것이 아니냐 물어보았을 때 그런 취지가 아니었다고 대답하셨지요?

■ **映畵振興委員會 副委員長 趙熙文** 예, 그렇습니다.

■ **辛基南 委員** 그동안 여기저기에서 보도된 것, 또 기고하신 원고를 보면 그렇지가 않습니다. 심지어는 스크린쿼터제에 대해서도 작년 8월 7일 시네뉴스인가에 나온 것을 보면 "스크린쿼터제를 계속 주장하는 것이, 유지하는 것이 과연 한국영화의 발전에 바람직한 것인가" 이렇게 쓰신 대목이 나옵니다. "67년부터 스크린쿼터제를 시행해 왔지만 그동안 한국영화가 제대로 경쟁력을 키워 왔는가라는 평가에 얼마만큼 부응했는가 하는 것도 중요한 문제"라고 하시면서 "이것은 극장을 포함해서 모든 이해관계자들의 이해를 조정하는 방향에서 해야 된다"는 취지의 주장도 하셨고, 또 작년 8월에 국민예술진흥이라는 책자에 보면 '영화진흥법 개정의 문제점'이라고 해서 기고하신 내용을 보면 "등급외영화 제도의 신설과 그 판정을 받은 영화들을 상영하는 등급외전용관 설립을 허용하겠다는 것은 사회문화적 측면에서 합의가 미약한데다가 다른 실정법과의 충돌을 피하기가 어렵고, 또 영화진흥위원회·영상물등급분류위원회 역시 현행 영화진흥공사나 공연예술진흥위원회에서 이름만 바뀔 뿐 기능과 역할을 그대로 유지하게 된다는 점에서 명칭을 바꾸는 것 이상의 의미를 찾기 어렵다, 법을 개정하면서까지 기구를 개편한다고 하더라도 그에 따르는 실익이 없다는 뜻이다, 영화진흥업무를 담당하는 기구는 업무 집행의 효율성과 안정성을 갖출 필요가 있으며, 그런 점에서 위원회 형태보다는 공사 형태가 더 효과적이다, 영화진흥공사의 운영에 취약한 부분이 있다

면 이를 보완해야지 폐지하는 것은 현실적이지 않다, 공진협이 행정권의 간섭을 받지 않는 자율기구로 출범한 것이 지난해 10월의 일이며 운영의 효율성이나 공정성에 아무런 문제가 없었다는 점에서 이를 폐지하고 대신 영상물등급분류위원회를 설립하려는 것은 객관적인 명분이나 실리를 찾기 어렵다, 이같은 사실을 종합하면 최근의 영화진흥법 개정 논의는 영화를 중심으로 한 영상산업 전반을 보다 효율적으로 연계 통합하기보다는 관료적 명분에 더 큰 비중을 두고 있는 것이라고 하지 않을 수 없다" 불과 1년 전에 분명히 이런 투로 쓰셨는데, 이까 답변하시는 것을 보면 그렇게 표현한 적도 없고 그런 생각도 가지고 있지 않다고 말씀하셨는데 어떻습니까?

■ 映畵振興委員會 副委員長 趙熙文 지금 그 주장이 틀리다고 말씀하시는 것인지 아니면……

■ 辛基南 委員 그런 말씀을 하신 적이 있고, 그런 생각을 갖고 있느냐를 묻는 것입니다. 아까도 제가 말씀드렸지만 개인의 사상이나 가치관은 자유입니다. 제가 거기에 대해서 말씀드리는 것이 아닙니다.

■ 映畵振興委員會 副委員長 趙熙文 그런 말을 한 적이 있느냐고 물으신 부분에 대해서는 글로 발표된 것이기 때문에 그렇다고 말씀드리겠고, 다만 질의하신 몇 가지 사항에 대해서 보충 설명을 드리면……

■ 辛基南 委員 지금은 생각이 바뀌었다는 말씀이십니까?

■ 映畵振興委員會 副委員長 趙熙文 다시 정리해서 말씀드리겠습니다. 우리가 기본적으로 영화정책이나 영화진흥공사나 영화진흥위원회가 되었든가에 기구를 운영하는 목표나 최종적이 도착점은 한국영화의 산업적인 진흥 또는 예술적인 진흥이라고 생각됩니다.

■ 辛基南 委員 저는 지금 강의를 듣고자 하는 것이 아니라 어떤 생각을 갖고 있느냐를 묻는 것입니다.

■ 映畵振興委員會 副委員長 趙熙文 그래서 그렇게 가기 위해서는

과연 어떤 것들이 더 효율적이고 실효가 있느냐 하는 문제는 대단히 중요하다고 생각되고, 서로 논의할 수 있는 자리에서 그런 것들이 갖는 타당성이나 합리성을 보다 많은 검증과 토론을 거쳐서 좋은 방법을 발견한다면 저는 그것이 좋은 방법이라고 생각되기 때문에 논의할 수 있는 기회나, 또는 말할 수 있는 자리에서는 그런 것들에 대한 의견을 개진한 것이라고 생각하고, 다만 제 개인적인 의견이 한국영화 정책을 대변한다거나 마치 저 혼자만의 주장으로 모든 것이 결정되는 구조는 아니라고 생각합니다.

그런 점에서 저는 많은 의견들 또는 다양한 의견들을 제시하는 과정중에서 하나의 의견으로 이러한 측면들을 고려해야 되지 않는가, 또 이런 부분에 대해서는 보다 신중하게 생각해야 되지 않는가, 또는 우리가 보다 많은 실효를 거두기 위해서는 어떤 방법이 좋은가 하는 것을 언급한 경우라고 할 수 있겠습니다.

■辛基南 委員　결국은 그 생각을 바꾸었다거나 그런 것은 아니라는 말씀이신데, 그렇다면 물론 논란의 여지는 있겠습니다마는 그런 것들이 우리가 영화진흥위원회를 출범시키고 달성하려고 하는 목표 중에 다 들어 있는데, 그렇게 생각하신다면 부위원장으로서 그 일을 추진할 수 있겠습니까?

■映畵振興委員會 副委員長 趙熙文　저는 한국영화의 진흥이나 보호 발전을 위해서는 영화계뿐만 아니라 정책, 또 여기 계시는 위원님 여러분들의······.

■辛基南 委員　영화진흥위원회 부위원장은 굉장히 중요한 직책입니다. 상임위원이십니다.

■映畵振興委員會 副委員長 趙熙文　저도 충분히 인식하고 있습니다.

■辛基南 委員　솔직히 이야기해서 영화진흥위원장께서 전문가가 아니시기 때문에 부위원장이 보완해야 된다 하는 중요성을 가지고 묻는 것입니다. 그런 막중한 임무를 가진 부위원장께서 어떠한 생각, 가

치관을 가지고 계시느냐 하는 것은 지대한 관심사입니다. 지금 영화진흥위원회가 제대로 굴러갈 것인지 상당히 걱정스럽거든요, 다른 말씀은 하시지 마시고 스크린쿼터제에 대해서 어떻게 생각하세요? 스크린쿼터제는 유지되어야 됩니까, 아니면 축소되어야 됩니까?

　■映畵振興委員會 副委員長 趙熙文　기본적으로는 유지되어야 된다고 생각합니다. 그러나 다른 자리에서도 언급한 적이 있습니다마는 스크린쿼터 제도는 한국영화의 진흥 보호를 위한 하나의 실질적인 방안이지 그 자체가 최종 목표는 아니라고 봅니다.

　■辛基南 委員　알았습니다. 여기 써 있는 그대로네요. 스크린쿼터제에 대해서는 좀 회의적인 부분이 있군요?

　■映畵振興委員會 副委員長 趙熙文　그렇지 않습니다. 다만 조금 보완 설명을 드리면 지금까지 한국영화 제작에서 스크린쿼터 기능은 지나치게 제작자 중심으로 운영되지 않았는가라는 생각을 하고 있습니다. 한국영화 진흥이라는 것은 제작과 유통이 전체가 아우러져서 종합적인 발전을 해야 된다고 생각을 하기 때문에 다만 지금까지 너무 제작 중심으로 운영됐던 유통이라든지 이런 부분까지 확장되어야 된다고 생각을 하고, 그런 점에서 스크린쿼터는 지금까지 제작자 중심으로 운영됐던 것들에 대해서 균형을 잡는 보완이 필요하다라고 하는 취지에서…….

　■辛基南 委員　보완이라는 것은 축소를 의미합니까?

　■映畵振興委員會 副委員長 趙熙文　그렇지는 않습니다. 축소라든지 늘린다든지 하는 것은 영화계와의 많은 논의를 거쳐서 결정해야 될 문제라고 생각을 하고 있습니다.

　■辛基南 委員　좋아요. 지금 논쟁할 시간이 많지 않으니까요. 그러면 딱딱 이야기하세요. 영화진흥위원회의 출범이 비현실적이다, 공사 체제가 더 효율적이라고 생각하십니까?

　■映畵振興委員會 副委員長 趙熙文　두 가지를 놓고 단순 비교한다

라고 하면…….

■ 辛基南 委員 아니, 간단하게 대답하실 수 없습니까? 간단하게 대답하기 어려운 문제입니까?

■ 映畵振興委員會 副委員長 趙熙文 아닙니다. 이미 진흥위원회가 출범했기 때문에 과거 공사 체제와 비교한다는 것은 비효율적이라고 생각이 되고, 다만 기히 출발했기 때문에…….

■ 辛基南 委員 출발하기 전에 쓰신 것이지요?

■ 映畵振興委員會 副委員長 趙熙文 예.

■ 辛基南 委員 출발하기 전에는 그렇게 생각하셨다, 그런데 영화진흥위원회에 참여하고 부위원장을 하셨다 이것이지요?

■ 映畵振興委員會 副委員長 趙熙文 기히 출발한 단계에서는 이것을 최대한 효율적으로 운영하는 것이 바람직하다고 생각을 했습니다.

■ 辛基南 委員 영상물등급위원회, 공진협에서 바뀐 것은 어떻게 생각하세요? 그것도 부질없는 짓입니까?

■ 映畵振興委員會 副委員長 趙熙文 아닙니다. 부질없다고 그렇게 말씀하시면 저는 좀 다른 말씀을 드리겠는데요. 다만 제도적으로 필요하다라고 하는 부분, 또 그것이 갖는 최대한의 효과를 얻기 위해서 제대로 운영하자는 것이라고 생각이 됩니다마는, 바꾸기 전에는 그런 논의가 있을 수 있지만 그러나 이미 모든 제도가 결정이 되고 시행에 들어간 단계에서는 옛날을 지적하기보다는 앞으로 발전 방향을 논의하는 것이 바람직하다고 생각합니다.

■ 辛基南 委員 저는 조부위원장께서 어떤 생각을 가졌느냐, 잘됐다 못됐다 평가하려는 것이 아니고 막중한 부위원장께서 어떤 생각을 갖고 있는가가 굉장한 관심사입니다. 그래서 제가 묻는 거예요. 사실대로만 얘기해 주시면 됩니다.

완전등급제를 해서 등급외전용관을 하면 그것이 결국은 포르노물을 양산하는 그런 계기가 되리라고 생각하십니까? 그래서 지금도 반대하십니까?

■映畵振興委員會 副委員長 趙熙文 그것을 전체적인 반대라고 정의하지는 못하겠습니다. 다만 그렇게 갔을 경우 그런 부분도 우려가 있기 때문에 이런 것들에 대한 제도적인 여과 기능을 어떻게 보완할 것인가라고 하는 것은 보다 많은 논의가 필요하다고 생각이 됩니다.

■辛基南 委員 참으로 많은 영화인들은, 적어도 현장 영화인들은 등급 보류를 찬성하는 사람은 없다고 봅니다. 나는 그렇게 봅니다. 그런데 그런 영화인들을 상대해야 되는데 부위원장께서 그런 애매모호한 생각을 갖고 계시다면 참으로 걱정스럽고 이렇게 화합을 해서 일을 이루어 나갈 수 있을지 걱정이 됩니다. 알겠습니다. 이상입니다.

■映畵振興委員會 副委員長 趙熙文 아까 崔嘉準 위원님, 吉昇欽 위원님, 崔在昇 위원님께서 질의가 계셨는데 이 자리에서 답변을 드리겠습니다. 존경하는 세 위원님께서 주신 질의 중에서 대부분 중복되는 부분이 있기 때문에 양해를 해주신다면 종합해서 답변을 드리도록 하겠습니다.

첫째, 영화진흥법·공연법 등 개정에 대해서 반대를 했는데 그 이유가 무엇이냐라고 하는 질의가 계셨습니다.

저는 특정 법안 개정에 대해서 포괄적인 찬성이나 반대를 한 적은 없다고 생각합니다. 중요하게 검토되어야 될 사항에 대해서 명분과 실리를 따지고, 또 그것이 어떤 사회적인 공감을 얻을 수 있는가라고 하는 것에 대해서 보다 신중한 접근이 있어야 된다고 생각을 했기 때문에 이런 것들에 대해서 세세하게 따지고 많은 검토를 하자는 것이지⋯⋯.

■崔在昇 委員 부위원장, 지금 답변하시는 그 부분도 우리 辛基南 위원의 답변 중에 다 나온 얘기예요. 포괄적으로 전부 이해될 수가 있는데 결론으로 두 가지만 간단히, 그리고 지금 답변하는데 속기사도 못 따라가요. 천천히 해주시고, 간단명료하게 생각을 고쳐서 부위원

장직을 수행하든가 생각을 고칠 수 없다면 물러나든가 그 두 가지 문제인 것 같아요. 두 가지 중의 하나를 택해야지 애매모호하게 전부, 그것을 분명히 말씀해 주시고 생각을 고쳐서 내 생각이 좀 모호한 부분이 있고 영화인들도 그런 부분을 우려하는 것을 나도 알고는 있나, 그렇기 때문에 한국의 영화산업 진흥을 위해서 성실하게 노력하겠다라고 한다든가 더 이상 내가 이 생각을 바꿀 수는 없다, 이것이 내 소신이다 그렇다면 물러나야지요. 두 가지 중의 하나를 택해 주시고, 또 생각을 고쳐서라도 영화 발전을 위해서 계속해서 하시겠다고 한다면 말을 조심하겠다 안하겠다, 개인 자격이라고 하면서 영화계에 일파만파로 파문을 일으키는 말씀들을 하시는데 수용하겠다, 지금 그대로 잘하겠다라고 한다면 그 부분, 말을 좀 가려서 하겠다 그 두 가지로 요약할 수 있겠어요. 간단히 답변해 주세요.

　■映畫振興委員會 副委員長 趙熙文　이것은 답변이 아니라 위원님께서 지적해 주신 대로 그대로 하도록 하겠습니다. 선택의 문제는 여기서 결론을……

　■崔在昇 委員　됐어요. 그리고 나머지 답변할 것이 있을 거예요. 그것은 서면으로 상세히 답변해 주시기 바랍니다.

　■委員長 李協　수고하셨습니다.

　아마 지난 홍수 때 어떤 급한 물길보다도 더 빨리 발언하시네요. 영화 발전을 위해서 수고할지 몰라도 속기 문화를 상당히 압박하시는 것 같습니다. 앞으로 좀 유의해 주시기 바랍니다.

　(이하 영상물등급위원회 관련 부분은 생략: 전문은 Text 게시판에 있으므로 참고 바람)

　오늘 이 격조 높은 문화 담론을 우리 야당위원님들도 같이 참여해서 좋은 시간을 가졌더라면 하는 아쉬움이 있습니다.

　여러분 수고를 많이 하셨습니다. 영화진흥위원회와 영상물등급위원회 위원장님과 관계자들 모두 수고하셨고, 문화관광부 차관님과 관계직원 여러분 수고를 많이 하셨습니다. 위원님들 수고는 물론 말할 것이 없습니다.

그러면 다음 감사는 10월 7일 목요일에 방송위원회와 종합유선방송위원회에 대해서 방송회관에서 국정감사를 실시할 것을 약속하면서 오늘 국정감사를 모두 종료할 것을 선포합니다.

(19시 02분 감사 종료)

■ 出席監査委員

李協, 辛基南, 吉昇欽, 李訓平, 鄭東采,

崔在昇, 崔喜準, 鄭相九, 李相賢

■ 出席專門委員 및 立法審議官

首席專門委員 千浩仙

立法審議官 金宗鉉

■ 被監査機關參席者

文化觀光部

次官 金順珪

企劃管理室長 朴文錫

映畵振興委員會

委員長 朴鐘國

副委員長 趙熙文

映畵政策研究院長 李德行

事務局長 鄭南憲

綜合映像支援

本部長 李德祥4556ㅗ7890-=₩

映像物等級委員會

委員長 金洙容

副委員長 朴正姬
監査 鄭鴻澤
事務局長 姜信求
總務部長 이원일
映畵部長 김민수
비디오部長 홍창기
게임映像1部長 최영호
게임映像2部長 박명권
公演音樂部長 반진수

조희문

1957년 경북 상주 출생.
읍내에 2개 있던 극장을 공부방처럼 드나들며 영화보기에 빠져들었다.
영화 포스터, 스틸 사진 등 영화 자료를 모으기 시작했고,
지금까지 그 일을 계속하고 있다.
대학에서 영화학을 전공했고,
국내에서 처음으로 영화학 박사 학위를 받기도 했다.
상명대학교에서 영화과 교수가 되어 학생들을 가르쳤고,
지금은 인하대학교 교수로 있다.
역서로 《현대영화이론》이 있고,
《위대한 한국인-나운규》《한국영화의 쟁점》《채플린》 등의 저술을 냈다.

문예신서
392

한국영화 - 문화와 운동, 정치의 경계

조희문 著

초판 발행 2014년 12월 20일

東文選

제10-64호, 1978년 12월 16일 등록
[110-300] 서울 종로구 인사동길 40
전화 02-737-2795
이메일 dmspub@hanmail.net
블로그 http://blog.naver.com/hiskindness

ISBN 978-89-8038-689-5 94680
ISBN 978-89-8038-000-8 (문예신서)

76	朝鮮美術史研究	尹喜淳	7,000원
77	拳法要訣	金光錫	30,000원
78	艸衣選集	艸衣意恂 / 林鍾旭	20,000원
79	漢語音韻學講義	董少文 / 林東錫	10,000원
80	이오네스코 연극미학	C. 위베르 / 박형섭	9,000원
81	중국문자훈고학사전	全廣鎭 편역	23,000원
82	상말속담사전	宋在璇	10,000원
83	書法論叢	沈尹黙 / 郭魯鳳	16,000원
84	침실의 문화사	P. 디비 / 편집부	9,000원
85	禮의 精神	柳 肅 / 洪 熹	20,000원
86	조선공예개관	沈雨晟 편역	30,000원
87	性愛의 社會史	J. 솔레 / 李宗旼	18,000원
88	러시아 미술사	A. I. 조토프 / 이건수	26,000원
89	中國書藝論文選	郭魯鳳 選譯	25,000원
90	朝鮮美術史	關野貞 / 沈雨晟	30,000원
91	美術版 탄트라	P. 로슨 / 편집부	8,000원
92	군달리니	A. 무케르지 / 편집부	9,000원
93	카마수트라	바짜야나 / 鄭泰爀	18,000원
94	중국언어학총론	J. 노먼 / 全廣鎭	28,000원
95	運氣學說	任應秋 / 李宰碩	15,000원
96	동물속담사전	宋在璇	20,000원
97	자본주의의 아비투스	P. 부르디외 / 최종철	10,000원
98	宗敎學入門	F. 막스 뮐러 / 金龜山	10,000원
99	변 화	P. 바츨라빅크 外 / 박인철	10,000원
100	우리나라 민속놀이	沈雨晟	15,000원
101	歌訣(중국역대명언경구집)	李宰碩 편역	20,000원
102	아니마와 아니무스	A. 융 / 박해순	8,000원
103	나, 너, 우리	L. 이리가라이 / 박정오	12,000원
104	베케트연극론	M. 푸크레 / 박형섭	8,000원
105	포르노그래피	A. 드워킨 / 유혜련	12,000원
106	셸 링	M. 하이데거 / 최상욱	12,000원
107	프랑수아	비용 / 宋 勉	18,000원
108	중국서예 80제	郭魯鳳 편역	16,000원
109	性과 미디어	W. B. 키 / 박해순	12,000원
110	中國正史朝鮮列國傳(전2권)	金聲九 편역	120,000원
111	질병의 기원	T. 매큐언 / 서 일 · 박종연	12,000원
112	과학과 젠더	E. F. 켈러 / 민경숙 · 이현주	10,000원
113	물질문명 · 경제 · 자본주의	F. 브로델 / 이문숙 外	절판

2007 사랑, 아이, 일 사이에서　　가트셀 · 르누치 / 김교신　　　19,000원
2008 요람에서 학교까지　　J.-L. 오베르 / 전재민　　　　　19,000원
2009 머리는 좋은데, 노력을 안해요　　J.-L. 오베르 / 박선주　17,000원
2010 알아서 하라고요? 좋죠, 하지만 혼자는 싫어요!
　　　　　　　　E. 부젱 / 김교신　　　　　　　17,000원
2011 영재아이 키우기　　S. 코트 / 김경하　　　　　　17,000원
2012 부모가 헤어진대요　M. 베르제 · I. 그라비용 / 공나리　17,000원
2013 아이들의 고민, 부모들의 근심
　　　　　　　마르셀리 · 드 라 보리 / 김교신　　　19,000원
2014 헤어지기 싫어요!　N. 파브르 / 공나리　　　　　　15,000원
2015 아이들이 자라면서 겪는 짤막한 이야기들
　　　　　　　　S. 카르캥 / 박은영　　　　　　　19,000원
3001 《새》　　　　C. 파글리아 / 이형식　　　　　13,000원
3002 《시민 케인》　　L. 멀비 / 이형식　　　　　　13,000원
3101 《제7의 봉인》 비평 연구　　E. 그랑조르주 / 이은민　　17,000원
3102 《쥘과 짐》 비평 연구　　C. 르 베르 / 이은민　　　　18,000원
3103 《시민 케인》 비평 연구　　J. 루아 / 이용주　　　　　15,000원
3104 《센소》 비평 연구　　M. 라니 / 이수원　　　　　　18,000원
3105 《경멸》 비평 연구　　M. 마리 / 이용주　　　　　　18,000원

【東文選 現代新書】

1　21세기를 위한 새로운 엘리트　FORESEEN / 김경현　　7,000원
2　의지, 의무, 자유 – 주제별 논술　　　L. 밀러 / 이대희　6,000원
3　사유의 패배　　A. 핑켈크로트 / 주태환　　　　　　7,000원
4　문학이론　　J. 컬러 / 이은경 · 임옥희　　　　　　　7,000원
5　불교란 무엇인가　　D. 키언 / 고길환　　　　　　　6,000원
6　유대교란 무엇인가　　N. 솔로몬 / 최창모　　　　　6,000원
7　20세기 프랑스철학　　E. 매슈스 / 김종갑　　　　　8,000원
8　강의에 대한 강의　　P. 부르디외 / 현택수　　　　　6,000원
9　텔레비전에 대하여　　P. 부르디외 / 현택수　　　　10,000원
10　고고학이란 무엇인가　P. 반 / 박범수　　　　　　8,000원
11　우리는 무엇을 아는가　T. 나겔 / 오영미　　　　　　절판
12　에쁘롱 – 니체의 문체들　　J. 데리다 / 김다은　　　7,000원
13　히스테리 사례분석　　S. 프로이트 / 태혜숙　　　　7,000원
14　사랑의 지혜　　A. 핑켈크로트 / 권유현　　　　　6,000원
15　일반미학　　R. 카이유와 / 이경자　　　　　　　6,000원
16　본다는 것의 의미　　J. 버거 / 박범수　　　　　　10,000원
17　일본영화사　　M. 테시에 / 최은미　　　　　　　7,000원